FRAMEWORK

역량평가 나는 프레임워크로 해결한다

역량평가 나는 프레임워크로 해결한다

2019년 4월 24일 초판 1쇄
2021년 3월 19일 2쇄

글 이태희
펴낸곳 하다
펴낸이 전미정
책임편집 최효준
디자인 편집 고은미 정진영
출판등록 2011년 5월 17일 제300-2011-91호
주소 서울 중구 퇴계로 243 평광빌딩 10층
전화 02-2275-5326
팩스 02-2275-5327
이메일 go5326@naver.com
홈페이지 www.npplus.co.kr
ISBN 978-89-97170-46-3 13350

정가 19,000원

FRAMEWORK

역량평가 나는 프레임워크로 해결한다

목차

제 4부

면접을 통한 역량평가

부록

WARMING UP !

일과 역량에 대한 상식적 생각들

1. 들어가는 글 - 일과 사람 그리고 역량

개인 사업을 하는 사람들 중에 어떤 사람은 성공하고, 어떤 사람은 실패한다. 회사 직원들 중에서도 어떤 직원은 유능하다는 말을 듣는 데 반해 어떤 직원은 무능하다는 말을 듣는다. 성공과 실패, 유능과 무능을 가르는 것은 무엇일까?

우리는 누구나 성공을 꿈꾼다. 다 아는 이야기이지만, 그 성공이 그냥 이루어지는 것은 아니다. 숱한 시행착오를 거쳐 성공에 이르기도 하고, 좌절과 실패를 자산 삼아 딛고 일어서기도 한다. 한편, 어느 조직에서나 '그 사람 일 참 똑 부러지게 잘한다'고 평가받는 사람이 있게 마련이다. 일을 잘하는 이유가 그의 오랜 직장생활 경험일 수도 있겠으나, 막 입사한 사람이라 하더라도 업무 성과를 극대화하는 나름의 노하우를 갖춘 경우도 있다.

일은 사람이 하는 것이다. 그리고 그 일을 하는 사람의 생각과 행동, 태도를 합쳐 '역량'이라고 일단 정의할 수 있다. 성공한 사장님들과 유능한 직원들, 그들이 자신의 사업이나 회사의 비즈니스를 행하는 전략과 과정관리에는 남다른 무엇이 있다. 남들에게는 사소하게 보일지 몰라도 일(또는 사업, 업무)에 대한 그들의 노하우, 행동, 태도에는 어떤 특이점이 있다. 이 특이점이야말로 그들의 강점이자 역량이며 성공의 이유인 것이다. 바꾸어 말하면 같은 일을 하더라도 사람들 간에는 성과의 차이가 나타날 수 있는데 이것은 결국 역량의 차이에서 비롯되는 것이다.

이 책은 일과 사람, 역량에 대해 고민하기 위한 것이다. 일은 사람에게 있어 숙명과 같다. 단순히 먹고 사는 문제를 해결할 뿐만 아니라, 일을 통해 인간관계를 만들어 나가고 자아도 실현할 수 있기 때문이다. 정상적인 사람이라면 당연히 일을 하면서 좋은 성과를 희망하며 또 그렇게 되기 위해 노력한다.

역량개발의 과정은 그러한 노력의 일환이다. '역량'이란 단어가 추상적이어서 손에 잡히지 않는다고 할 수도 있겠지만, 거창하거나 심오한 철학적 의미를 떠올릴 필요는 없다. 그저 '일을 잘하기 위한 것' 정도로 이해하면 된다.

2. 일, '열심히' 하는 것보다 '잘'하는 것이 중요하다.

공무원이 밤을 새워 특정 현안에 대해 30페이지가 넘는 국정감사 자료를 준비했다고 가정해 보자.
그런데 정작 핵심적인 내용은 2~3페이지로 정리될 수 있는 경우가 많다.

■ ■ ■

우리들에게는 은연중에 '열심히' 라는 말이 매우 중요한 가치로 각인되어 있다. '열심히 살아야', '열심히 공부해야', '열심히 일해야' 등등. 과거 힘든 시절을 거치면서 일이든 학업이든 열심히 하는 사람이 좋은 평판을 받는 사회적 분위기가 있어 왔고, 지금도 유효한 가치인 것은 분명하다.

그런데 본인은 나름 열심히 했는데도 결과가 신통치 않거나, 남들보다 성과가 낮은 경우라면 어딘가 문제가 있는 것이다. 일 처리의 방식이 잘못되었을 수도 있고, 업무 프로세스에 대한 체계적 접근이 부족했을 수도 있다. 위 사례의 방대한 자료가 어떤 식으로든 업무에 도움이 된다는 점은 부인할 수 없겠지만, 이 상황에서 그 공무원은 적어도 일을 효율적으로 처리했다고 할 수는 없을 것이다. 냉정하게 말해 어느 조직에서나 요즘은 이런 사람들이 그리 환영받지 못한다.

더군다나 지금은 4차 산업혁명 시대 아닌가? 성실과 우직함이 여전히 소중한 가치이기는 하지만, 이제는 보다 스마트한 업무 처리가 요구되는 시대이다.

일을 잘하는 사람들에게 나타나는 공통점

업무와 관련하여 탁월한 성과를 거두거나, 자신의 일에 성공한 사람들에게는 몇 가지 공통점이 나타난다고 한다.
즉 이들의 일(업무)에 대한 행동이나 대인관계 태도를 분석하면 아래와 같은 공통점이 있다는 것이다.

- 일에 대한 이해도가 높다.
- 일의 전체 맥락을 볼 줄 안다.
- 일을 구성하는 여러 세부 과업 중에 무엇이 중요한지 스스로 명확하게 알고 있다.
- 일의 과정과 성과를 효과적으로 표현한다.

한편, 일을 잘하는 사람들은 일(과업)을 대하면서 상황에 대한 인식(문제 인식)에서부터 목표 설정, 대안 제시 및 제약요인 고려, 대안 실행 시의 기대효과 등을 입체적이고 유기적으로 고려한다는 점도 꼭 기억해 두자.

- 왜 이 일(과업)을 하려고 하는가?
- 이 일(과업)의 목표는 무엇이고, 목표 달성을 위해 무엇을 할 것인가?
- 주어진 자원을 어떻게 효율적으로 사용할 것인가?
- 일(과업) 수행과정에서의 제약요인(Risk)은 무엇이며, 이를 어떻게 극복할 것인가?
- 일(과업) 수행 시 기대효과가 무엇이며, 이를 어떻게 피드백할 것인가?

주변을 둘러보시라. 이른바 '일을 잘하는 사람' 치고 위에 제시한 것과 같은 공통점을 자신의 일에 적용하지 않는 사람이 있는가? 성공스토리의 주인공이 거저 될 수는 없는 것이다. 자, 이제 일을 더 잘하기 위해, 성공하기 위해 필자와 함께 '역량의 바다' 로 항해해 보자.

3. '평온한 바다는 결코 유능한 뱃사람을 만들지 못한다.'

정보화 사회로 빠르게 이행하면서 일과 사람, 조직을 둘러싼 환경이 급변하고 있다. 일자리와 일하는 방식, 기업이 원하는 인재의 기준, 조직구조와 조직문화의 기본적인 패러다임이 바뀌고 있다. 이에 따라 우리 모두는 더 많은 역량, 더 복합적이고 차원이 높은 역량을 갖추도록 요구받고 있다.

그야말로 우리는 지금 4차 산업혁명이라는 험난한 바다의 한가운데에 있다. 만약 이러한 변화에 대응할 수 있는 역량을 갖추지 못하면 우리의 배는 난파하게 된다는 점을 기억해야 한다. '시대 변화에 맞는 역량이 필요해' 라고 마음만 먹는다고 어느 날 갑자기 없거나 부족하던 역량이 새로 생기거나 보완되지는 않는다. 살아남고, 성공하기 위해서는 영국의 속담처럼 변화의 높은 파도에 당당히 맞서는 노련한 뱃사람이 되어야 한다.

'4차 산업혁명의 필요 역량 조사' 결과[1]

경제에 미치는 영향

생산성 증가(64.3%) > 기업 간 격차 확대(59.9%) > 양극화 심화(58.2%) > 일자리 축소(57.7%) 순

개별 기업 조직에 미치는 영향

조직 규모 축소(62.1%) > 외부 협력 증대(59.9%) > 유연성 증대(57.1%) > 권한 분산/분권화(47.8%) > 아웃소싱 증대(46.2%) > 전문가 의존 심화(40.1%) 순

4차 산업혁명 시대의 필요 역량 조사(10점 척도)

창의성(9.08) > 개방성(9.03) > 민첩성(8.89) > 디지털 기술역량(8.83) > 가치 창출(8.83) > 혁신(8.81) > 지속적 학습능력(8.79) 순

1 서울경제신문, "코칭경영원이 전문가(학계, 산업계 171명) 패널 조사", 2017년 12월 14일 기사 발췌(출처 : https://www.sedaily.com/NewsView)

4. 이 책의 구성

이 책은 총 4부로 구성되었다. 제1부와 제2부는 역량평가에 대한 기본적 이해와 역량평가를 잘 받기 위한 방법을 서술하였다. 이를 토대로 제3부와 제4부에서는 두 가지 역량평가 방식인 모의과제 수행 방식과 역량면접 방식을 다루었다.

먼저 제1부에서는 역량평가에 대한 기본적인 이해를 돕기 위한 내용들을 비교적 간결하게 살펴보았다. 대부분의 책들이 그렇듯이 이론 분야는 따분하다. 단어들도 어렵다. 필자는 이 책이 학생들을 상대로 한 수업용 교과서가 아닌 한, 역량평가에 관한 이론 분야를 깊이 있게 다룰 필요성은 느끼지 않았다. 그래서 서술방식도 가상의 인물(대동공사 윤 팀장)과 안석(이 책의 저자)의 대화 형식을 취하였다. 요컨대 제1부를 통해 독자들이 다소 익숙하지 않은 역량평가 방식을 조금이라도 이해하고, 두려움을 털어 버릴 수 있다면 소기의 목적은 달성된 것이라 생각한다.

제2부에서는 역량평가에 대응하는 방법을 제시하였다. 역량평가는 결국 본인이 가진 역량을 어느 만큼 잘 드러내느냐의 문제이다. 역량평가의 속성상 어떤 과제나 질문이든 정답이 있는 것이 아니라고는 하지만, 대응에 논리성과 합리성이 결여될 경우 좋은 평가를 기대하기 어렵다. 이러한 맥락에서 필자는 역량평가 과제와 질문들을 유형화하여 이해하고, 이에 대한 대응 전략으로 프레임워크를 최대한 활용할 것을 제안한다. 역량평가에서 좋은 결과는 물론이고, 실제로 일을 할 때 더 많은 성과를 거둘 수 있기 때문이기도 하다. 그렇다고 기존의 프레임워크를 액면 그대로 기계적인 적용을 하라는 것은 아니다. 오히려 기존의 것을 참고해서 본인의 독창성이 가미된 프레임워크를 제시한다면 역량평가에서 훨씬 돋보인다는 점을 강조하고자 했다.

제3부에서는 모의과제 수행 방식의 역량평가를 과제별로 세밀하게 서술하였다. 특히 각 과제들을 최대한 사례 중심으로 설명하고자 하였다. 역량평가를 잘 받기 위해서는 여러 가지 사례들을 풍부하게 접하고 각 사례에 대해 어떻게 해결방법을 찾을 것인지를 고민하는 것이 중요하다. 이런 이유로 다양한 사례를 수록하였으며, 제3부 끝 부분에서는 각 과제별 실전 연습문제도 필자가 직접 개발하여 수록하였다. 그리고 제4부에서는 면접을 통한 역량평가를 다루었다. 역량면접에 있어 가장 중요한 것은 역시 질문과 답변이므로 질문을 몇 가지 유형으로 나누어 적절한 답변 방안을 제시하였다.

특정 사안에 대한 구조적 분석 능력이 실제 역량평가에서 어떤 상황과 마주치더라도 당황하지 않고 대응할 수 있는 힘이라는 점에서 필자는 프레임워크의 중요성을 거듭 강조하고자 한다. 프레임워크 활용이 역량평가에 대한 자신감을 높여 줄 것이다.

제1부

역량평가에 대한 기본 이해

윤 팀장
가상인물, 남, 39세
대동공사에 2003년 공채로 입사
현재 기획부 팀장으로 근무 중,
2019년 과장 승진 역량평가 대상자임

안석
이 책의 저자
중앙부처 공무원으로 근무하다 2018년 퇴임
2011년부터 정부 역량평가위원으로 활동 중

윤 팀장, 안석을 만나다.

안석 선생님. 전화로 인사드렸던 대동공사에 근무하는 윤 팀장입니다.
뵙게 되어 반갑습니다.

예, 반갑습니다.
편하게 앉으세요.

전화로 말씀드렸지만, 요즘 역량평가 때문에 상당히 스트레스 받고 있습니다. 제 주변의 다른 동료들도 마찬가지이고요.
그래서 답답한 마음에 이렇게 찾아뵈었습니다.

잘 오셨습니다. 역량평가를 받아야 할 분들 입장에서 보면 일종의 시험이라서 당연히 부담스러울 겁니다.
더구나 이제까지 익숙했던 방식이 아니라 더더욱 그럴 겁니다. 그래도 어차피 거쳐야 할 일인데 부담감을
떨쳐 버리고 자신 있게 대응하는 것이 무엇보다 중요하겠죠.

고맙습니다. 많은 지도편달 부탁드립니다.

예, 그러면 역량평가가 무엇인지부터 차근차근 공부해
보도록 하겠습니다.

01

역량평가, 인재선발의 **새로운 트렌드**가 되고 있다!

회사의 인사정책이 바뀌니까 어쩔 수 없이 준비는 하겠지만, 그래도 이해가 잘 안 되는 부분이 있습니다.
'역량평가'라는 생경한 방식이 아니더라도 이제까지 업무를 하는 데 큰 문제없이 잘해 왔다고 생각합니다.
종전처럼 근무성적 평정과 필기시험으로 승진자를 결정하면 될 것을 꼭 이렇게 직원들에게 부담을 줄 필요가 있나 하는 원망스런 마음도 솔직히 없지 않습니다.

필기시험을 통한 인재선발 방식이 객관적이고 공정한 방법이긴 하지만, 실제 업무 적합도와 실무적 전문성을 갖춘 사람을 선발하는 데에는 한계가 있었다고 봅니다.
최근 공무원 시험의 경우 필기시험 합격자를 종전보다 더 많이 늘리는 대신, 최종 면접에서 탈락자를 늘리는 것도 필기시험의 한계를 보완하기 위한 것이지요.[2] 또한 5급 승진에 있어서도 종래의 필기시험을 역량평가 방식으로 대체하는 사례가 늘고 있습니다. 이러한 현상은 민간 부문도 마찬가지입니다.(부록 역량평가 시행 사례 참조)
어쨌든, 인재선발 방식이 필기시험과 같은 종전의 전통적인 방식에서 역량평가 방식으로 매우 빠르게 바뀌고 있어요.

역량평가 방식이 당사자에게 상당한 부담이 된다는 점을 이해는 합니다만, 대세를 거스를 수는 없겠죠.
'피할 수 없으면 즐겨라!' 라는 긍정의 마음자세가 필요합니다. 이 책은 새로운 트렌드가 되고 있는 역량평가 방식을 공부하기 위한 것이고, 여러분들이 역량평가를 즐길 수 있도록 도와 드릴 것입니다.

인재선발 방식

전통적인 방법 : 필기시험, 근무성적 평정, 평판조사, 면접 등

역량평가 방법 : 특정 모의상황하에서 과제를 부여하거나, 구조화된 면접(전통적인 면접방법이 아님) 등

2 최근 공무원 채용 시험에서는 필기시험 합격자 중 면접 탈락자 비율이 5급과 7급의 경우 약 20%, 9급은 약 30%에 이르고 있다.

역량의 개념이 상당히 추상적이지 않습니까? 또한 역량의 종류도 수행업무나 직위, 조직의 성격 등에 따라 매우 다양한 것으로 알고 있습니다. 그런 만큼 역량을 평가한다는 것 자체가 말처럼 쉽지 않을 것 같습니다. 특히, 시험방식처럼 공정성과 객관성을 확보할 수 있을까 하는 의구심이 들기도 하고요.

역량의 개념이 다소 추상적이긴 합니다. 뒤에 자세히 살펴보겠지만, 역량평가 과정 설계는 필요한 역량을 엄격히 정의하는 데서 출발합니다. 아울러 그러한 역량을 갖추었는지, 역량의 강도는 어느 정도인지를 평가하는 지표도 함께 개발합니다. 요컨대 매우 구조화된 평가 방법을 따르기 때문에 윤 팀장이 지적한 문제들은 충분히 극복될 수 있다고 봅니다. 공정성과 객관성을 담보하는 문제 역시 자연스럽게 해소될 수 있겠지요.

역량평가 방식으로 공정성, 객관성이 담보될 수 있을까?

역량평가를 위한 면접 방식은 평가자의 주관적 판단이 개입될 여지가 분명 있기는 하다. 그러나 아래와 같이 이를 최대한 배제한 과학적 평가 방식이 정립되고 있다.

△ 직위, 직무별 역량의 개념을 규정하고, 이를 평가 기준으로 활용(전략적 사고, 변화관리, 의사소통, 조정통합 등)

△ 모의상황을 과제로 제시하고, 과제의 유형을 다양화하여 다차원 평가(In Basket, 역할수행, 집단토론 등)

△ 평가에 있어서도 전문가들을 복수의 평가자로 활용하고, 과제별 평가지표를 구체적으로 제시하여 객관성, 공정성을 확보

이른바 '시험형 인간'이 실무에서도 유능함을 보인다고 볼 만한 근거는 사실 없다. 오히려 융통성이나 기민성 등에 있어서는 약점이 될 수도 있을 것이다. 공정성과 객관성이 담보된다면, 역량평가 방식이 분명 낫다.

02

역량평가의 **의미**와 **방법**

역량평가가 인재선발의 새로운 트렌드임은 분명한 것 같군요.
역량평가의 의미와 방법에 대해서도 구체적인 설명을 부탁드립니다.

역량평가는 특정 직위나 업무를 수행할 수 있는 잠재력을 평가하는 것을 의미하며, 방법은 크게 다음 2가지로 구별됩니다.

① 피평가자에게 특정의 모의상황과 과제를 부여하고, 그 상황에서 피평가자가 어떤 역량(행동과 태도)으로 과제를 수행하는지 관찰하고 평가하는 방법[3]
② 전통적인 면접과는 달리 파악할 역량을 중심으로 면접에서의 질문/응답이 매우 정교하게 구조화된 역량면접 방법

윤 팀장님에게는 모의상황 과제 부여 방식의 역량평가를 중심으로 설명을 드리겠습니다. 참고로 이 책의 제3부에서 모의과제 부여 방식의 역량평가를 다루고, 제4부에서는 역량면접을 다루게 됩니다.

역량평가의 목적은 인재를 신규 채용하거나, 승진자를 결정하기 위한 것일 수 있고, 단순히 현재의 역량 수준을 점검하여 인사 자료로 활용하거나, 순수한 교육훈련 목적으로 시행하는 경우도 있을 수 있습니다. 따라서 이러한 목적에 따라 각 조직은 위의 2가지 역량평가 방법 중 하나를 선택하거나 또는 양자를 병행하기도 합니다.

3 모의상황하에서 피평가자의 역할과 행동, 태도를 관찰한 후 전문가로 구성된 평가자회의를 거쳐 역량을 평가하는 기법으로 'Assessment Center' 기법을 의미한다.

03

역량평가의 **구성요소**와 **진행**

모의과제 수행 방식의 역량평가가 제대로 진행되기 위해서는 ① 평가 기준으로서의 역량 ② 평가 도구로서의 과제 ③ 평가 주체가 있어야 합니다. 이를 역량평가의 3대 요소라고 합니다. 하나씩 살펴보겠습니다. 조금 지루한 감이 없지 않지만, 역량평가의 기초를 튼튼히 하기 위해 이 부분을 이해하고 넘어갑시다.

역량평가의 3대 요소

1 평가 기준 : 특정 직무, 상황에서 측정하고자 하는 역량

사전에 필요한 역량을 도출하고 개념을 규정하여야 한다.

2 평가 도구 : 조직 등에서 누구나 직면할 수 있는 실제 상황과 유사한 모의상황을 과제로 부여

역량을 다차원적으로 관찰하고, 객관성과 공정성 등을 담보하기 위해 복수의 평가과제를 사용한다.

- 서류함기법(IB), 구두발표(OP), 역할 수행(RP), 집단토론(GD), 사례 분석(CA) 등

3 평가 주체 : 훈련된 복수의 평가자가 참여

각 평가자가 관찰·평가한 결과를 조정·통합하는 평가자회의를 거쳐 피평가자 역량을 최종 결정한다.

1) 평가 기준으로서의 역량

선생님, 역량의 개념은 여러 번 들었지만, 앞서 말씀드린 것처럼 참 애매한 것 같습니다. 좀 쉽게 설명 부탁드립니다.

윤 팀장님, 혹시 '일머리와 공부머리'의 차이점을 알고 있나요?

글쎄요. 공부머리가 좋다고 반드시 일머리도 좋은 것이라고는 할 수 없겠지요.

그렇죠! 역량은 어찌 보면 '일머리'의 개념과 일맥상통합니다.
필자가 오랜 공직 생활을 통해 동료 직원들을 보아온 과정에서의 경험칙이 하나 있습니다. 학교 다닐 때 우수한 학과 성적을 거둔 사람이 사회에 진출하여서는 그에 상응하는 성취를 이루지 못하는 경우를 종종 봅니다. 이른바 공부머리와 일머리가 반드시 일치하지는 않는다는 거죠. 학력 등의 스펙과 업무능력이 꼭 비례관계에 있는 것은 아니라는 겁니다.

개인이든 조직이든 우리가 마주하는 현장은 항상 역동적입니다. 당면한 문제들이 쉽게 해결되는 경우가 그렇게 많지 않습니다. 중요한 의사결정을 하는 회의를 수시로 해야 하고, 제한된 시간에 여러 업무를 긴박하게 처리하거나, 이해관계가 얽히고설킨 사안에 대해 적절한 조정안을 고민해야 하는 것이 현실입니다. 현실 상황에 잘 대응하는 일처리가 중요합니다. 요컨대 일머리가 있어야 한다는 것이죠.

일머리의 사전적 정의는 '어떤 일의 내용, 방법, 절차 따위의 중요한 줄거리'입니다.
일머리가 있는 사람은 본인의 업무에 대해 항상 '어떠한 방식과 프로세스로 더 좋은 결과를 얻을 수 있을까' 고민하는 사람이고, 이렇게 본다면 일머리를 체득하는 것이 결국 역량개발의 과정이라고 해도 되겠죠.

일머리와 공부머리
(박천웅, 『(월간) 리크루트』)

일머리 : 주로 **사회생활에 통용**되는 개념으로 업무와 관련해 최적의 결과를 도출하는 지혜의 정도

공부머리 : 주로 **학창시절에 통용**되는 개념으로 지식을 습득, 정리, 활용하는 데 대한 재능 정도

선생님께서 일머리에 빗대어 역량을 설명해 주시니 쉽게 이해가 되는군요.

그래도 개념에 대해서는 좀 더 깊이 있는 내용을 알고 넘어가야겠죠.
학술적으로 역량의 개념은 "조직 및 직무의 성과를 이끌어내는 직무담당자의 행동 특성과 태도"라고 규정됩니다.[4] 조금 간단히 설명하면 일(과업)과 연계하여 우수한 성과자에게 나타나는 공통적인 행동 특성이라 할 수 있습니다. 이에 근거하여 역량의 특징이 아래와 같이 도출됩니다.[5]

4 이선구, 『역량평가 역량면접 - 역량평가에 대한 올바른 이해와 대응』, 리드리드출판, 2015, p.66
5 행정안전부, "과학적 인사관리를 위한 역량평가", 2008, p.13

역량의 특징

- **역량은 행동 특성과 태도로서 구체적으로 실천되거나 발휘된다.**
  - 역량은 보유 능력이 아니라 실천 능력이다.
  - 따라서 단순히 어떤 자격증이나 전문지식을 갖고 있는 것만으로는 '역량이 있다' 고 보기 어렵다.
- **역량은 해당 직무성과와 연계된 행동이다.**
  - 일반적인 의사소통 능력이 탁월하더라도 직무 관련 성과 창출이 되지 않으면 '역량이 있다' 고 보기 어렵다.
- **역량은 직무마다 다르고, 동일 직무라 하더라도 상황이 바뀌면 요구되는 역량은 달라진다.**
  - 특정 직무나 상황에서 높은 역량을 보이더라도 다른 직무나 상황에서는 다를 수 있다.
- **역량은 행동이므로 관찰이 가능하고 그 수준의 측정도 가능하다.**
  - 관찰되지 않는 역량은 없는 역량과 마찬가지이다.

역량의 종류도 참 다양한 것 같은데요.

그렇습니다. 각 조직 및 업무 분야별로 요구되는 역량이 다르고, 유사 조직이라 하더라도 조직이 추구하는 비전과 목표에 따라 강조되는 역량도 다르게 나타납니다. 따라서 역량평가에 있어 시행주체가 가장 먼저 해야 할 일이 평가 역량을 정하는 것입니다.

현행 공무원 역량평가 방식을 중심으로 설명하면 평가할 역량은 크게 사고 영역, 업무 영역, 관계 영역으로 그루핑(grouping)할 수 있는데, 직급별로 차이가 있습니다.(역량별 정의, 하위 요소, 행동 지표 등은 부록 참고)

☑ 직급별 주요 평가역량

영 역	주요 평가역량		
	고위공무원	과장급 공무원	5급 공무원
사고 영역	문제 인식 능력 전략적 사고 능력	정책기획 능력	기획력 논리적 사고력
업무 영역	성과지향 능력 변화관리 능력	조직관리 능력 성과관리 능력	상황 인식, 판단력
관계 영역	고객만족 능력 조정/통합 능력	의사소통 능력 동기부여 능력 이해관계 조정 능력	의사소통 능력 조정 능력

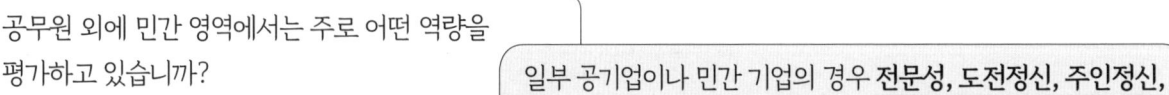

공무원 외에 민간 영역에서는 주로 어떤 역량을 평가하고 있습니까?

일부 공기업이나 민간 기업의 경우 **전문성, 도전정신, 주인정신, 협동/팀워크** 등을 평가 역량으로 제시하기도 합니다.

전문성 자신의 업무 분야에서 최고의 실력을 갖춘 전문가라는 자부심
이를 위해 끊임없이 지식, 정보를 체득하려고 노력하는 자세

도전정신 현실에 안주하지 않고 더 높은 목표를 추구하고자 하는 태도
자신의 능력에 대한 자신감과 위험을 통제할 수 있다는 열정

주인정신 주어진 일의 완수와 성과에 대한 책임감
개인보다 조직을 먼저 생각하는 충성도

협동/팀워크 전체의 목표 달성을 위해 조직 내 동료와 협력하고 신뢰하는 열린 자세
조직 질서와 규범에 대한 유연한 적응과 센스

그런데 선생님. 공공/민간 분야에서 요구되는 역량이 다르듯이 직위별로 요구되는 역량도 다르지 않습니까?

당연히 다르죠! 대부분의 조직은 일반 직원에서부터 최고 의사 결정권자까지 피라미드형이고, 이때 각 계층(직위/직무)별로 요구되는 역량의 수준도 다르게 나타납니다.

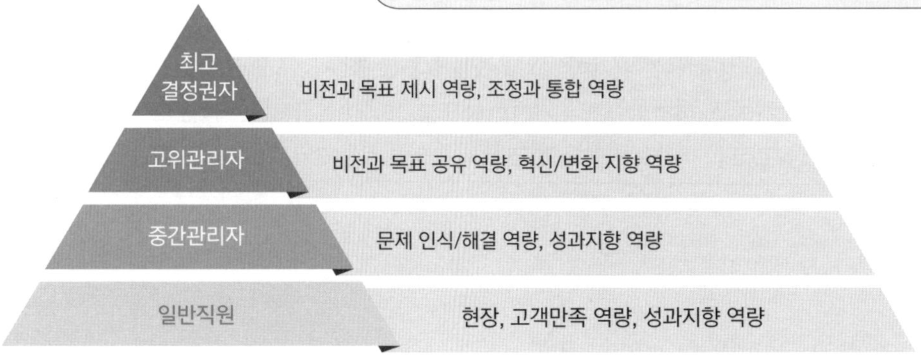

그런데 역량을 분석하는 데 있어 어려운 점 가운데 하나가 조직원 모두에게 적용될 수 있는 공통 역량과 개별 조직원의 직위나 직무 수행에 필요한 역량을 구분하는 것입니다. 직원 공통 역량과 직위/직무별 역량은 배타적이지 않고 중복되는 경우도 많기 때문입니다.
사실, 조직원 전체에 요구되는 역량은 조직원으로서 지향해야 할 가치를 의미하는 것이기도 하고, 이러한 가치를 구현하기 위해 직위/직무별로 최적화된 상태로 역량을 설정하는 것이 일반적인 모습이라 하겠습니다.

조직 구성원의 공통 가치와 필요 역량

조직 구성원 모두에게 필요한 가치	각 가치별로 도출되는 역량(예시)
조직비전과 목표의 공유	전략적 사고 역량, 문제 인식과 해결 역량, 기획 역량
창의와 혁신	변화관리 역량, 문제 인식과 해결 역량, 상황 인식 역량
성과극대화	성과관리 역량, 문제 인식과 해결 역량, 상황 인식 역량, 판단력
자율과 책임	성과관리 역량, 동기부여 역량, 조직관리 역량
현장·고객 중심	고객지향 역량, 조정·통합 역량
소통과 협업	의사소통 역량, 조정·통합 역량

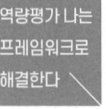

역량의 종류와 관련해서 질문이 있습니다. 실제 역량평가를 받을 때 구체적으로 어떤 역량을 체크하는지를 피평가자가 알 수는 없지 않습니까? 어떻게 해야 합니까?

적절한 질문입니다. 공무원 조직, 공기업, 민간 기업 등의 평가대상 역량은 다양합니다. 채용이나 승진 시에 관련 정보가 없는 상황에서 어떤 역량을 평가할 것인지를 피평가자가 정확하게 파악하기는 쉽지 않죠. 제시되는 과제나 면접 시의 질문 취지 등을 감안하여 적절히 대응하여야 합니다.(오른쪽 참조)

역량평가 과제의 특성에 따라 중점적으로 평가하는 역량에 차이가 있습니다. 예를 들어 서류함기법이나 구두발표 등의 과제는 문제 인식/해결 역량과 전략적 사고 역량 등을, 집단토론이나 1:2 역할 수행 과제는 의사소통, 고객만족, 조정/통합 역량 등을 주로 평가합니다.(아래표 참조)

역량평가 시에 평가대상 역량이 무엇인지 파악하는 방법

조직의 위기상황에 대한 대응 방안을 강구하는 과제(구두발표 등)의 경우 :
전략적 사고, 변화관리, 성과관리, 문제 인식과 해결 등의 역량을 평가

조직의 목표, 이해관계와 구성원 개인의 이해가 상충될 경우 어떻게 할 것인지를 질문 받는 경우 :
주인정신, 협동/팀워크 등의 역량이 잘 드러날 수 있도록 답변

공무원 역량평가 과제별 주요 역량 (●이 많을수록 대체로 해당 역량을 중점적으로 평가함)

구분	전략적 사고	변화관리	성과관리	문제 인식/해결	의사소통	고객만족	조정/통합
서류함기법(IB)	●●	●●	●●	●●●	●	●●	●
역할 수행RP(1:1)	●●	●●	●●	●●	●●	●	●
역할 수행RP(1:2)	●	●	●	●	●●●	●●●	●●●
집단토론(GD)	●	●	●	●	●●●	●●	●●●
구두발표(OP)	●●●	●●●	●●●	●●●	●	●	●

2) 역량과 행동 지표

말씀하신 것처럼 평가하는 역량을 파악했다 하더라도, 피평가자의 역량의 유무, 강도 등을 알기 위해서는 평가자가 질문을 하게 될 텐데, 구체적으로 무엇을 어떻게 답변해야 할지는 여전히 의문입니다.

맞습니다. 역량의 유무나 강도는 구체적인 행동을 보아야 판단할 수 있습니다. 방금 윤 팀장이 제기한 문제가 바로 각 역량별 행동 지표와 관련된 내용입니다. 행동 지표는 후술하겠지만, 고성과자의 행동 특성이나 사례를 일반화하여 이를 다른 조직, 직무 수행자의 행동기준으로 삼을 수 있도록 정리한 것입니다.

앞서 제가 역량평가는 철저히 구조화된 평가 방법을 사용한다는 말씀을 드렸습니다만, 평가자가 질문을 임의대로 할 수 있는 것이 아닙니다. 평가자는 각 역량별 행동 지표에 기반한 질문을 하게 됩니다.
따라서 행동 지표에 부합하는 피평가자의 행동이 많을수록 역량이 우수하다는 결론에 이르게 됩니다.
이렇게 하는 것은 평가의 객관성과 공정성을 확보하기 위해서도 매우 중요한 일이겠죠.

그렇다면 각각의 역량별로 행동 지표가 따로 규정되어 있어야 하겠군요.

그렇습니다. 조직이 요구하는 각각의 핵심 역량에는 구체적인 행동 지표가 반드시 규정됩니다.
행동 지표는 역량과 피평가자의 행동(태도)을 이어주는 매개체이자, 피평가자의 역량 유무, 강도, 빈도 등을 알 수 있게 해 주는 기준이기 때문입니다. 일반적으로 평가과제를 설계하면서 동 과제에서 평가하여야 할 핵심 역량이 정해지고, 각 역량별 행동 지표가 제시됩니다. 이를 그림으로 나타내면 오른쪽과 같습니다.

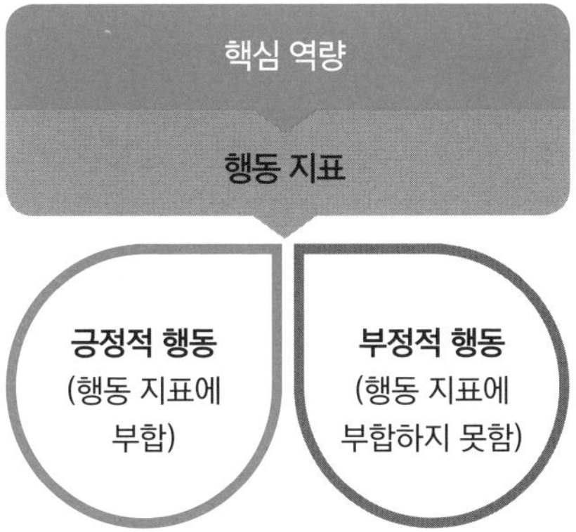

3) 역량평가 과제

선생님, 역량의 개념과 행동 지표는 잘 이해가 되는 것 같습니다. 저희들 입장에서는 가장 관심이 많은 것이 바로 평가과제입니다. 평가과제에 대해서도 상세한 설명을 부탁드립니다.

그렇겠죠. 평가과제에 대해 자세히 설명을 드릴게요.
우선, 역량평가가 성공적으로 운영되기 위해서는 평가과제의 완성도가 무엇보다 중요합니다.
완성도가 높은 평가과제는 다음과 같은 특징을 가지고 있습니다.

평가과제의 특징

- **특정 직위나 직무 수행과정에서 나타날 수 있는 모의상황(Simulation)을 평가과제로 제시**
  - 반드시 현실에 부합하는 것은 아니지만, 직위/직무의 특성과 그 직위/직무 수행과정에서의 당사자 및 이해관계자의 상호 작용에 따라 발생할 수 있는 상황을 염두에 두므로 상당한 사실성을 가짐
- **모의상황하에서 피평가자가 어떤 역량(행동과 태도)을 보이는지 측정할 수 있도록 설계**
  - 피평가자의 직위/직무에 따라 관찰과 평가대상으로서의 역량은 다르게 나타남
    * 피평가자가 고위공무원인지 중간관리자인지, 또는 중간관리자라 하더라도 정책기획업무 담당자인지 일선 민원처리부서 담당자인지에 따라 요구되는 역량이 다르므로 이를 감안하여 과제를 개발함
- **평가과제는 반드시 2개 이상 복수를 제시하여 다차원적 역량측정이 가능하도록 설계**
  - 하나의 평가과제만으로 여러 역량을 측정하기에는 기술적 난점(자료의 복잡성 등)이 있음
    * 일반적으로 하나의 평가과제에서 3개 이내의 역량이 관찰되도록 하는 것이 바람직함

제가 처음 평가과제를 접하고 나서 드는 생각이 '이걸로 어떻게 평가한다는 거야?'라는 것이었습니다.
아마 이제까지는 이런 과제를 경험하지 못하였기 때문이겠지요. 평가과제의 종류도 여러 가지라고 알고 있습니다.

조직의 특성이나 역량평가의 목적, 대상 등에 따라 평가과제의 유형은 매우 다양합니다.
예를 들어 민간 기업의 경우 사례 분석 발표(Case Analysis) 등의 과제를 많이 이용하는 데 비해, 공공 영역에서는 구두발표(Oral Presentation), 서류함기법(IN Basket) 등을 많이 활용합니다.

평가과제의 특징

구분	특징	운영 방식 예시(총 소요 시간은 다소 가변적임)	주요 측정 역량
서류함기법 (IN Basket)	- 주어진 시간 내에 현안 업무를 우선순위를 정해 처리할 수 있는지를 평가 - 이메일, 협조공문, 상사의 지시 등의 형태	- 총 80분 소요(자료 검토 및 답안 작성 50분, 진행 20분) - 통상 4개 내외 소과제를 제시	- 문제 인식, 해결 - 성과관리 - 상황 대처 등
구두발표 (Oral Presentation)	- 보고서나 기록 등 문서화된 사례를 제시하고 이를 피평가자가 분석, 발표 - 특정 주제, 현안 등에 대한 심층적인 관찰·평가 가능	- 총 50분 소요(자료 검토와 답안 작성 30분, 발표 5분, 질의응답 15분) - 현안 업무에 대한 기자브리핑, 상관 보고 등의 형태	- 전략적 사고 - 변화관리 - 문제 인식, 해결
역할 연기 (Role Play)	- 실제 직무 수행 중에 발생하는 상황과 유사한 이해관계 충돌 상황 등을 제시 - 부하 직원과의 면담, 이해관계 당사자 중재 조정회의 등의 형태로 이루어짐	- 총 50분 소요(자료 검토 및 답안 작성 30분, 진행 20분) - 1:1, 1:2로 구분, 피평가자와 평가자 모두 역할 부여	- 성과관리 - 고객지향 - 조정/통합
집단토론 (Group Discussion)	- 제한된 시간 동안 특정 사안을 토론하여 결론이나 해결 방안을 도출 - 토론 과정에서의 피평가자의 행동, 태도를 관찰하고 평가	- 총 60분 소요(자료 검토, 토론준비 30분, 진행 30분) - 역할 부여 GD(통상 토론자 3명), 역할 미부여 GD (토론자 수 유동적)로 구분	- 의사소통 - 고객지향 - 조정/통합

평가과제 분량이 만만치 않은 것 같더라고요. 역량평가를 경험한 선배님들 이야기를 들으니까 모두들 시간이 부족하다고 하던데요. 평가과제는 보통 어떤 내용으로 구성됩니까?

역량평가 시에 제시되는 평가과제는 대체로 15~25쪽 분량입니다.
과제는 크게 다음 3개 분야로 구성됩니다.
▲**피평가자가 처한 배경 상황** ▲**그 상황에 대응하는 데 활용할 수 있는 관련 정보** ▲**피평가자에 대한 지시문**

평가과제의 구성

- **피평가자가 처한 배경 상황**
  - 가상 일자, 가상 조직
  - 피평가자의 조직 내 위치와 역할
  - 문제가 되거나, 대응이 필요한 가상 상황 등
- **가상 상황에 대응하는 데 활용할 수 있는 관련 정보**
  - 과제 수행과정에서 나타날 수 있는 다양한 상호작용(업무 지시, 회의, 대화 및 면담, 게시판 등)
  - 피평가자가 수립할 행동 전략의 기초자료(설문조사 결과, 연구 결과, 언론 보도문, 국내외 사례 등)
  - 평가과제에서 달성하여야 할 목표 등
- **피평가자에 대한 지시문**
  - 피평가자가 수행하여야 할 과제와 요구사항을 제시(이메일, 공문서, 구두 지시 등)
  - 지시문은 평가과제의 유형에 따라 다를 수 있음(예를 들어 OP의 경우 통상적으로 하나의 종합적인 지시문이 제시되나, IB의 경우 각 과제별로 지시문을 제시함)

4) 역량평가의 평정 방식

평정 점수를 부여하는 방법도 설명을 부탁드립니다.

평가자는 각 역량별로 기 설정된 행동 지표에 근거하여 피평가자의 긍정적/부정적 행동들을 관찰하여 기록하고, 과제 수행 종료 후 동 기록을 보아 가며 평정 점수를 부여합니다.
아래 사례는 1:1 역할 수행이고, 중점 측정 역량이 문제 인식/해결 및 고객지향인 경우의 평정표입니다.

문제 인식/해결 역량에 대한 평정 사례

하위 역량	행동 지표	긍정적 행동	부정적 행동	점수
문제 인식	• 주어진 상황을 다양한 관점에서 접근하면서 문제점을 정확히 인식한다. • 주어진 정보를 활용하여 문제의 원인이나 근거가 되는 내용을 명쾌하게 제시한다. • 주어진 상황과 관련된 정보를 체계적으로 정리하여 활용한다. • 문제의 원인을 핵심 원인과 부수적 원인으로 구분하고 그 상관관계도 고려한다.	- 조직을 둘러싼 환경 변화와 그로 인한 위기상황을 정확히 인식하고 있음 - 주어진 자료 및 정보에 근거하여 무엇이 문제인지를 정확히 설명함 - 문제점들을 제도 측면, 인식 측면 등으로 구조화해 제시하여 설득력이 있음	- 문제의 핵심 원인이 무엇인지 명시적으로 제시하지 않았고, 핵심 원인과 부수적 원인을 비슷한 비중으로 설명함으로써 논점이 모아지지 못함	3
문제 해결	• 문제 해결을 위한 대안을 다각도로 모색한다. • 대안의 상관관계 및 우선순위를 고려한다. • 대안 추진 시의 장애요인을 고려하고, 그 극복 방안을 제시한다. • 조직의 비전, 목표와 연계하여 대안을 제시한다.	- 문제의 원인과 연계하여 해결 방안을 입체적으로 제시함 - 해결 방안의 우선순위를 정하면서 시급성, 수용가능성을 기준으로 제시함 - 해결 방안 추진 시 재원 확보, 조직 내외부 저항 등 장애요인을 잘 인식하고 있음 - 장단기로 나누어 장애요인 극복 방안을 제시함	- 제시한 해결 방안이 조직의 비전과 목표와는 어떤 관계가 있는지를 주도적으로 설명하지 못함	4

고객지향 역량에 대한 평정 사례

하위 역량	행동 지표	긍정적 행동	부정적 행동	점수
이해관계자 인식 및 요구사항 파악	• 이해관계자가 누구인지 파악하고 있으며, 관련 정보를 활용해 잠재적 이해관계자도 고려한다. • 이해관계자(집단)의 입장과 요구사항을 정확히 인식하고 있다. • 이해관계자 상호 간의 관계 및 이해의 경중에 대해서도 고려한다.	- 제시된 자료를 근거로 이해관계자를 대체로 빠짐없이 언급함	- 자료에서 명시적으로 드러난 이해관계자만 언급하고, 잠재적 이해관계자에 대한 고려는 미흡함 - 이해관계자를 제시하면서 그 이유에 대한 부연 설명이 미흡함 - 이해관계자의 표면적 입장을 고객의 요구사항으로 인식하고 있어 고객의 다양한 요구사항을 파악하는 데 한계를 보임	2
고객만족	• 항상 고객요구를 충족하기 위한 새로운 방안을 추구한다. • 고객의 의견, 불만사항에 대해 늘 경청하고 해결에 최우선순위를 부여한다. • 고객과의 약속을 중시하고 신뢰형성에 노력한다. • 고객에게 서비스 제공 후 그 결과를 신속하게 피드백함으로써 고객과의 원활한 관계를 유지한다.	- 고객만족도 지표 개선, 서비스 건당 처리시간 기준 단축 등 새로운 성과 지표를 제시하여 고객만족에 대해 실효성 있고 강한 의지를 보임 - 고객서비스 질 제고를 위해 서비스 종료 후 A/S를 강화하고(기간 연장 등) 그 결과를 피드백하는 방안도 제시함	- 현장소통을 통해 고객만족을 구현하기보다 정책, 제도를 우선 보완해야 한다는 다소 경직적 태도를 보임	3

선생님께서 위에서 들어 주신 사례에서는 2점부터 4점까지 점수가 기재되어 있는데요. 무슨 의미인지요?

평정 점수는 5점 척도를 사용하기 때문에 1점에서 5점까지 기재됩니다. 역량에 있어 긍정적 행동 지표를 많이 보일수록 높은 점수를 부여합니다. 이어서 보겠습니다만, 각각의 평가위원들이 평정한 점수를 산술평균하여 점수가 확정됩니다.
평가자는 그때그때 피평가자의 행동과 태도를 메모해 두었다가 평가가 종료된 후 평정을 하게 됩니다.(역량별 행동 지표에 부합하는 강도와 빈도 등에 따라 평정 점수를 부여)

5점 척도 사용례

평정 점수	1 매우 미흡	2 미흡	3 보통	4 우수	5 매우 우수
설명	관찰/분류된 모든 행동들이 부정적이고 매우 다양하게 나타나고, 동시에 매우 높은 수준의 강도를 보여줌. 긍정적 행동은 발견되지 않거나 그 강도가 극히 미미함	긍정적인 행동이 일부 나타나지만, 그 강도가 약함	긍정적인 행동과 부정적인 행동이 서로 유사한 빈도나 강도로 나타남	관찰/분류된 다수의 행동들이 긍정적이고 상당히 다양하게 나타나고, 동시에 높은 수준의 강도를 보여줌. 부정적 행동이 일부 나타나지만, 그 강도가 약함	관찰/분류된 모든 행동들이 긍정적이고 매우 다양하게 나타나고, 동시에 매우 높은 수준의 강도를 보여줌. 부정적 행동은 발견되지 않거나 그 강도가 극히 미미함
비고	행동이 정해진 역량 정의에 전혀 해당이 안 됨		역량 정의에 따른 행동에 그럭저럭 부합함		주어진 역량 정의에 따른 행동에 거침이 없음

최종 역량평가 점수는 평가위원들이 협의해서 확정한다고 하던데, 자세한 설명을 부탁드립니다.

평가가 끝나면 평가위원들이 따로 모여 평가자회의를 합니다. 평가자회의에서 피평가자 개개인별로 과제 수행 과정에서 나타난 행동과 태도의 기록에 근거하여 평가자 상호 간에 토론을 통해 평점 점수를 확정하게 됩니다. 역량 점수는 각각의 평가과제에서 평가위원들이 측정한 동일 역량 점수를 합산하여 그 평균값으로 산정합니다.

* 예를 들면 문제 인식/해결 역량 점수가 서류함기법(IB)에서 3.5점, 1:2 역할 수행(RP)에서 2.5점, 1:1 역할 수행(RP)에서 3.0점을 얻었다면 문제 인식/해결 역량 점수는 3.0점〔(3.5+2.5+3.0)/3〕

최종 역량평가 결과 및 평가위원 의견 등을 적시하여 역량평가보고서를 작성하고 피평가자에게 피드백합니다.

역량평가위원들은 주로 어떤 분들이 들어가게 됩니까?

평가위원은 전·현직 공무원단, 관련 학계 대학교수, HR 분야 민간 전문가들로 풀(Pool)을 구성해서 운영합니다.
고위공무원의 역량평가위원은 9명이고, 과장급 공무원의 역량평가위원은 6명입니다.

평정 및 평가자회의 진행

〈각 평가위원〉 **피평가자의 역량별 점수 산정** → 〈평가자회의〉 **피평가자의 동일 역량별 점수 취합** → 〈평가자회의〉 **피평가자별로 역량 평정 토론** → 〈평가자회의〉 **피평가자별로 역량 평정 점수 확정** → 〈각 평가위원〉 **피평가자별로 역량보고서 작성**

역량평가 당일 진행 방식
(고위공무원 및 중앙부처 과장급 공무원)

• **평가 당일 오전 8시10분까지 인사혁신처 역량평가센터 도착**
- 역량평가센터는 과천 국가공무원인재개발원 內 보람관에 위치

• **특별한 사정이 없는 한 1일 6명의 후보자를 평가**
- 센터에 도착하면 후보자에게 각각 A, B, C, D, E, F 명찰을 부여하고, 이름이나 소속 등 신상 관련 정보는 알 수가 없도록 함 (평가가 종료될 때까지 명찰을 패용하여야 하고 외부 출입도 통제)
- 각 후보자는 개인별 평가실에서 실행과제 수행
  * 집단토론은 과제 검토는 개인 평가실에서, 토론은 별도 토론실에서 진행

• **피평가자는 매 시간마다 센터 진행요원으로부터 과제를 부여받고, 과제에 따라 담당 부처, 직위, 직무 등이 바뀜**
- IB, RP(1:1), OP(발표)의 경우 답안 작성이 필요하나, RP(1:2), GD는 답안 작성 없이 주어진 자료에 기초하여 질의응답, 토론 참여 등 역할 수행
- 과제 검토 시간이 종료되면, 평가자가 입실하여, 작성한 답안과 자료를 기초로 평가 진행
  * 평가자는 IB, RP(1:1)의 경우 2명(평가자 1명, 관찰자 1명), RP(1:2)는 2명, GD는 3명이 입실

• **과제별 소요 시간은 고위공무원은 4시간 50분, 과장급은 3시간 50분**(센터가 준비한 도시락으로 중간에 중식)

구분	IB(서류함기법)	RP(1:1 역할 수행)	RP(1:2 역할 수행)	GD(집단토론)	OP(발표)
고위공무원	- 준비 50분 - 평가 30분	- 준비 30분 - 평가 30분	- 준비 30분 - 평가 30분	- 준비 40분 - 평가 50분	-
과장급 공무원	- 준비 50분 - 평가 20분	- 준비 30분 - 평가 20분	-	- 준비 30분 - 평가 30분	- 준비 30분 - 평가 20분

참고자료

역량평가 통과 기준

고위공무원 역량 항목별로 5점 만점으로 평가하여 6개 역량의 평균점수가 보통 이상(2.50점 이상)인 경우에는 통과

* 고위공무원단 후보자 역량평가 운영 현황
- 고위공무원단 후보자 역량평가는 연간 약 70회(주 2회) 운영
- 2006년~2017년 총 840회 평가가 이루어졌으며, 평가대상자 5,029명 중 1,092명이 미통과(21%)

과장급 공무원 역량 항목별로 5점 만점으로 평가하여 ① 6개 역량의 평균점수가 보통 이상(2.50점 이상)인 경우, ② 6개 역량의 평균점수가 2.30점 이상이고 이 중 2개 이상 역량의 점수가 3.0점 이상인 경우 통과

* 과장급 후보자 역량평가 현황(2015·과장급 역량평가 의무화)
- 과장급 후보자 역량평가는 연간 140회(주 4회) 운영
- 2009년~2017년 총 918회의 평가가 이루어졌으며, 평가대상 5,481명 중 1,322명이 미통과(24%)

재평가

고위공무원 승진임용의 경우 역량평가 미통과 시 횟수제한 없이 재평가가 가능
다만, 2회 연속 미통과 시 마지막 평가일 6개월 경과 후, 3회 연속 미통과 시 마지막 평가일 1년 경과 후 재평가

과장급 공무원 승진임용의 경우 역량평가 미통과 시 횟수제한 없이 재평가가 가능
다만, 2회 연속 미통과 시 마지막 평가일 후 6개월이 경과해야 재평가

* 개방형 직위, 경력경쟁채용시험에 따라 임용되는 직위, 공개모집절차에 따라 임용되는 책임운영기관 직위 임용 후보자는 소속장관이 요청하는 경우 1회에 한하여 재평가

평가 결과 피드백

평가 후에는 평가대상자에게 역량평가 결과 통과 여부, 역량 수준, 역량별 강점 및 약점, 역량개발 조언 등을 담은 결과보고서를 통보
이를 통해 자신의 역량 수준과 부족한 역량을 인식하고 역량개발로 연계할 수 있도록 피드백 기회를 제공

제2부

역량, 어떻게 잘 보여줄 것인가?

인재선발에 있어 잠재적 직무역량이 강조될수록 평가 기법이 더욱 치밀해지고 수준도 높아진다.
평가자는 어떻게든 피평가자에게 제대로 된 역량이 있는지를 보려고 하고,
피평가자는 어떻게든 평가자에게 자신이 역량을 가지고 있다는 것을 보여 주려고 한다.

그 수단이 평가자는 질문과 요구이고, 피평가자는 답변과 대응이다.

역량평가에서의 질문은 평가의 실효성을 확보하기 위해 단순 문제 해결방법을 찾는 데 그치지 않고, 그와 관련된 다른 내용도 동시에 묻는 경우가 많다. 또한 관련 정보들을 수집, 분석하여 이를 유기적으로 연계시킬 것을 요구하기도 한다. 질문 분야도 새로운 정책이나 사업의 기획, 현재 고객에게 제공되고 있는 서비스의 혁신 방안 등 상당히 전문성을 요하는 질문들이 점점 많아지고 있다.

평소 이런 식의 질문과 요구에 대비하지 않은 지원자(피평가자)는 당황할 수밖에 없다.
특히 전문성을 요하는 질문은 해당 분야의 베테랑이라 하더라도 갑자기 질문을 받으면 체계적으로 자신의 생각을 정리해서 조리 있게 답변하는 것이 쉽지 않다. 그렇다고 질문과 요구에 대한 답을 외운다는 것이 참 딱한 일이고, 사실 그리 해서 될 일이 아니다. 정답이 있는 것도 아니다.

앞서도 강조했듯이 '열심히' 하는 것보다 '잘' 하는 것이 중요하다. 자, 어떻게 할 것인가?

01

역량평가의 **기본원리**

평가자의 질문과 요구에 대한 피평가자의 답변과 대응이 말처럼 쉬운 것이 결코 아닌 것 같아요. 제대로 하려면 상당한 순발력과 임기응변이 필요할 뿐만 아니라, 사안을 체계적으로 분석할 수 있는 능력이 있어야 하는데 사실 그동안 그런 교육이나 훈련은 많이 부족했다고 생각합니다. 그걸 지금 하려니 고생인 거죠.

충분히 이해합니다. 역량평가를 준비하기 위해서는 전략이 필요합니다. 가장 중요한 부분이 기본원리를 확실히 이해하는 것이고, 역량평가 준비 과정에서 이런 원리를 항상 유념하고 있어야 한다는 뜻입니다.

전략이나 기본원리, 이런 단어만 나와도 부담스럽습니다. 특히, 일선에서 집행업무를 하는 직원들에게는 더욱 그렇죠.

제가 이야기하는 기본원리는 업무수행과 관련하여 당연한 일입니다. 다만, 우리가 그것을 깊이 있게 생각해 보지 않은 것일 뿐입니다. 너무 부담 갖지 않아도 됩니다. 지금부터 중요한 내용이니 잘 들어 보세요.
먼저 질문(요구)에 대한 지원자의 답변(대응)에 정답이 있는 것이 아닙니다. 물론 전혀 엉뚱한 답이나 결론을 내놓아서는 안 되겠지만, 역량평가에 있어서는 답을 제시하는 과정이나 결론에 이르는 과정을 중시한다는 점 꼭 기억해 두세요.
그런데 이 과정에서 반드시 요구되는 것이 3가지 있습니다. **첫째, 논의의 전개가 논리적이어야 합니다.** 지원자의 말이나 글의 전개가 이치에 맞아야 합니다. 예를 들면 원인과 결과, 수단과 목적, 상황과 행위 등이 맞아떨어져야 '논리적'인 것이죠.[6] **둘째, 주장 또는 입장이 합리적이어야 합니다.** 지원자가 'A'라는 주장을 한다면 그 근거로서 'a'를 제시할 수 있어야 합니다. 그리고 그 근거는 다른 사람들도 받아들일 수 있어야 합니다. **셋째, 사안의 분석이 구조적이어야 합니다.** 구조적이라 함은 여러 정보나 생각들을 체계적, 입체적으로 정리한다는 의미입니다.[7] 역량평가는 짧은 시간에 이루어지기 때문에 효과적으로 자신의 생각을 전달하기 위해서는 구조화된 대응이 반드시 필요하죠. 구조화되지 않은 답변(대응)은 이해하기 어려울 뿐더러 답변의 임팩트도 없다는 점을 꼭 기억해 두어야 합니다.
이 구조적 분석은 역량평가에 있어 가장 중요한 원리이므로 좀 더 자세히 공부하기로 하죠.
그리고 구조적 분석을 위한 틀인 프레임워크에 대해서도 공부하고 넘어가겠습니다.

6 하병학, 『토론과 설득을 위한 우리들의 논리』, 철학과현실사, 2000, p.26

7 유세환, 『결론부터 써라 - 당신의 메시지 전달력을 극대화하는 논리적 글쓰기의 힘』, 미래의창, 2015, p.199

1) 구조적 사고, 구조적 대응이 중요한 이유

다음은 **'정보의 비대칭성'**에 대한 설명이다.

> "정보의 비대칭성이란 대리인 관계에 있어 위임자와 대리인 양측이 갖는 정보가 같지 않은 경우를 말한다. 위임자와 대리인은 각각 자신의 효용과 이익을 극대화하려고 하기 때문에 상충되는 이해관계를 가진다. 또한 대리인이 위임자보다 특정한 과업에 대해 더 많은 지식과 능력을 갖게 되는 정보의 비대칭성 때문에 대리인 문제(Agency problem)가 발생한다. 정보의 비대칭성에는 역선택(Adverse selection)과 도덕적 해이(Moral hazard)로 지칭되는 2가지 유형이 있다. 역선택 개념은 ~~이고, 사례는 ~~~한 경우가 있다. 도덕적 해이의 개념은 ~~이고, 사례는 ~~~한 경우가 있다."

위의 설명은 전형적인 서술형 방식을 취하고 있다. 이를 구조적으로 재구성해 보자.

정보의 비대칭성

- **개념** : 대리인 관계에 있어 위임자와 대리인 양측이 갖는 정보가 같지 않은 경우로서 위임자와 대리인은 각각 자신의 효용과 이익을 극대화하려고 하기 때문에 상충되는 이해관계를 가짐
- **이로 인해 초래되는 문제** : 대리인 문제(대리인이 위임자보다 특정한 과업에 대해 더 많은 지식과 능력을 갖는 상황)
- **'대리인 문제' 의 2가지 유형**
  - 역선택(Adverse selection) : 개념/사례 ①, ②, ③ …
  - 도덕적 해이(Moral hazard) : 개념/사례 ①, ②, ③ …

구조화하게 되면 서술형 방식보다 훨씬 정돈된 느낌을 주는데
이를 시각적으로 나타내면 더욱 간명하게 정리되고 이해도 쉽다.

사실 이러한 방식이 학술적인 논문의 서술방식으로는 적합하지 않을지 모르겠다. 그러나 직장생활에서의 일상적인 보고나 토론, 질의응답 등에서는 매우 유용하고 기억에도 훨씬 오래 남는다. 논어에 "들은 것은 잊어버리고, 본 것은 기억하고, 직접 해 본 것은 이해한다(聽卽振 視卽記 爲卽覺)"라는 말은 이럴 때 적용이 가능하다.

사안을 구조화한다는 것은 각 요소들의 상관관계를 고려하면서 덩어리로 나누어 보는 것이다. 구조화 방식은 위 사례처럼 사안의 전체적인 모습을 입체적으로 보여줄 뿐만 아니라, 사안을 구성하는 개별 요소를 분석하고 정리하는 데도 유용하다. 예를 들어 어떤 문제가 되는 현상이 있고, 그 현상의 원인이 다섯 가지(A, B, C, D, E)가 있다고 하자. 이때 각각의 원인을 첫째, 둘째, 셋째… 식으로 표현하는 것은 평면적이고, 단순 나열의 느낌을 준다. 그런데 그 원인들을 몇 개의 범주로 묶는 방법이 있다면 어떨까? 이를테면 A와 B는 제도(규정)상의 원인, C와 D는 제도 시행주체에서 비롯된 원인, E는 고객에서 비롯된 원인으로 구분할 수 있다면 훨씬 입체적으로 원인 분석을 하는 것이다. 또한 이러한 작업을 거쳐 핵심 원인과 부수적 원인으로 부연 설명할 수 있다면 그 답변은 금상첨화라 할 수 있겠다. 이처럼 예를 든 것 외에도 거의 모든 사안은 구조적으로 분석이 가능하고, 특히 역량평가에서는 각 과제를 대할 때마다 구조적 사고와 분석을 항상 염두에 두어야 한다.

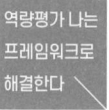

2) 구조적 분석의 틀 - 프레임워크

'프레임'이란 무엇인가?

프레임의 단순 의미가 틀, 뼈대라는 것은 알겠습니다.
그런데, 좀 더 확장된 개념이 '우리가 갖고 있는 인식의 틀'이라고 하는데 너무 추상적이지 않습니까?

요즘은 '프레임'의 시대라 할 만합니다. 언론이나 정치인, 일반인들조차 거리낌 없이 프레임이라는 단어를 사용합니다. 그런데 '프레임'이란 도대체 무엇인가? 라고 물으면 설명이 쉽지는 않습니다.
저는 프레임을 '우리가 현실을 이해하고 판단할 때 작동하는 가이드라인'으로 생각하고 있습니다.
예를 들어 보죠. 살고 있는 아파트가 버스/지하철 정류장에서 450m 정도 거리라고 합시다.
급한 일이 있어 버스나 지하철을 이용하려면 조금 수고를 해야 할 거리는 맞는 것 같습니다만…

A : 아니 정류장(역)이 왜 이렇게 멀어. 이사를 하든지 해야지 원!
B : 평소 운동할 시간도 없는데 이렇게라도 걸으니 좋지 뭐!

똑같은 현실에 대해서 A, B 두 사람의 인식이 반대로 나타나는데 이는 프레임의 차이에서 비롯된 것입니다.

예를 들어 주시니 이해가 될 듯도 하지만, 여전히 '프레임'이라는 것이 손에 잡히지가 않는군요.

그럼 더 쉬운 예를 하나 들겠습니다.
국내 심리학자의 책에 소개된 '핑크대왕 퍼시(Percy the pink)'라는 동화이야기입니다.[8]
핑크대왕 퍼시는 핑크색을 너무 좋아해서 백성들을 닦달해 왕국의 모든 것들을 핑크색으로 바꾸도록 했지만 마지막 남은 하늘만큼은 어떻게 할 수가 없었답니다. 그래서 왕의 스승에게 하늘까지도 핑크색으로 바꿀 묘책을 만들어 달라고 했다죠. 며칠간 고민하던 스승이 '옳지 왕에게 핑크색 안경을 쓰게 하자!'는 생각을 해냈습니다. 핑크색 안경을 쓴 퍼시왕은 너무나 좋아 했습니다. 온 세상이 핑크색이었으니까요. 그리고 백성들도 더 이상 핑크색 소동으로 시달릴 일도 없었다고 합니다. 여기서 퍼시왕이 쓴 핑크색 안경이 곧 프레임이라고 볼 수도 있을 겁니다.

재미있는 이야기군요.
조금은 이해가 되는 것 같네요.

그런데 '프레임'을 너무 깊이 고민할 것은 아니라고 봅니다.
역량평가에 있어 제가 강조하는 '프레임워크'를 공부하는 데 도움을 주는 정도로 프레임을 이해하면 될 것 같습니다.

8 최인철, 『프레임 - 나를 바꾸는 심리학의 지혜』, 21세기북스, 2016

프레임의 정의

G 레이코프(George Lakoff), 『코끼리를 생각하지 마 - 미국 진보세력은 왜 선거에서 패배하는가?』
"프레임이란 우리가 세상을 바라보는 방식을 형성하는 정신적 구조물이다.
프레임은 우리가 추구하는 목적, 우리가 짜는 계획, 우리가 행동하는 방식, 그리고 우리 행동의 좋고 나쁜 결과를 결정한다. 정치에서 프레임은 사회정책과 그 정책을 수행하고자 수립하는 제도를 형성한다."

최인철(서울대 심리학 교수), 『프레임 - 나를 바꾸는 심리학의 지혜』
"프레임은 세상을 보는 틀, 세상을 바라보는 마음의 창이다. 어떤 문제를 바라보는 관점, 세상을 향한 마인드셋, 세상에 대한 은유, 사람들에 대한 고정관념 등이 모두 프레임의 범주에 포함된다."

프레임워크란 무엇인가?

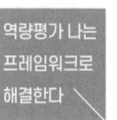

프레임의 개념을 어렴풋이나마 알았으니, 이제 프레임워크에 대해서도 말씀 부탁드립니다.

우리가 일상적으로 겪는 일이나 현상들은 대부분 단순하지 않습니다. 여러 요소, 여러 문제들이 복잡하게 얽혀 있죠. 더군다나 사안 자체가 추상적이어서 어디서부터 어떻게 해야 할지 난감한 경우도 참 많습니다.

특히, 지식정보화 사회로 진전되어 나갈수록 복잡성이 더욱 커지고 있다고 보아야 하겠지요?

그렇습니다. 뭐든 복잡할수록 사안 자체를 나누거나 쪼개서 보면 전체의 모습이 더 잘 정리되고, 사안을 구성하는 각 요소들의 상관관계도 비교적 쉽게 파악할 수 있답니다.
이것이 바로 '분석'입니다. 즉 분석(分析)이란 나누고(分) 쪼개는(析) 작업이라고 할 수 있죠.

따라서 프레임워크란 결국 '분석을 잘하고 쉽게 하기 위한 도구'인 것입니다. 사실 우리는 알게 모르게 프레임워크에 매우 익숙한 상태에 있습니다. 어린 시절 방학 때 하루 일과표를 만들던 기억을 해 보세요.
하루의 일과를 시간, 분 단위로 쪼개서 계획을 세웠습니다. 매일매일이 똑같을 수는 없겠죠. 새로운 약속이 생길 수도 있고, 예상하지 못했던 행사에 참석하기도 합니다. 그렇지만 이러한 변수를 고려하더라도 큰 틀에서 보면 하루 일과의 흐름은 나름의 질서하에 진행됩니다. 즉 일과의 규칙적인 흐름이 당사자의 입장에서 보면 생활의 프레임워크인 셈입니다.
그리고, 자연스럽게 우리의 인식체계가 되어버린 프레임워크도 매우 많습니다.
대표적인 것이 이분법적인 생각입니다. 긍정과 부정, 장점과 단점, 이익과 손실, 순기능과 역기능, 찬성과 반대와 같이 상반된 내용의 프레임워크가 있는가 하면 내부와 외부, 양과 질, 직접과 간접, 현실과 이상, 미시와 거시, 하드웨어와 소프트웨어, 아날로그와 디지털 등 상대적 개념의 프레임워크도 무수히 많죠.
더 나아가 세 가지, 네 가지 등으로 요소를 세분화하는 경우도 많은데요. 이들 역시 프레임워크로 많이 이용되죠.

- **3요소의 예** : 의·식·주(衣食住), 지·덕·체(智德體), 보수-중도-진보, 과거-현재-미래, 단기-중기-장기 등
- **4요소의 예** : 기·승·전·결(起承轉結), 남·녀·노·소(男女老少), 소년-청년-장년-노년 등

참, 재미있군요! 말씀을 듣고 보니 알게 모르게 우리 스스로 프레임워크를 갖고 세상을 보고, 사안을 판단하고 있는 것 같습니다.

사실 우리가 알아 두어야 할 프레임워크들도 어떤 사안에 대해 고려하거나 분석해야 할 몇 가지 요소들을 간명하게 숫자를 사용해 나타낸 것입니다. 뒤에서 자세히 살펴보겠습니다만, 3C모델, CRF모델, SWOT모델, STAR모델, 4P모델 등이죠. 역량평가를 준비하면서 꼭 알아 두면 좋을 프레임워크들이므로 같이 공부해 두어야 합니다.

프레임워크가 사안을 분석하는 데 많은 도움이 되는 것은 잘 알겠습니다. 그렇지만, 잘 알려진 프레임워크로도 분석이 쉽지 않은 사안들이 분명히 있을 것 같아요. 이런 경우는 어떻게 합니까?

위에서 말씀드린 프레임워크들은 일부 예를 든 것들이고, 사안을 분석하는 데 꼭 이들을 적용하라는 것은 결코 아닙니다. 물론, 잘 알려진 프레임워크들은 해당 분야의 전문 학자나 대가들이 제안한 만큼 매우 유용한 분석의 틀이라는 점은 부인하기 어렵습니다. 그러나 강조해서 말씀드리지만, 기존의 프레임워크를 적절히 활용하여 본인의 프레임워크를 설정하고, 이에 따라 사안을 구조적으로 분석하거나 과제를 해결하는 것이 바람직합니다.

그렇군요. '기존의 프레임워크는 단순 적용하는 것이 아니라 활용하는 것이고, 이를 통해 각각의 상황에 맞게 본인의 프레임워크를 만들어 나가라'라는 뜻으로 이해하면 되겠군요.

빙고! 바로 그것입니다.

3) 알아 두면 정말 유용한 프레임워크들

하루 일과의 규칙적인 흐름이 당사자의 입장에서 보면 생활의 프레임워크인데, 일을 할 때도 마찬가지다.

닥치는 대로 무계획적으로 일하는 사람은 없다. 개인별 정도의 차이는 있겠지만, 다들 우선순위를 매겨 가며 일을 한다.

그리고 개별 업무도 착수에서 완결까지의 절차를 그려 가면서 처리한다. 이 또한 업무 처리에 관한 프레임워크라고 할 수 있다. 이렇게 본다면 이 책의 서두에서 언급한 '일머리'라는 것도 결국 프레임워크의 문제와 일맥상통하는 것이며, 결국 프레임워크는 일을 '잘'하기 위한 방법론인 것이다.

이제 조금 더 깊이 들어가 보자. 우리는 일반적으로 '성과와 보상'을 염두에 두고 일을 한다. 성과와 보상 수준을 높이기 위해서는 일을 '잘해야 할 텐데, 이는 관련된 일련의 생각과 행동들을 체계적으로 정리하는 데서부터 시작한다. 프레임워크는 복잡하고 큰 사안을 작은 조각 여럿으로 나누는 작업이다. 이렇게 나누는 이유는 효율적으로 일을 하기 위해서이다. 따라서 여기에는 규칙과 논리가 있어야 한다. 요컨대 잘 짜여진 프레임워크는 복잡한 사안을 분석하거나 문제 해결의 대안을 제시하는 강력한 도구인 셈이다. 프레임워크는 생각이나 글을 구조화하여 표현하는 것이므로 역량평가에 있어서 특히 중요하다. 프레임워크에 숙달된 피평가자는 일단 어떤 상황이 주어지든, 어떤 문제가 제시되든 사안의 맥락만 이해하고 있으면 기본적인 답변이나 설명이 가능하다. 반대로 프레임워크에 대한 이해도가 낮고 이를 제대로 활용할 수 없으면 역량평가 통과를 장담하기가 어렵다는 것이 필자의 확실한 믿음이다.

많이 활용되는 프레임워크는 그 자체만으로도 분석의 틀로서 적용할 수 있겠지만, 이를 변형하거나 응용할 때도 적지 않다. 즉 면접 등 역량평가 과정에서 이미 많이 알려져 있는 각각의 프레임워크를 조합한다든지 기존의 프레임워크에 자신의 생각을 가미한 전혀 새로운 프레임워크를 만들어도 된다. 프레임워크는 상황 또는 사안에 따라 매우 다양하게 설정될 수 있다. 거시적 차원에서 외부 환경과 같은 사안의 전체적인 모습을 분석하기 위한 것도 있고, 마케팅 목적의 다소 미시적인 분석을 위해 고안된 것도 있다. 많은 프레임워크가 있지만, 중요한 몇 가지만 살펴보기로 한다. 일반적으로 널리 알려져 있고, 역량평가 과정에서도 쉽게 활용할 수 있는 프레임워크들인데, 이 책에서도 실전 사례 연습 등에 적절히 활용하고 있다. 아래에서는 먼저 프레임워크에 공통적으로 적용되는 로직트리와 누락과 중복문제(MECE)를 살펴보고, 이어서 역량평가에서 많이 활용할 수 있는 10가지의 프레임워크를 서술한다.

프레임워크를 돋보이게 하는 '로직트리(Logic Tree)'와 'MECE'

우리는 일을 하면서 당면한 문제에 대한 해결 방안을 찾거나, 여러 개의 대안 중에 어느 하나를 선택하거나, 미래의 생존과 발전을 위한 전략을 수립하는 등 다양한 상황에 처하게 된다.

로직트리는 이러한 상황을 논리적이고 입체적으로 분석하는 데 매우 유용한 방법이다. 예를 들어 시장 상황이 좋지 않아 재고가 증가하면서 관리비용이 급증하고 있다고 하자. 이때 재고 관리비용 절감을 위한 로직트리를 아래와 같이 구성할 수 있다.

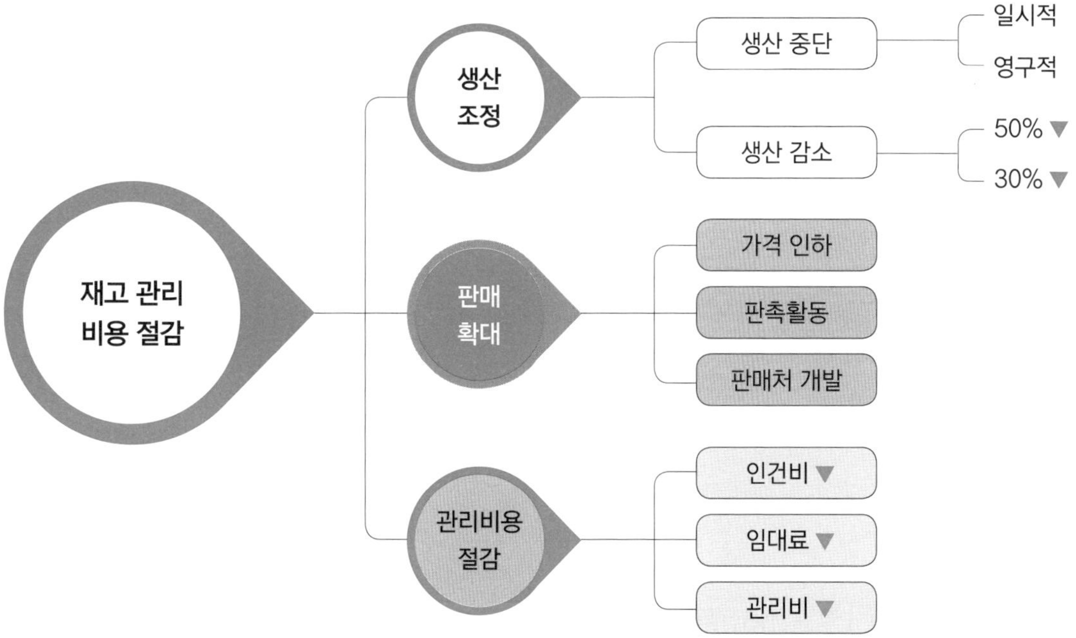

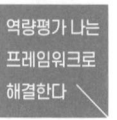

다른 사례도 들어 보자. 퇴근 후(또는 휴무일) 카톡 등으로 업무 지시를 빈번히 하는 것이 문제가 되고 있는데, 이를 분석하면 아래와 같다.

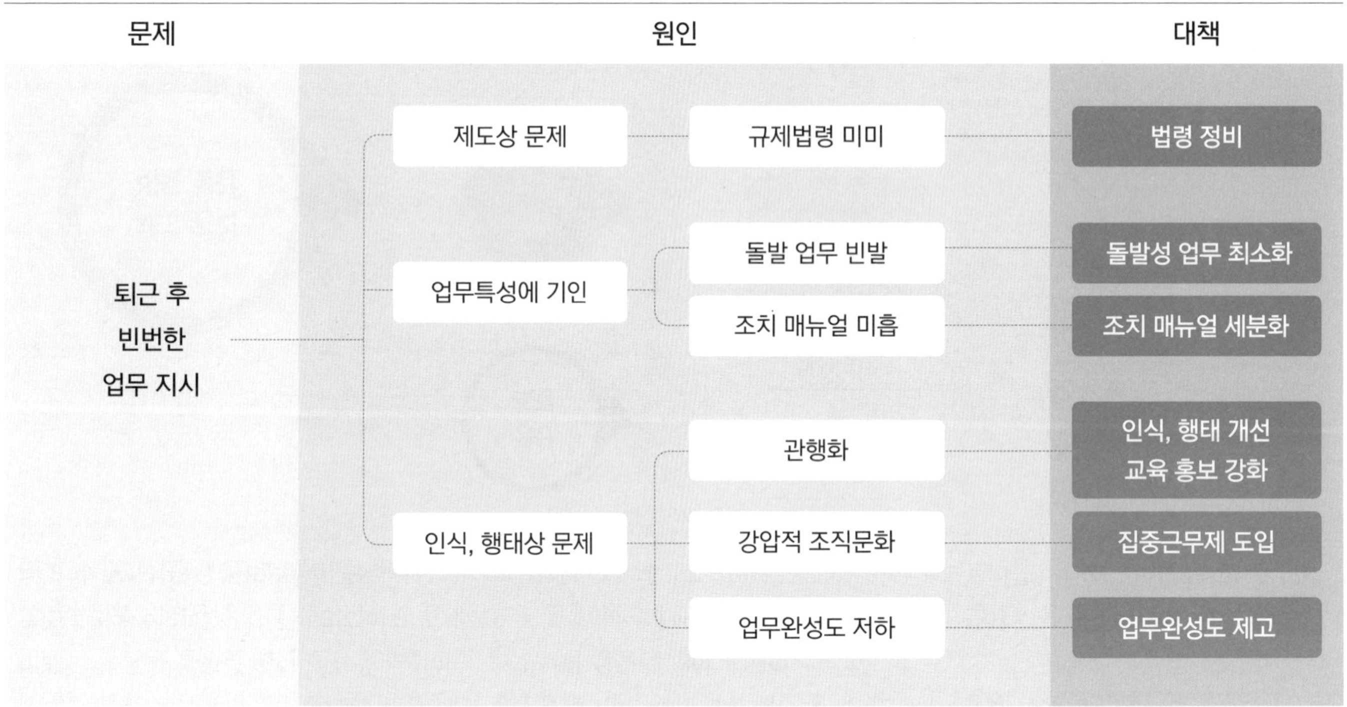

로직트리로 사안을 분석할 때에는 각 하위 요소(segment)들의 누락과 중복이 있어서는 안 된다. 이를 MECE(Mutually Exclusive Correctly Exhaustive)라고 하는데, 엄밀히 말하면 '상호 간에 배타적인 항목'으로 이루어진 '완전한 전체 집합'을 의미한다. '누락과 중복이 없는 상태(MECE)'와 '누락과 중복이 있는 상태'를 단순한 그림으로 나타내면 다음과 같다.

사안을 구성하는 요소가 A, B, C, D 4개라고 가정한다.

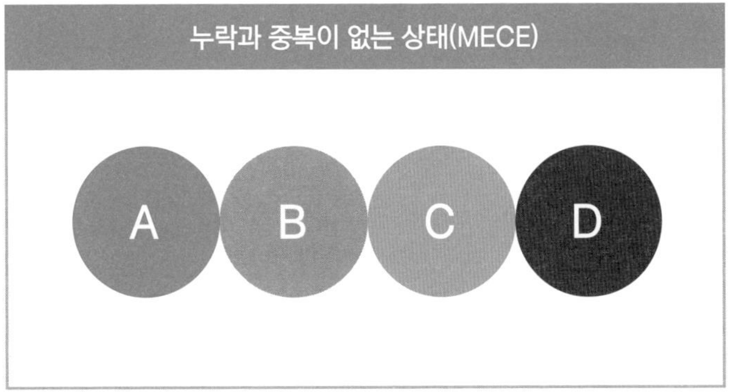

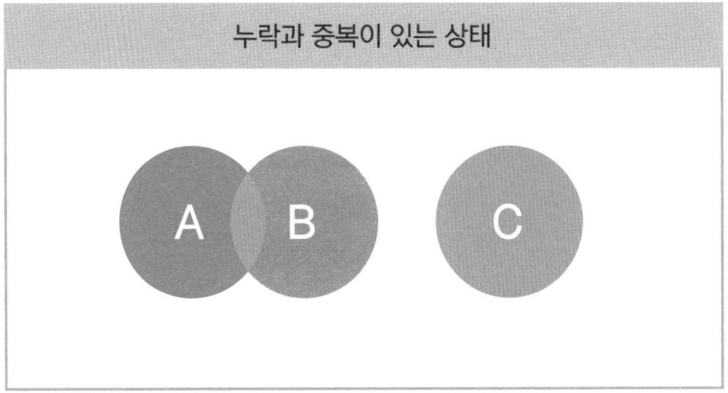

예를 들어 설문조사를 하는 경우 각 문항의 선택지들은 MECE하게 구성되어야 한다. "출퇴근 시 귀하는 어떤 교통수단에 의존하십니까?"라는 설문의 선택지는 ① 자가용 ② 시내버스 ③ 시외버스(고속버스 포함) ④ 택시 ⑤ 지하철 ⑥ 통근버스 ⑦ 도보 ⑧ 기타로 구성되어야 누락과 중복이 없는 것이다.

만약 각 요소들의 누락과 중복이 있게 되면 사안의 분석은 토대부터 잘못되는 것이다. 따라서 분석의 정확성과 신뢰성을 확보할 수 있기 위해서는 MECE한 분류와 정리가 반드시 필요하다. 예컨대 고객, 이해관계자 등이 MECE하게 그룹별로 누락과 중복 없이 분류되어야만 각 그룹에 대한 맞춤형 대책 수립, 서비스제공이 가능한 것이다.

거듭 강조하지만, 역량평가에서 어떤 과제를 받더라도 사안을 구조적으로 분석하고 정리하는 것이 가장 우선되어야 한다. 그 기본이 '로직트리(Logic Tree)'와 'MECE'임을 꼭 기억해 두자. 이를 염두에 두고 아래 10가지 프레임워크를 잘 활용하기 바란다.

역량평가에서 많이 활용될 수 있는 10가지 프레임워크

주요 목적	프레임워크	주요 내용
논의 전개	CRF	질문에 대한 답변이나 토론 시 상대방에게 결론(Conclusion)을 먼저 말하고, 이어서 그러한 결론을 도출한 이유(Reason) 및 그 이유를 설명해 줄 수 있는 객관적 사실(Fact)순으로 말함
	STAR	논의를 전개할 때 먼저 어떤 상황이었는지(Situation), 당시 상황하에서 해야 할 과제가 무엇이었으며(Task), 본인이 어떤 역할이나 행동을 담당했는지(Action), 그리고 그 행동의 결과가 어떠했는지(Result)의 순으로 말함 (주로 과거 행동 경험 인터뷰에서 많이 활용)
	PrOACT	문제 해결에 특화된 프레임워크. Problem(문제의 인식) → Objectives(목표의 구체화) → Alternatives(대안의 제시) → Consequences(각 대안별 결과 예측) → Trade-Offs(타협과 절충) 순으로 논리 전개
상황 분석	SWOT	조직의 내부요인으로서의 강점(Strengths)과 약점(Weaknesses) 그리고 외부요인으로서의 기회(Opportunities)와 위협(Threats)을 분석하여 전략적 판단의 기초로 활용
	As is To be	현재의 모습(As is)과 당연히 구현하여야 할 모습(To be)을 규정한 후 양자 간의 간극을 메우기 위한 조치들을 도출
	PDCA	업무 수행과정의 분석 관리체계로서 널리 활용되고 있음 계획(Plan) → 실행(Do) → 점검(Check) → 개선(Action)
	3不	일을 행하면서 직면하는 문제들은 대체로 불합리, 불필요, 불균형과 관련된 문제라는 데 착안
마케팅 등	3C/5C	제품이나 서비스의 시장 현황 분석에 유용 ① 자회사(Company) ② 경쟁업체(Competitors) ③ 고객(Customers) +④ 협력업체(Collaborators) ⑤ 분위기(Climate)
	STP	시장 특성과 고객 니즈를 고려한 제품/서비스 판매 전략으로 유용 ① 시장 세분화(Segmentation) ② 표적시장 선정(Targeting) ③ 제품/서비스의 차별화(Positioning)
	4P	제품 또는 서비스의 시장 내 현황을 분석하거나 향후 기획 시 활용할 수 있는 4가지 요소 ① 제품(Product) ② 가격(Price) ③ 유통(Place) ④ 판촉활동(Promotion)

CRF 모델

"결론부터 말하라"

보고서를 잘 쓰는 방법을 소개한 대부분의 책에서 강조하는 말이다. 즉 결론(Conclusion)을 먼저 말하고, 이어서 그러한 결론을 도출한 이유(Reason)와 그 이유를 설명해 줄 수 있는 객관적 사실(Fact) 순서로 논의를 전개하라는 것이다. 이렇게 하는 것은 논의의 초점을 분명히 할 수 있을 뿐만 아니라, 발언의 임팩트가 더해질 수 있기 때문이다.

이유는 여러 개 있다 하더라도 이를 그대로 나열하기보다 범주화하여 3개 정도로 압축하는 것이 좋다. 이유가 많이 나열될 경우 논점이 흐려지기 쉽다. 그리고 이유를 받쳐 주는 사실은 최대한 수치화된 자료를 제시하여야 설득력을 갖는다.

CRF 프레임워크를 적용한 사례를 보자.

C : 이번에 구입하는 노트북은 'AAA'로 결정했으면 합니다.

R : 이유는 ① 가격이 타제품보다 저렴 ② A/S가 충실 ③ 최신 소프트웨어 제공 등입니다.

F : 가격 면에서는 타사 제품에 비해 15% 저렴하면서도 기능적으로 부족함이 없습니다.(가격 비교표 제시)
A/S 측면에서는 무상 보증 기간이 타사 제품에 비해 1년이 깁니다.(A/S 비교표 제시)
또한 제공되는 기본 사양에 최신 소프트웨어를 적용하고 있어 관련 비용을 절감할 수 있습니다.

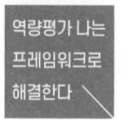

이 모델을 적용함에 있어 가장 중요한 점은 사실과 의견을 구분하여야 한다는 것이다. 앞서 보았듯이 사실은 누구나 보고 알 수 있는 객관적 데이터를 말한다. 객관적인 데이터가 없는 결론 도출이나 토론은 공허할 뿐이다. 예를 하나 더 들어보자. D시는 △△동 일대에 시내버스 정류장을 1개소 추가 신설할 계획이다. 후보지는 A지점과 B지점이라고 하자.

상관 : A, B 두 지점 중 어디로 정하는 것이 좋겠습니까?

부하 직원1 : A지점으로 정해야 합니다.
이유는 여타 정류장과의 거리도 적절하고, A지점 인근에 대규모 아파트 단지가 있어 정류장 이용 시민도 많을 것으로 예상되기 때문입니다.

부하 직원2 : A지점으로 정해야 합니다. 이유는 2가지입니다.
① 정류장 위치 면에서 A지점이 B지점보다 적절합니다. A지점은 인근 정류장과 각 각 350m, 400m 떨어져 있어 기존 2개 정류장의 중간쯤에 해당합니다. 이에 비해 B지점은 다소 한쪽으로 치우쳐 있습니다.
② 1일 평균 이용자 면에서도 A지점이 타당합니다. 저희가 일주일 전에 인근 정류장 이용 주민들을 상대로 조사한 결과 A지점은 450명, B지점은 200명이 이용하겠다고 응답하였습니다.

위 사례에서 부하 직원1의 답변은 자신의 의견을 말한 것일 뿐이다.
이에 비해 부하 직원2는 객관적 데이터를 제시함으로써 누가 보더라도 타당한 결론에 이를 수 있게 해 준다.
이것이 바로 **프레임워크의 힘**이다!

STAR 모델

일관된 논의를 전개할 때 유용한 프레임워크이다. 먼저 어떤 상황이었는지(Situation), 당시 상황하에서 해야 할 과제가 무엇이었으며(Task), 본인이 어떤 역할이나 행동을 담당했는지(Action), 그리고 그 행동의 결과가 어떠했는지(Result)의 순서이다. 주로 과거 행동 경험 인터뷰에서 많이 활용하지만, 구두발표나 토론 등에서도 활용될 수 있다.

STAR

- ✔ 행동이나 사건의 배경 또는 상황(Situation)
- ✔ 그 상황하에서의 조직의 과업 또는 요구 과제(Task)
- ✔ 관련해서 취해졌던 나의 행동, 조치(Action)
- ✔ 그러한 행동으로 인해 나타난 구체적 결과(Result)

문제 해결을 위한 PrOACT 모델

① **Problem** 문제의 인식	정보의 파악 및 분석을 통해 문제와 관련된 다양한 사안을 분석하여 무엇이 문제인지를 인식한다.
② **Objectives** 목표의 구체화	문제 해결을 통해 달성해야 하는 것을 규정하고, 조직의 미션과 전략에 부합하는 목표를 수립한다. **목적(Goal)** : 궁극적으로 도달하거나 이루려고 하는 전반적인 상태 **목표(Objective)** : 목적을 이루기 위해 달성하고자 하는 구체적인 대상
③ **Alternatives** 대안의 제시	목표에 부합하는 구체적이고 다양한 대안을 제시한다.
④ **Consequences** 각 대안별 결과 예측	대안 채택 시의 파급효과나 장애요인 등을 고려하면서 최적의 대안선정 기준을 설정한다. **기준예시** : 기대효과와 위험요소, 사업의 강·약점 등
⑤ **Trade-Offs** 타협과 절충	최적의 기준에 따라 대안을 선정하고, 대안 추진의 우선순위와 구체적인 실행계획도 수립한다. **실행계획** : 업무수행 절차와 방식, 추진 일정 등을 포함

SWOT 모델

SWOT 분석은 조직의 내부요인으로서의 강점(Strengths)과 약점(Weaknesses) 그리고 외부요인으로서의 기회(Opportunities)와 위협(Threats)을 분석하여 전략적 판단의 기초로 활용한다. 즉 ① 강점과 기회(SO) ② 강점과 위협(ST) ③ 약점과 기회(WO) ④ 약점과 위협(WT)을 조합하고, 이에 걸맞는 대응 전략을 모색하는 것이다. 이를 그림으로 나타내면 아래와 같다.

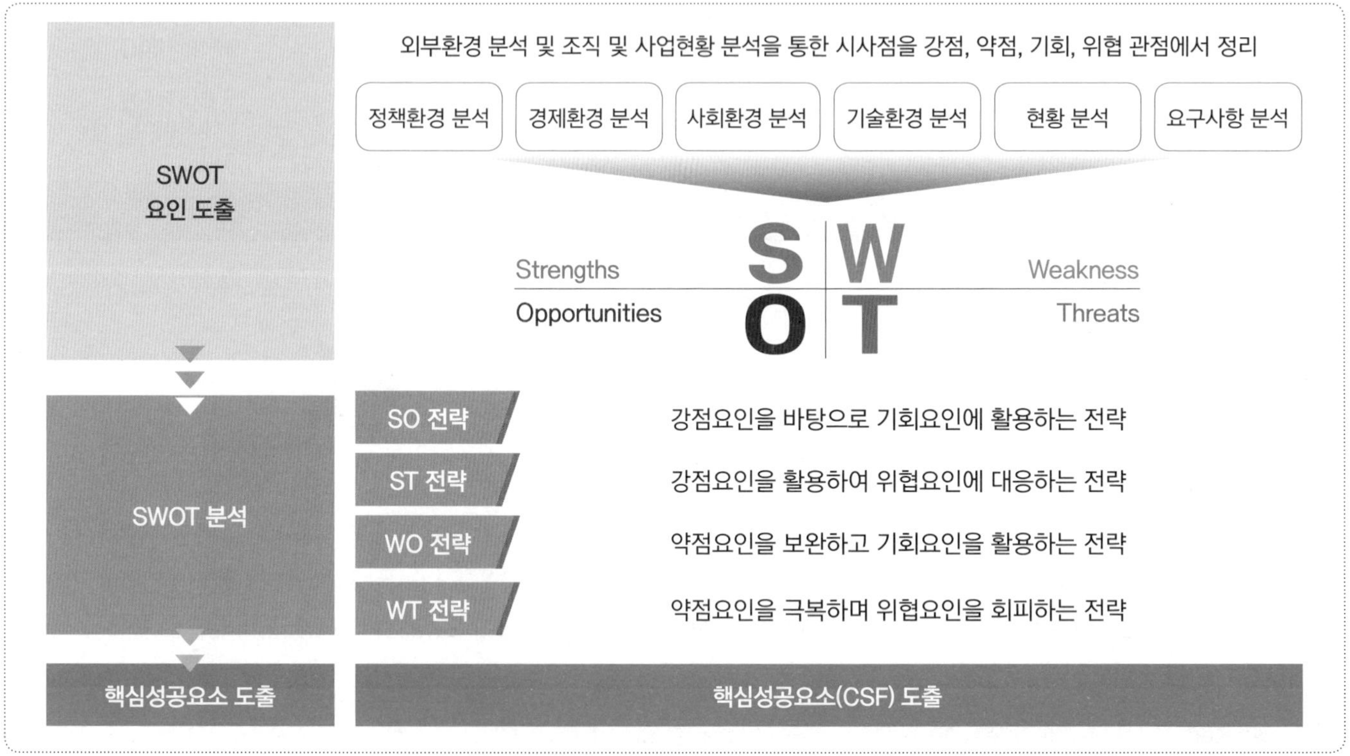

As is To be 모델

As is는 현재의 상태이고 To be는 마땅히 있어야(또는 되어야) 할 상태이다. 따라서 양자 간에 간극이 크거나, 그러한 간극을 초래한 중대한 원인이 해소되지 못하면 상당한 문제를 안고 있다고 보아야 한다.
이 모델을 적용할 때에는 먼저 'To be'를 규정하고 그 다음에 현재의 상태('As is')를 분석해서 간극이 어느 정도인지를 분명히 하여야 한다. 그러고 나서 그 간극을 줄여 나갈 실행 가능한 계획을 수립하는 것이다.

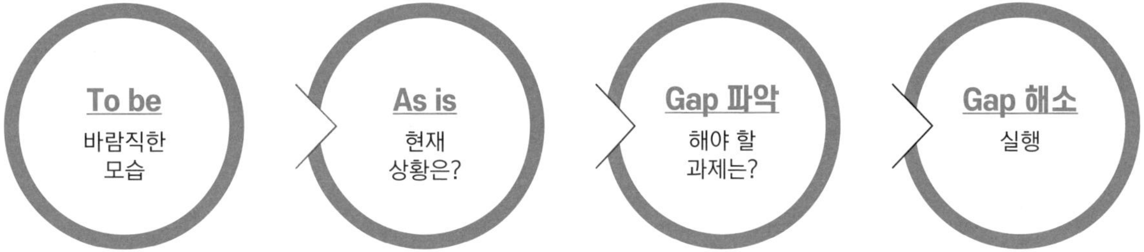

'As is To be' 모델은 미래상을 정하고 그 실현 방법을 구체화하는 데 유용한 프레임워크이다.
조직뿐만 아니라 개인적 차원에서도 잘 적용될 수 있는 프레임워크이다.

간단한 사례를 하나 보자.

"10년 후 당신의 모습은?"

- **To be**(10년 뒤의 내 모습) : (주) △△회사 남미 지역 본부장으로서 최고의 해외영업 전문가
- **As is**(현재 상황) : (주) △△회사 풋내기 신입 사원
- **지금부터 해야 할 과제 및 실행계획**
  ① 업무수행의 기본적인 지식 숙지
  ② 해외영업 파트 직무역량 개발(어학 공부, 글로벌 정세 습득)
  ③ 남미 지역 전문가로서의 경력관리(지역 전문가 연수, 기회가 있을 때 남미 지사 자원 근무 등)

한편, 조직이 당면한 핵심 문제들을 먼저 분석한(As is) 후 바람직한 변화 모습(To be)을 제시할 수도 있다. 물론 이 경우 문제 해결을 위해 구체적으로 어떤 조치들이 있어야 하는지도 제시되어야 한다. 조직 차원에서의 As is To be 사례를 보자.

As is

- 조직 구성원의 소통과 협업이 잘 안 된다.
- 의사결정 과정에서 지체현상이 종종 발생한다.
- 타 부서와의 업무협조가 원활하지 못하다.
- 민원인의 불만사례가 잦다.

Action

- 팀워크 미흡의 원인을 분석하고 구성원 공감제고를 위한 행사를 기획한다.
- 업무분장의 애매한 규정을 체크하고 일의 우선순위를 명확히 한다.
- 타 부서와의 협업창구를 재정비하고 주기적인 미팅기회를 마련한다.
- 직원 대상 CS교육을 실시하고, 고객응대 매뉴얼의 미비점을 개선한다.

To be

- 조직 구성원 간 유기적 팀워크 구축
- 의사결정의 책임성과 신속성 확보
- 타부서와의 긴밀한 협조체계 구축
- 최고 수준의 고객만족도 유지

PDCA 모델

목표를 차근차근 달성하고 업무방식을 지속적으로 개선하려면 계획(Plan), 실행(Do), 점검(Check), 개선(Action)을 반복해야 한다. 이러한 사이클은 거의 모든 업무에 적용될 수 있다.

- **계획(Plan)** : 목표나 방침을 분명히 해서 실현 가능한 실행계획을 수립한다.
- **실행(Do)** : 계획에 따라 착실히 실행하면서 계획의 진척도를 측정한다.
- **점검(Check)** : 성과 달성도 및 방식을 평가하여 성공 또는 실패요인을 분석한다.
- **개선(Action)** : 개선·수정을 통해 반성한 점을 반드시 다음 계획에 피드백한다.

PDCA 과정에서 가장 중요한 단계는 계획(Plan)과 점검(Check)이다. 계획을 제대로 수립하지 않으면 이후 과정이 진행될 수 없고, 점검 역시 다음의 계획이 수립되기 위해서는 필수적이기 때문이다. 각 단계별로 실패 사례를 정리하면 다음과 같다.[9]

단계	보편적인 실패 사례
P	목표나 계획이 애매모호하다. 목표나 계획을 구성원이 공유하지 않는다.
D	실행을 하지 않은 채로 두거나 완전히 마치지 않은 상태에서 실행을 중단한다. 실행하면서 중간점검을 하지 않고 끝까지 진행한다.
C	일을 벌려 놓기만 하고 점검과 평가를 하지 않는다. 목표나 계획이 애매해서 마지막에 제대로 평가하지 못하고, 원인 규명보다 책임 추궁에 중점을 둔다.
A	실패나 반성한 점을 다음 단계에 활용하지 않는다. 업무방식을 개선하지 않고 구성원에게 열심히 할 것만 강조한다.

9 호리 기미토시, 오시연 역, 『비즈니스 프레임워크 69』, 위키미디어, 2015, p.91

3不(불합리/불필요/불균형) 모델 및 'ECRS' 모델

일을 하면서 직면하는 문제들은 매우 다양하다. 이때 문제가 무엇인지 파악할 때 유용한 프레임워크가 '불합리, 불필요, 불균형'의 3不 모델이다.[10] 3불 현상은 사람, 기계·설비, 자재, 작업방법 측면에서 분석할 수 있는데 이를 매트릭스로 나타내면 아래와 같다.

- **불합리** : 필요한 것(목적)에서 공급(수단)이 충분하지 못한 상황으로 업무 추진 시 한계에 직면할 가능성이 큼(목적>수단)
- **불필요** : 필요한 것에 비해 공급이 너무 많은 상황으로 귀중한 자원이 낭비될 가능성이 큼(목적<수단)
- **불균형** : 균일하지 않고 기복이 심한 상태로서 불합리한 상태와 불필요한 상태가 번갈아 나타나는 경우

구분	불합리	불필요	불균형
사람	지식, 기능 등 적정한 사람이 배치되었나?	업무량에 비해 사람이 과다하지 않은가?	개인 간 능력차가 과도하지 않은가?
기계·설비	기계설비가 과부하 걸려 있지 않은가?	공회전 등 유휴설비는 없는가?	기계와 작업자 간 밸런스가 유지되는가?
자재(예산)	품질, 성능, 납기에 무리가 없는가?	관리부실 등으로 낭비요인은 없는가?	품질, 성능, 납기가 일정한가?
작업방법 (업무시스템)	설비, 정보 등의 확보가 적절한가?	검사, 확인 등에 과다한 공정이 없는가?	계획, 준비 등이 균형적으로 이루어지는가?

3불 현상을 개선하기 위한 프레임워크의 하나가 'ECRS' 모델이다. 즉 배제(Eliminate), 통합(Combine), 교환(Rearrange), 간소화(Simply)의 관점에서 해결책을 찾을 수 있다.

- **배제**(Eliminate) : 중복되거나, 중요하지 않거나, 쓸데없는 업무, 기능, 절차를 없애거나 장애요인을 해소한다.
- **통합**(Combine) : 흩어져 있는 업무, 정보를 통합하거나 정리하거나, 중복기능을 하나로 정리하여 시너지를 극대화한다.
- **교환**(Rearrange) : 업무방식을 변경하거나 시간, 장소, 담당자, 거래처 등을 변경한다.
- **간소화**(Simply) : 시간, 공정, 절차를 단순화하고, 간접적 요소를 직접적 요소로 바꾼다.

10 호리 기미토시는 일본어를 사용해 이를 3M이라 한다(불합리 : Muri, 불필요 : Muda, 불균형 : Mura). 앞의 책, p.96

3C 모델

일반적으로 일처리의 프로세스는 ① 환경 분석 ② 전략 수립 ③ 실행계획 수립 ④ 실행 및 평가의 과정으로 이루어진다. 기업의 경우 환경 분석을 할 때에는 주로 3C, 전략 수립 시에는 STP, 실행계획 수립에는 4P 프레임워크를 주로 이용한다. 먼저 프로세스의 첫 단계로서의 3C 프레임워크를 살펴본다.

3C는 고객(Custom), 경쟁자(Competitor), 자기조직(Company)이라는 3요소로 이루어지며, 각 요소 분석을 통해 성공 전략을 수립하게 된다. (협력자 Co-operator를 포함하면 4C 모델) 분석 시 중요성은 반드시 고객 → 경쟁사 → 자기조직순이어야 한다.[11]

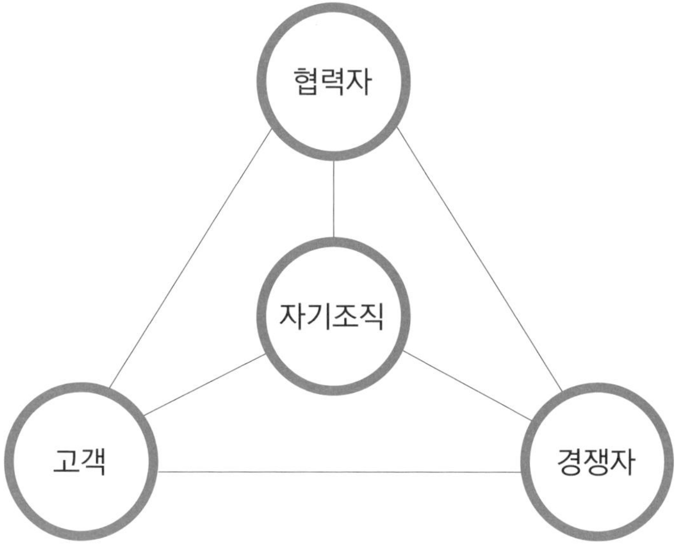

	주요 분석항목
고객 (Custom)	- 현재와 미래 고객은 누구인가? - 고객은 어떤 니즈를 갖고 있는가? - 무엇이 구매를 결정짓는가? - 시장은 어떻게 구성되어 있는가? - 시장 규모 및 장래성은 어느 정도인가?
경쟁자 (Competitor)	- 우리의 경쟁자는 누구인가? - 경쟁자의 강점과 약점은 무엇인가? - 경쟁자는 업계를 어떻게 보고 있는가? - 새로운 위협이 될 업체는 없는가? - 어떤 제품이 대체 상품으로 부상하고 있는가?
자기조직 (Company)	- 우리 조직의 비전과 목표는 무엇인가? - 강점과 약점은 무엇인가? - 조직문화는 어떠한가? - 자원, 인프라는 어느 정도인가?

11 호리 기미토시, 앞의 책, p.10

STP 모델[12]

복잡하고 다양한 현대사회에서 개별 기업이 전체 시장을 포괄하는 제품을 생산하고 판매하는 것은 현실적으로 어렵다. 따라서 각 기업의 역량을 바탕으로 전체 시장을 세분화하여 몇 군데 시장을 집중적으로 관리하는 것이 요구되는데 이것을 기업의 마케팅 전략 중 STP 전략이라고 한다. STP 전략은 시장 특성과 고객 니즈를 고려한 제품/서비스 판매 전략으로 유용한 프레임워크이다. 즉 시장을 세분화하고(Segmentation), 표적시장을 선정하고(Targeting), 자사의 제품/서비스를 차별화할 수 있는 위치를 정하는(Positioning) 과정으로 진행된다. 주로 마케팅을 위한 프레임워크이지만 공공영역에서의 정책수립·집행에도 적절히 활용될 수 있는 모델이다.

① **시장 세분화(Segmentation)** : 이질적인 니즈를 가진 소비자들이 모여 있는 하나의 큰 시장을 고객·니즈·특성 등을 기준으로 몇 개의 시장으로 구분하는 것을 뜻한다. 주요 기준을 예로 들면 아래와 같다.

- **지리적 특성** : 거주지역, 도시규모, 지형적 특성, 인구밀도, 기후
- **인구통계학적 특성** : 성별, 연령, 가족규모, 소득, 직업, 종교, 교육수준
- **심리분석적 특성** : 사회계층, 라이프 스타일, 개성
- **행동적 특성** : 구매계기, 추구하는 편익, 사용경험 여부, 사용량, 상품충성도, 가격민감도 등

② **표적시장 선정(Targeting)** : 세분화된 시장을 몇 가지 기준으로 평가하여 자사와의 적합도가 가장 높은 매력적인 시장을 선택한다. 표적시장을 공략하는 전략은 크게 3가지로 구분된다.

- **무차별적 마케팅** : 세분화된 시장 간의 차이를 무시하고 하나의 제품으로 전체 시장을 공략
  - 전체 시장을 대상으로 단일화된 전략 수립
- **차별적 마케팅** : 여러 개의 표적시장을 선정하고 각각의 표적시장에 적합한 마케팅 전략을 개발
  - 각 시장별로 마케팅 전략을 적용(예컨대 시장 A, B, C에 대해 각각 a, b, c 전략을 수립)
- **집중 마케팅** : 하나 혹은 소수의 시장에서 높은 점유율을 누리기 위한 전략
  - 여러 개 시장 중 1개의 시장에 대해서만 전략 수립
  (시장 A, B, C 중에서 시장 B에 대해서만 전략 수립)

12 출처 : 마케팅과 일상이야기(http://fineanswer7.tistory.com/66), 담덕의 경영학노트(http://mbanote2.tistory.com/57)

* 예를 들면 벤처기업에 비해 기업의 리소스가 풍부한 대기업은 무차별마케팅이나 마케팅 전략을 구사하는 것이 적합한데 비해, 벤처기업은 시장 세분화를 통해 결정된 시장을 집중적으로 마케팅하는 전략이 필요하다.

- **나이키 :** 테니스화, 골프화, 런닝화 등의 다양한 신발을 개발하여 마케팅을 실행
- **마사이 워킹 슈즈 :** 특정 기능성 슈즈를 개발, 해당 기능에 대한 세분화된 시장에 집중함으로써 높은 점유율 유지

③ 제품/서비스의 차별화를 위한 포지셔닝(Positioning)

선택한 세분시장에서 고객들에게 자사의 브랜드 또는 상품을 각인시키는 활동을 의미한다.

포지셔닝은 △ 제품 속성에 의한 포지셔닝 △ 제품 편익에 의한 포지셔닝 △ 특정 사용자 집단에 의한 포지셔닝 방법이 있다.

만약 기업이 시장에서 이상적인 위치 달성에 실패하거나 경쟁자의 진입으로 차별적 우위를 유지하기 어려울 때는 리포지셔닝 전략으로 새로운 포지셔닝을 찾을 수도 있다.

- 대기업은 각종 홍보 및 광고 매체를 통해 끊임없이 포지셔닝 전략을 구축하기 위해 노력하며 많은 비용을 투자
- 자원이 부족한 벤처기업은 참신한 제품을 바탕으로 특정 소비자들을 대상으로 하는 포지셔닝 전략이 효과적

취업의 STP 전략(예시)

Segmentation	Targeting	Positioning
• 취업가능한 분야를 세분화 - 기업, 공기업, 공무원, 해외취업, 창업 등의 영역을 구분하고 각 영역별로 본인에게 적합한 직무분야를 설정	• 본인의 적성, 전공, 기대수준 등과 가장 부합하는 분야를 선정 - 복수인 경우 우선순위 부여	• 선정한 분야에서 경쟁자들과 비교해 자신의 강점을 최대한 부각 - 본인의 강점과 약점을 냉정히 평가하여 경쟁자들 가운데 어디에 위치해 있는지를 진단

4P 모델

제품 또는 서비스의 시장 내 현황을 분석하거나 향후 기획 시 주로 활용된다.
이 모델의 4가지 요소는 ① 제품(Product) ② 가격(Price) ③ 유통(Place) ④ 판촉활동(Promotion)이다.
(이 4요소를 '마케팅 믹스'라고 하기도 한다.)
앞서 본 3C 모델의 자기조직 경쟁력 또는 강점과 약점을 분석할 때 이 4P 모델을 많이 적용한다.[13]

- **제품(Product)** : 제품, 서비스의 특징이나 차별성이 무엇인가?
- **가격(Price)** : 적정한 가격은 얼마인가?
- **유통(Place)** : 제품, 서비스를 사용자에게 전달하는 체계(경로와 채널)는 적정한가?
- **판촉활동(Promotion)** : 판매 촉진을 위해 필요한 홍보, 할인행사 등은 적정한가?

한편, 이들은 모두 회사의 관점에서 본 것으로 고객의 관점에서 보는 것이 더 중요할 수도 있다.

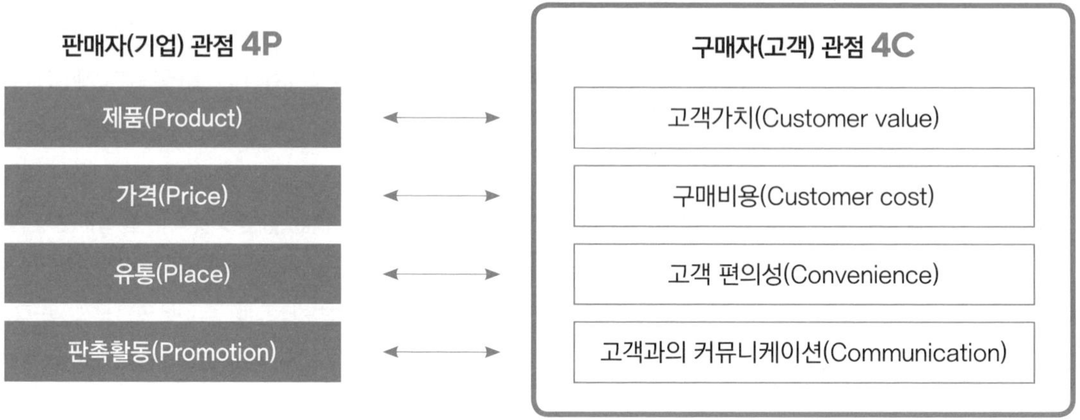

13 요시자와 준토쿠, 김정환 역, 『생각정리 프레임워크 50』, 스펙트럼북스, 2012, p.117

02

역량평가 과제와 질문/요구의 패턴

선생님 말씀처럼 프레임워크를 잘 이해하고 활용하면 역량평가는 물론이고, 일상적인 업무 처리에서도 많은 도움이 될 것 같습니다. 이제까지는 참 막연했는데 프레임워크에 대해 공부하니까 어느 정도 자신감이 생깁니다.
그런데 평가자의 질문이나 과제가 요구하는 상황에 따라 어떤 프레임워크를 사용할지를 결정하는 것도 쉽지만은 않을 듯합니다. 질문이나 요구사항도 매우 다양할 것이고, 또 무엇을 질문하거나 요구할지를 모르는 상황이니까요.

그렇습니다. 질문(요구)은 매우 다양합니다. 앞서도 말씀드렸듯이 현행 역량평가에서는 가상의 상황하에서 과제 수행과 관련된 질문 등을 통해 지원자의 역량을 체크하기 때문입니다.

질문(요구)의 구체적인 내용은 당연히 과제를 받아 보고서야 알 수 있겠지만, 그래도 몇 가지 패턴은 있지 않을까요?

맞습니다. 구체적으로 어떤 질문이 나올지를 예단하는 것은 어렵지만,
현재 시행되고 있는 역량평가에서의 과제 패턴은 주제별로 6가지로 유형화가 가능합니다.

- 현행 정책(또는 제도)의 시행과정에서 나타나는 문제점을 도출하고 개선 방안을 강구하는 유형
- 어떤 현상(문제)에 대한 해결 방안을 강구하는 유형
- 여러 개 대안의 우선순위를 정하거나 취사선택을 요구하는 유형
- 예산, 인력, 조직, 시간 등 자원의 합리적이고 효율적인 배분 방안을 제시하는 유형
- 이해관계 당사자가 수긍할 수 있는 조정안을 제시하고 설득을 요구하는 유형
- 여건 변화를 반영한 새로운 정책(사업) 또는 서비스(제품) 개발 전략을 모색하는 유형

말씀하신 6가지 패턴이 사실 어지간한 이슈들은 모두 포괄할 수 있겠습니다. 잘 기억해 두어야 하겠군요. 그런데 과제의 유형도 공무원 또는 공공 영역과 민간 영역에 차이가 있지 않을까요?

당연히 차이는 있습니다.

공적 영역의 경우 : 정책, 제도 관련 내용이 많이 다루어집니다. 좀 더 구체적으로는 정책품질 제고 이슈, 예산·조직·인사 등 자원의 배분과 관련된 이슈, 정책대안 선택 관련 이슈, 이해관계 조정 이슈, 민원처리 등이 여기에 해당합니다.

민간 영역의 경우 : 비용 대비 이익 극대화, 기업 가치 제고, 신사업(신시장) 진출, 특정 제품의 품질 개선 또는 신상품 기획 방안, 고객만족 이슈 등이 단골 주제로 등장합니다.

결국 공공/민간의 특성이 과제나 질문에 반영될 수밖에 없겠는데요?

표면적으로 보면 공공 영역과 민간 영역에서 다루는 주제가 다른 것처럼 보이지만, 사실 그 본질은 크게 다르지 않습니다. 예를 들어 공공 부문이나 민간 부문 모두 항상 여러 문제들을 당면하고 있는데, 그러한 문제 해결이 없이는 조직의 생존이 어렵기 때문에 최적의 문제 해결 방안을 강구해야 한다는 본질에 차이는 없다고 보아야 하겠죠.

또한 어느 조직이든 비전과 목표를 가지고 있는데, 이를 달성하기 위해 자원을 합리적이고 효율적으로 배분하는 것은 공공과 민간이 다르지 않기 때문입니다.

중요한 것은 과제 또는 이슈를 유형화해 두고, 앞서 공부한 프레임워크를 활용해 그에 맞는 뼈대(논의 전개의 프레임)와 살(논의 내용)을 붙여 나가면 답변의 내용을 보다 입체적이고 설득력 있게 구성할 수 있는 것입니다.

03

유형별 답변/대응

3-1. 현행 정책(제도) 시행과정에서 나타나는 문제점을 도출하고, 개선 방안을 제시하는 유형

✔ 핵심 체크 포인트 **문제의 원인 분석, 대안 제시(실효성 확보 방안 포함)**

기본 프레임

현행 정책 이해

▼

문제점 및 원인 분석

▼

개선 방안 제시

논의 전개

- **현행 정책 개요 : 시행 배경, 현황(실태)**
- **문제점과 원인**
  - 문제점 도출 : 근거 수치, 사건 등 합리적 이유 제시
  - 원인 분석 : 개별 원인(A, B, C, D, E)을 단순 나열하지 말고, 구조화하여 제시

    (원인을 구조화하는 경우 예시)

    · 제도적 요인/인식·행태적 요인

    · 직접적 요인/간접적 요인, 핵심적 요인/부수적 요인

    · 시행주체에서 비롯된 요인/고객에서 비롯된 요인, 또는 내부적 요인/외부적 요인 등
- **개선 대책(방안) : 원인 분석과 매칭이 되게 대안이 제시되어야 함**
  - 관련 수치, 사례 등을 활용하여야 하고 수립된 대책이 합리적 수준의 것이어야 함
- **추진계획 및 실효성 확보 방안**

실전 사례 연습 #1 : 자전거 헬멧 착용 의무화 답안 예시

아래 상황을 참고하여 자전거 헬멧 의무 착용 제도에 대한 문제점과 개선 방안을 강구하시오.

1. 제도 시행

- 2018년 3월 도로교통법이 개정 공포되어 자전거 운전자 및 동승자는 헬멧 등 안전장비를 의무적으로 착용하여야 함 (동법은 2018년 9월 28일부터 시행)

  (관련 법규정)

  도로교통법 제50조 제3항

  - 이륜자동차와 원동기장치자전거의 운전자는 행정안전부령으로 정하는 인명보호 장구를 착용하고 운행하여야 하며, 동승자에게도 착용하도록 하여야 함

  도로교통법 시행규칙 별표28

  - 안전모 미착용 이륜자동차, 원동기장치자전거 운전자에 대해서는 2만원의 범칙금을 부과

- 현재 자전거 헬멧 미착용에 대한 벌칙은 없고, 개정법 시행 이후 일정 계도기간을 거쳐 처벌 규정을 마련할 계획임

2. 헬멧 착용 의무화 시행 이유

- 자전거 이용인구가 급증, 2018년 1,300만 명을 상회

실전 사례 연습 #1 : 자전거 헬멧 착용 의무화 답안 예시

- 도로교통 사고 중 자전거 사고 비중이 6% 이상 점유
- 자전거 이용자의 사고 시 대표적인 부상 부위가 머리 : 머리 부상이 전체 부상의 약 38% 차지

3. 의무화 반대 이유

- 자전거는 일상의 소재로 가볍게 이용한다는 것이 상식인데, 헬멧 착용을 강제하는 것은 과잉규제임
- 현실을 고려하지 못한 보여 주기식 탁상행정
- 자전거 이용인구 증가에 부응한 안전교육 실시 미흡이 자전거 교통사고의 주요 원인임에도 이를 도외시
- 자전거 이용자의 사고 예방을 위한 근본대책이 필요함에도 이에 대한 고려 미흡
- 자전거 이용에 대한 과도한 규제로 급성장한 자전거 문화에 찬물, 자전거 산업에도 악영향 우려

4. 일부 지자체 사례

- 대부분의 지자체에서 자전거 이용인구가 급증(서울의 경우 2018년 60만 명)
- 자전거 자체의 공유 외에 헬멧도 공유제를 시행하고 있으나, 위생관리 및 분실 등 유지관리에 어려움

5. 해외 사례

- 자전거 이용률이 한국보다 훨씬 높지만, 대다수 나라에서 헬멧 의무 착용을 시행하고 있지 않음
- 자전거 사고 예방을 위한 의무교육을 강조

답안 예시

〈기본적인 프레임워크〉

- 자전거 헬멧 착용 의무화제 시행의 문제점과 원인, 대책 순으로 논의를 전개
- 특히 원인 분석에 있어서 ① 제도 자체의 요인 ② 시행주체(정부) 측면의 요인 ③ 시행대상(국민) 측면의 요인으로 구조화하여 분석

1. 상황 판단

- 자전거 이용자의 헬멧 등 안전장비 의무 착용이 2018년 9월 28일부터 시행, 벌칙규정은 없음
- 자전거 이용인구 급증, 자전거 사고 증가 등으로 자전거 이용자의 안전 강화 필요성이 인정됨에도 헬멧 의무화 제도 시행과 동시에 반대여론이 비등

2. 문제점 및 원인

문제점

- 헬멧 착용 의무화는 현실과 맞지 않는 강제조항으로 전형적인 탁상행정이며 과잉규제라는 의견이 많음
- 자전거 이용자의 안전이 필요하고도 중요한 이슈임에도 정책대상자인 국민의 공감대를 충분히 확보하지 못함
- 최근의 자전거 이용 붐과 역행, 자전거 산업 발전에 악영향 가능성도 우려됨

원인

제도적 요인

- 제도 시행에 대한 이해관계자의 충분한 의견 수렴 미흡 및 이로 인한 국민적 공감대 형성 부족
- 헬멧 착용 의무화에 상응하는 처벌 규정 미비 → 제도 자체의 실효성 확보에 한계 노정

제도 시행주체(정부) 요인

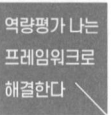

- 자전거 이용자 급증에 상응하는 안전교육 및 안전 강화에 대한 인식 제고 노력 미흡
- 자전거 사고 예방을 위한 인프라 확충(자전거 전용도로 확대, 도로시설 보완 등) 미흡

정책대상(국민) 요인

- 자전거는 일상생활에서 쉽게 이용할 수 있는 교통, 취미의 수단으로 이를 규제의 대상으로 삼는 것이 무리라는 인식이 강함
- 의무제와 처벌 규정은 별개임에도 일부 이해관계자의 경우 벌칙이 없다는 이유로 법을 위반하는 사례(준법의식 미흡)
- 보호장구 구입비용이 상당수 자전거 이용자에게는 현실적 부담으로 작용함

3. 대책

- 기본 방향

① 안전하게 자전거를 탈 수 있는 인식과 환경 조성

② 제도 시행과정에서 나타난 문제점을 조기(예시 : 2019년 6월 말까지)에 보완

- 추진 방안(추진 일정 포함)

① 자전거 안전에 대한 국민적 인식과 공감대 확산(계속)

- 단속보다 계도 위주의 대국민 안내 활동을 지속 추진
- 시민단체, 자전거 동호회 등과 합동 캠페인을 전개하고, 인식 개선 토론회 등도 개최

② 벌칙규정 마련 등 실효성 확보(예시 : 2019년 6월 말)

- 범칙금 수준은 국민여론 수렴, 입법부와 협의(자전거 이용자의 부담을 최소화하는 선에서 결정 추진)
- 안전사고 우려가 사실상 없는 경우에는 예외규정 적용 등 탄력적이고 현실적으로 개선

③ 안전교육 내실화, 자전거 친화적 도로 개보수(계속)

- 언론 등을 통한 상시교육을 추진하고, 자전거 사고 빈발 구간부터 도로시설 개선(예시 : 2020년 예산 반영)

④ 질 좋고 값싼 '보급형 안전장구' 개발 지원(예시 : 2019년 1/4분기 중)

- 자전거 관련 업계 간담회를 개최하여 지원 수준, 가격 수준 등 협의 추진

실전 사례 연습 #2 : M사 화장품 판매 실적 부진 답안 예시

아래 상황을 참고하여 M사가 현재 당면한 문제점과 해결 방안을 강구하시오.

〈상황〉

- **M사는 2005년에 설립된 화장품 회사임**
  - 천연 성분 오일을 이용한 '스킨케어 솔루션' 브랜드 3종을 생산, 판매하는 등 동종업계에서 상당한 입지를 구축하고 있으며, 동사 제품에 대한 소비자 인지도도 매우 높은 편임
  - 이 중 'AA 스킨로션'은 2016년 9월 론칭하여 그간 반품률이 1%를 밑돌 정도로 소비자의 호응이 좋았고, 그 결과 지난 2017년 TV 홈쇼핑 스킨로션 매출 부문 업계 1위를 기록
  - 그러나 2018년 2/4분기를 기점으로 'AA 스킨로션'의 매출 감소세가 이어지고 있음 (현재 매출액 순위는 업계 4위로 내려앉은 상황)

- 최근 M사는 제품('AA 스킨로션')에 대한 '긴급 소비자 니즈 조사'를 실시한 결과 타사의 경쟁제품 대비 가격, 제품의 차별성 등에서 점차 경쟁력이 저하되는 것으로 나타남

- 따라서 특단의 대책이 없을 경우 브랜드 가치 하락 지속이 불가피하고, 최악의 경우 'AA 스킨로션'이 시장에서 퇴출될 수도 있는 상황임

실전 사례 연습 #2 : M사 화장품 판매 실적 부 | 답안 예시

<u>〈기본적인 프레임워크〉</u>

- 특정 상품의 지속적인 매출 감소가 핵심 문제이므로 이를 중심으로 논의 전개(문제 상황 인식 - 원인 - 대책 - 추진계획)
- 원인 분석 및 대책에 있어서는 특정 상품의 매출 감소에 착안하여 4P 모델을 적용
  ① 자사 상품의 차별성 ② 가격경쟁력 ③ 유통구조 ④ 판촉활동 요인으로 나누어 분석

1. 상황 인식(문제점 인식)

- 'AA 스킨로션' 론칭 이후 매출액 순위 1위 → 현재 4위
- 경쟁사 브랜드에 비해 가격경쟁력, 제품의 차별성 등이 저하
- 브랜드 조기 퇴출 가능성이 커지고 있으며, M사의 여타 제품의 시장 가치에도 악영향 우려

2. 원인(4P 모델을 적용하여 원인 분석)

- 제품(Product) 측면 'AA 스킨로션'의 브랜드 차별성이 약화 : 경쟁사 제품 대비 확실한 임팩트와 감동을 주지 못하고 있음
- 가격(Price) 측면 가격경쟁력 저하 : 그간 매출 1위에 안주 → 생산원가 절감 노력이 미흡
- 유통(Place) 측면 단순한 유통구조 : TV쇼핑에 주력 → 젊은 층 고객 확보에 한계
- 판촉활동(Promotion) 측면 판촉 관련 혁신 전략 부재 : 판촉활동 투자에 인색하고, 활동 자체도 TV 홈쇼핑 방송 광고 위주

실전 사례 연습 #2 : M사 화장품 판매 실적 부 | 답안 예시

3. 대책

목표 : 매출 1위 회복(2018년 말 4위 → 2019년 1/4분기 1위)

추진 방안

- 차별성 부각을 위한 후속모델 조기 개발
  - 천연 성분 오일 함량을 높이고, 보습 기능성 추가 등 기술개발에 역점
- 생산원가 절감을 통해 가격경쟁력 확보
  - 일부 시설을 자동화하여 인건비를 절감하고, 원자재 물류 전산화를 강화하여 물류비용 저하
- 유통구조 다각화
  - 젊은 층을 대상으로 한 소매 판매점 개점을 늘리고, 이를 중심으로 월 2회 현장 이벤트 실시
- 판촉활동 강화
  - TV 홈쇼핑 판촉광고 외에 인터넷 웹 매거진 등을 통한 On-Line 홍보 수단 적극 개발
  - 고객관리 프로그램 전면 개편(우수고객 인센티브 강화 등)

4. 추진계획 : 시급성, 중요도, 인프라 구축비용 등을 감안해 단기와 중기로 나누어 추진

단기(2019년 상반기 내) : 유통구조 다각화, 판촉활동 강화

중기(2019년 하반기 내) : 후속모델 개발, 생산시설 자동화, 물류전산시스템 개선 등

3-2. 특정 현상(문제)에 대한 해결 방안을 제시하는 유형
(정책이나 제도 시행과정과 직접 관련되지 않은 상황에서 일회적, 단발적으로 발생한 문제)

✔ 핵심 체크 포인트 **현상에 대한 문제 인식 및 문제 해결을 위한 대안 제시(실효성 확보 방안 포함)**

기본 프레임	논의 전개
문제 상황 인식 ▼ 문제 해결의 당위성 ▼ 대안 제시 * 내/외부 고객의 불만(요구사항)에 대한 대안 마련 시에도 적용이 가능	• **현재의 문제 상황 인식** ① 무엇이 문제인지에 대한 정확한 판단과 인식 ② 현 상황에 이르게 된 요인 - 내/외부 요인, 직접/간접 요인, 제도적/행태적 요인 등 ③ 대응(조치)이 필요한 이유 • **대응 방안 도출** ① 기본 원칙과 방향 ② 대책 제시 - 문제 요인별로 대책을 제시하고, 필요 시 기타 대책도 제시 가능 - 현재 당면한 문제 해결과 향후 문제 발생을 근원적으로 예방하는 차원의 대책 - 대책 추진 시 우선순위도 명시 • **추진계획 및 실효성 확보 방안**

실전 사례 : 대구시 도시철도 3호선 고장 빈발

답안 예시

아래 상황을 참고하여 도시철도 고장 빈발과 관련하여 무엇이 문제인지를 분석하고, 개선 방안을 강구하시오.

1. 상황(관련 기사)

수시로 멈추는 대구 지하철 3호선…시민단체 종합감사 촉구 (출처 : 대구=뉴시스, 2018년 10월 4일)

대구 지하철 3호선이 또 멈췄다. 대구도시철도공사에 따르면 지난 2일 오후 4시 19분 대구시 북구 팔달역 인근에서 열차와 궤도를 연결하는 장치가 떨어져 나가는 사고가 났다. 이 사고로 열차 운행이 중단됐고 퇴근길 시민들이 불편을 겪었다.

대구도시철도공사는 고장 원인으로 지목된 궤도빔 연결 장치인 핑거플레이트를 수리해 다음날 오전 5시30분 열차 운행을 재개했다. 사고가 발생한 지 13시간 만이다. 이보다 앞선 지난 3월 8일에는 수성구 범물역과 지산역에서 3호선 열차가 멈춰 섰다. 폭설로 선로가 얼어붙어서다. 태풍주의보가 내려진 지난 7월 3일에도 전원공급장치 고장으로 3호선 열차 운행이 두 차례 중단됐다.

이같은 대구 지하철 3호선의 잇단 멈춤 사고로 시민단체가 대구시에 종합감사를 촉구했다. 대구안실련은 4일 성명서를 내고 "대구시는 지하철 3호선 멈춤 사고의 문제점을 밝히고자 설계와 제작, 설치, 감리 전 과정에 대한 종합 감사를 실시해 시민에게 공개해야 한다"고 했다. 그러면서 안실련은 "종합감사 결과 부실시공 등의 문제점이 발견되면 시공사는 물론 관련자에게 책임을 묻는 한편 재발 방지 대책을 마련해야 한다"고 주장했다. 이에 대구도시철도공사 관계자는 "정밀 점검을 통해 정확한 고장 원인을 밝혀 안전운행할 수 있도록 조치하겠다"고 했다.

2. 대구 도시철도 3호선 개요

개통 : 2015년 4월

1일 이용객 : 7만 명~8만 명(버스 환승객 5천 명 포함)

열차 운행정지 일지(2018년) - 3월 8일 : 폭설로 인한 선로 동결
- 7월 3일 : 전원공급장치 고장
- 10월 2일 : 강풍으로 선로 부품 떨어져 나감

실전 사례 : 대구시 도시철도 3호선 고장 빈발

답안 예시

〈기본적인 프레임워크〉

- 도시철도의 돌발적인 운행정지가 핵심 문제이므로 이를 중심으로 논의를 전개(문제 상황 인식 - 원인 - 대책 - 추진계획)
- 문제 상황에 이르게 된 요인과 관련하여 ① 도시철도 운영시스템(soft-ware) ② 시설(hard-ware) ③ 운영주체(사람) 측면의 요인으로 나누어 분석(3不 모델을 응용)
- 대책은 ① 사고 발생 시의 대응 측면 ② 사고의 근원적 재발 방지 측면 ③ 운영주체의 안전의식 측면 ④ 기타로 나누어 제시

1. 현재의 문제 상황 인식

- 대구도시철도 3호선의 잦은 고장으로 시민불편 초래 및 철도 안전사고에 대한 우려가 고조되는 상황

2. 문제 상황에 이르게 된 요인들

〈운영시스템 측면(Soft ware)〉

- 자연현상(눈, 비, 바람)으로 인해 한 해에 3차례나 고장 난 것은 정밀안전점검이 제대로 이루어지지 않은 결과
- 고장 차량에 대한 신속, 정확한 구호와 수리 조치가 미흡

〈시설 측면(Hard ware)〉

- 모노레일 특성(지상으로부터 11m 높이)을 감안한 비상대응 태세가 미흡하여 승객들에게 장시간 불편, 불안 초래
- 시설의 설치 제작 과정에서 향후 발생 가능한 문제점 분석이 미흡(시민단체 및 전문가 지적)

답안 예시

〈운영주체 측면(사람)〉

- 매번 사고 시 도시철도공사 측의 원인 분석, 대응이 일회성에 그치는 등 안전의식이 미흡(시민단체 지적)

→ 시민 안전과 편익 증진이라는 시정목표 구현을 위해 비상대응 시스템 및 확실한 재발 방지 대책을 시급히 마련하여야 함

3. 대응 방안

① 기본 원칙과 방향 : 도시철도의 안전성, 편의성, 공공성 확보 → 시민 안전과 편익 증진에 최우선 가치 부여

② 대책

- (운영시스템 혁신) 비상상황 대응 매뉴얼 전면 재검토(비상대피로 확보, 위기상황반 보강, 'Plan B' 마련 등), 안전점검 시스템 보완(점검주기 단축, 투입인력 확대 등)
- (재발 방지를 위한 시설 미비점 보완) 3호선 全구간/全열차 정밀 안전점검 실시, 시설 시공사에 대한 법적 책임 규명
- (운영주체의 안전의식 제고 등) 운영주체 안전 관련 교육 및 안전 활동 강화
- (안전 거버넌스 구축) 전문가와 시민단체 등이 참여하는 안전위원회를 구성/운영하고, 동 위원회에서 재발 방지 종합대책 마련

4. 추진계획 : 시급성, 중요도, 인프라 구축비용 등을 감안해 추진

- **즉시 조치** : 정밀 안전점검 실시, 안전점검 시스템 보완, 비상대응 매뉴얼 재검토, 안전교육 강화, 시설 시공사에 대한 법적 책임 규명을 위한 사법절차 착수
- 거버넌스는 2019년 1월 구성 운영 시작, 2019년 상반기 중 재발 방지 종합대책 마련(예시)

3-3. 여러 대안의 우선순위를 정하거나 취사선택을 요구하는 유형

✔ 핵심 체크 포인트 **우선순위 및 취사선택의 기준이 무엇이며 그 기준은 합리적인지 체크**

기본 프레임

대안 이해

▼

선택기준 설정

▼

대안 비교

▼

결론(대안 선택)

논의 전개

- **대안이 무엇인지, 몇 개인지 명확히 규정**(대안을 명시적으로 제시하지 않고 과제의 내용을 보고 찾아내야 하는 경우도 많음)

- **선택기준 설정**
  - 대안 선택에 결정적 영향을 줄 수 있는 기준을 제시
    * 기준이 너무 많을 경우 분석이 비효율적일 수 있으므로 가장 핵심적인 3개 정도를 제시하는 것이 바람직함

    <u>많이 활용되는 대안 선택의 기준(예시)</u>

    정량적 기준 : 절감할 수 있는 자원 수혜자의 수 규모 등

    정성적 기준 : 시급성, 효과성, 참신성, 실행 가능성, 발전 가능성, 대체 가능성, 성과 달성 기여도 등
  - 기준 설정의 이유와 근거를 제시하여 합리적 기준으로서의 타당성 확보
  - 기본적인 제약조건이 있을 경우 이를 1차적인 기준으로 삼아 충족할 수 없는 대안은 제외
    * 예 : 기한이나 예산 범위 등이 제약조건으로 많이 제시됨

- **선택된 기준에 따라 각각의 대안을 비교**
  - 기준이 3개 이상인 경우 비교표를 작성하여 각 기준별로 점수를 부여
  - 기준이 2개인 경우에는 x축과 y축으로 나누어 각각의 대안이 어디에 위치하는지를 표시하기도 함
  - 단순히 대안의 장단점을 비교하는 방법도 가능

실전 사례 : D 고용노동청 근로자건강센터 분소 설치 지역 선택 답안 예시

아래 상황을 참고하여 근로자건강센터 분소 설치 지역을 선택하고, 그 이유를 제시하시오.

〈상황〉 D 고용노동청은 2019년 상반기 중 관할 지역 내에 근로자건강센터 분소 1개조 증설을 추진 중이다. 근로자 건강증진센터는 50인 미만 중소규모 사업장 근로자의 직업별 질병 예방 및 건강 상담 등의 업무를 수행한다. 현재 전국적으로 42개소(센터 21, 분소 21)가 있으며, 이 중 D 고용노동청 관할 지역에는 7개소(센터 3, 분소 4)가 설치 운영 중이다.

〈근로자건강센터 분소〉

- 기존 센터로부터 먼 거리에 위치하여 직접 센터를 방문하기 어려운 '소규모 사업장 밀집 산업단지'를 중심으로 설치
- '근로자건강센터 분소'는 상주 간호사 및 센터 전문가*의 순회방문(화상상담 포함) 등을 통해 근로자를 대상으로 다양한 직업건강 서비스를 제공
  * 전문의, 작업환경전문가, 상담심리사, 운동처방사 등
- 분소 설치 시 기대효과 : 건강센터를 찾아오기 힘든 원거리 소규모 사업장 근로자의 직업건강서비스 이용불편이 다소 해소

- 현재 후보지는 C 지역과 P 지역이다.

고려사항	C 지역	P 지역
지역 위치	중서부 권역	동남부 권역
대상 근로자 수	118천 명	103천 명
대상 사업장 수	34천 개소	27천 개소
인접 지역센터 수*	4개소	2개소
종합병원 수**	3개소	5개소
분소 입지여건	도심지역	도시외곽

* 반경 50㎞ 내, 분소 포함 ** 병상 수 200 이상

답안 예시

<u>〈기본적인 프레임워크〉</u>
- 논의를 ① 후보지 선정을 위한 합리적 기준 제시 ② 기준에 따라 후보지 비교 ③ 대상지 결정 및 이유 순으로 전개
- 최종 결정에 있어 합리적이고 논리적인 이유를 명시

- **후보지 선택기준**

근로자건강센터 분소 설치 목적 및 기대효과를 우선적으로 감안

- 이에 따라 후보지 선택의 기준으로 ① 지역의 위치 ② 인접 센터 수 ③ 분소 입지여건 등 3개로 설정함
  * 분소 설치 목적 : 기존 센터로부터 먼 거리에 위치하여 직접 센터를 방문하기 어려운 **<u>'소규모 사업장 밀집 산업단지'</u>** 를 중심으로 설치
  * 기대효과 : 건강센터를 찾아오기 힘든 원거리 소규모 사업장 근로자의 직업건강서비스 이용불편 해소

대상 사업장 및 근로자 수, 종합병원 수 등의 고려사항은 양 후보지역 간 일부 차이가 있으나, 그 차이가 결정적인 정도는 아니고, 각각의 지역적 특성도 반영하고 있으므로 비교기준에서 제외

- **후보지 선정 비교**

기준	C 지역	P 지역
지역 위치	중서부에 치우쳐 있어 지역 여건은 다소 불리 D 고용노동청과의 거리 23km	다소 동남부에 치우쳐 있어 지역 여건은 다소 불리 D 고용노동청과의 거리 75km
인접 지역센터 수*	3개소(인근에 D, S, G 센터 소재)	2개소(인근에 K, Y 센터 소재)
분소 입지여건	도심지역이나 산업단지와는 근거리 위치	도시외곽으로 산업단지 시설 내 입지

- **후보지 결정 : P 지역 결정 이유**

- 분소 설치 목적과 기대효과 측면에서 P 지역이 C 지역에 비해 필요성이 더욱 큼
  * P 지역의 인접 센터 수가 C 지역보다 적고, 분소 입지여건도 산업단지 시설 내에 위치한 P 지역이 적절함
- 특히, P 지역이 C 지역에 비해 청과의 거리가 3배 이상 멀어 지역적 소외감을 완화할 필요성도 감안함
- C 지역 건강 서비스 수요에 대해서는 인근 D, S, G 지역 센터에서 주 1회 순회근무 등을 통해 대응하고, 추후 우선 설치 검토

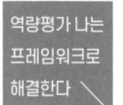

3-4. 최근 여건 변화를 반영한 새로운 정책(사업) 추진 전략 또는 서비스(제품) 개발 전략을 제시하는 유형

✔ 핵심 체크 포인트 **상황에 대한 올바른 진단, 여건의 구조적 분석, 제시한 전략의 합리성 등을 체크**

기본 프레임	논의 전개
현재 상황 진단	• **현 상황 진단** : 환경 변화의 주요 내용 → 새로운 전략 추진의 당위성 도출
▼	
내/외부 여건 분석	• **내·외부 여건 분석(SWOT 모델 적용)** - 외부요인 : 기회(Opportunities)와 위협(Threats) · 고객 니즈의 변화 · 관련 시장의 성장 가능성과 진입장벽의 정도 · 잠재적 경쟁자의 존재 및 영향력의 크기 · 해당 분야와 관련한 정치·경제·사회·문화적 변화 요인 - 내부요인 : 강점(Strengths)과 약점(Weaknesses) · 시장, 제품 등에 관한 노하우 축적 여부 · 전략 추진체계 및 자원 확보 여부 · 조직비전과 목표에 부합 여부 · 구성원의 지지와 공감대 형성 여부 - 여건 분석을 토대로 전략 수립의 타당성 확보
▼	
전략 제시	• **전략 제시** - 목표 : 조직의 비전, 목표 달성과 연계하여 제시 - 추진 전략 : 전략1, 전략2, 전략3… 등으로 제시하고 각 전략별로 세부 추진계획을 수립 - 추진 일정(장/단기 구분), 이행 확보 방안도 강구

실전 사례 : N사 'H 미니점'의 성공적인 전환 방안 | 답안 예시

아래 상황을 참고하여 'H 미니점'으로의 성공적인 전환 방안을 기획하고 5분간 발표하시오.

<상황>

- **N사는 농업경제 활성화와 농가소득 증대를 위하여 농축산업 관련 생산물 유통, 자재 공급, 금융 등의 사업을 영위하는 회사임**

  최근 N사는 계열회사로 운영 중인 H 유통(H 마트)을 리뉴얼하여 일부를 소형 편의점화하는 사업을 추진 중임

  - H 유통은 'H 마트'라는 명칭의 매장을 전국적으로 2,100여 개소 운영 중인데, 2017년 매출은 2조 970억 원(전년 대비 6.6% 감소)이고 영업이익은 504억 원(전년 대비 2.7% 감소)

- **기존 마트를 리뉴얼한 'H 미니점'은 2018년 10월 현재 8개가 개점했고, 앞으로 이를 점차 확대할 계획임**

  - 대상 : 개점한 지 20년 이상 된 'H 마트' 중 30평 이하 중소형 매장(전체의 약 12%, 260개소)
  - 리뉴얼이 완료된 'H 미니점'은 'H 유통' 직영으로 운영

- **리뉴얼하게 된 이유는**

  ① 노후화되어 매출이 부진한 기존 H 마트 매장의 생존 전략 재정립

     * 대형 마트 마진율 15%, VS 편의점 28% 내외

  ② 국내 농산물 판로 확대의 유력한 대안이 될 수 있음

  ③ 1인 가구 급증에 따른 고객 니즈 변화에 적극적으로 대응

     * 현재 운영 중인 H 미니점의 소용량(소포장) 상품 구성

     · 채소(5종) : 개별 상품 4종, 된장찌개용 등 복합구성 1종, 과일 3종, 양곡 5종

실전 사례 : N사 'H 미니점'의 성공적인 전환 방안 답안 예시

- **한편, 이러한 방침에 대해 비판적 의견도 있음**
  ①'현재 포화상태인 편의점 시장에서 후발주자로서 생존이 가능할 것인가?'라는 우려
  ② 소규모 동네 구멍가게, 편의점 등 기존의 골목상권 침해 논란

- **해외 사례**
  - (대만) 1인 가구 비중이 한국보다 높고 편의점에서 전자레인지로 익혀 바로 먹을 수 있는 컵채소, 손질된 유기농 야채 판매 코너 등 활성화
  - (일본) 세븐일레븐, 훼미리마트 등을 중심으로 소용량, 소포장 농산물 식자재 판매가 활성화되고 있으며, 특히 세이코마트는 홋카이도 지역 식자재 중심으로 매장을 운영하면서 일본 내 편의점 전체 소비자 만족도 1위를 지속 기록하고 있음

실전 사례 : N사 'H 미니점'의 성공적인 전환 방안 | 답안 예시

<기본적인 프레임워크>

- SWOT 모델을 적용하여 편의점 시장 여건을 분석하고 이를 토대로 SO, ST, WO, WT 전략을 수립

Ⅰ. 편의점 시장 진출 여건 (SWOT 분석)

	유리한 점	불리한 점
내부 여건	강점(S) - 기존 'H 마트'의 네트워크 활용 - 농산물 상품의 소용량, 소포장 노하우 축적 - 기존 노후 점포 리뉴얼로 소비자 인식 개선 **S**	약점(W) - 편의점 시설 포화상태(기존 편의점과의 차별화 어려움) - H 유통 영업실적 악화 - H 미니점 경영구조의 경직성(H 마트의 직영) - 그간 시장 환경 변화에 적극적인 대응 미흡 **W**
외부 여건	기회(O) **O** - 1인 가구 증가 등 소비패턴 변화 - 편의점 시장 지속 성장 전망 - 농산물 특화 유통회사라는 소비자 인식이 강함 - 산지-H 마트 간 수직계열화를 통한 가격경쟁력 확보 용이	위협(T) **T** - 골목상권 침해 논란 - 제도적 요인 : 근로시간 단축, 최저임금 인상 등 - 어려운 경기여건 : 소비 활성화의 제약요인으로 작용

Ⅱ. 추진 전략

<SO 전략> 소비패턴 변화에 대응한 농산물 특화 편의점으로서의 강점 부각	<WO 전략> 수직계열화를 통해 기존 편의점과 차별화 및 경영구조 개편
<ST 전략> 네트워크 활용 및 지역 밀착형 편의점으로서의 위상 확보	<WT 전략> 'H 미니점'의 시장 및 환경 대응능력 제고

실전 사례 : N사 'H 미니점'의 성공적인 전환 방안 | 답안 예시

1. 비전 "'H 미니점'을 한국의 세이코마트로!"

2. 목표

① 노후화된 H 마트 이미지 개선을 통한 매출 증대
② 농축산물에 대한 소비자 선택권 확대를 통해 농업경제 발전을 뒷받침
⇨ 2019년 매출액 5% 상승, 영업이익 3% 상승 목표 설정

3. 세부 추진 방안

1) 농산물 특화 편의점이라는 강점을 적극 부각하여 H 미니점의 성공적 전환 추진

- **전환 로드맵(예시)** : 매장 여건, 지역상권 등을 감안, 2019년 말까지 150개소(전체 대상의 58%) 전환 완료
  - 1단계(2018~2019년) : 150개소(전체 대상의 58%)
  - 2단계(2020년) : 110개소
  - 연차별 계획 : 2018년 10월 말 9개소 → 2018년 12월 말 12개소 → 2019년 6월 말 80개소 → 2019년 12월 말 150개소
- **우선 전환 기준** : 기존 H 마트 매장의 노후화 정도, 매출 실적, 편의점 인근 상권을 우선 전환 기준으로 설정

2) 기존 편의점과의 차별화

- H 마트의 네트워크, 노하우를 최대한 활용하여 소비자에게 'H 미니점'의 브랜드 가치에 대한 인식을 제고
  * 기존 납품농가, 고객에 대해 회원제 관리 등 서비스를 강화하고 소용량 품목도 지속 확대
- 이를 통해 기존 편의점과 가격 차별화 지속 추진
  - 산지 → 'H 마트' → 'H 미니점' 간 수직계열화를 통해 생산원가 및 물류비용 절감
  * 타 편의점 마진율 28% VS 'H 미니점' 마진율 20~25% 유지 노력(박리다매 전략)

3) 지역 밀착형 편의점으로서의 위상 확보
- 친환경적이고 신선한 먹거리, 값싸면서도 질 좋은 먹거리라는 이미지 메이킹 주력
- 빠르고 정확한 배송 시스템 구축
- 기존 골목상권과의 중복과 충돌을 최소화하는 농축산물 특화형 상품 개발과 판매 전략에 역점

4) 'H 미니점'의 시장 대응 능력 제고
- 영업시간, 종업원 수 등을 각 매장 실정(고객 니즈, 상권 규모 등)에 맞게 탄력적으로 조정
- 현재 100% 직영체제를 중장기적으로는 위탁경영, 독립 채산 방안 등 검토

4. 성공적 추진을 위한 조치 사항

1) 행·재정적 지원체계 보강(이사회 승인 추진)
- H 미니점 전환 추진 부서의 인력과 조직 보강
- 연차적 전환에 필요한 소요 재원 확보

2) 대외 협력체계 정비
- 국민들의 우호적 여론 조성
- 농민단체 등 이해관계자의 적극적 이해와 협조 유도

3) 조직 내 역량 결집
- 비전과 목표 공유를 위해 내부 직원 대상 교육, 연찬회 등 실시

3-5. 예산, 인력 등의 자원을 합리적이고 효율적으로 배분하는 유형

✔ 핵심 체크 포인트 **자원 배분 기준이 무엇이며, 설득과 협상을 통한 기준 마련 여부 등을 체크**

기본 프레임	논의 전개
현재 상황 진단	• **상황 진단** - **배분할 자원의 종류, 규모, 배분 대상 등을 명확화** 자원 종류 : 예산, 인력 등 자원 배분 대상 : 조직 내부 부서 간, 외부 이해관계 주체 간
▼	
배분 기준 설정	• **배분 기준 설정 및 이를 토대로 한 배분 방안 제시** - **배분 목표와 원칙 설정** 목표 : 자원 배분을 통해 관련 정책, 사업의 성공적 실행을 뒷받침 원칙 : 공정성의 원칙, 당사자 자율 합의 원칙 등
▼	
배분 방안 제시 (협상과 설득)	- **기준 설정 : 관계 당사자 의견 수렴 및 협의** - **배분 방안 제시 :** 기준에 근거하여 도출, 필요 시 2개안(제1안, 제2안 등) 이상 도출도 가능
▼	
결론(배분 방안 선택)	

논의 전개

★ 자원 배분 시 많이 활용되는 기준

- **정량적 기준** : 소속 직원 수, 인구 규모, 면적, 고객 수, 민원처리 건수, 고객만족도, 성과 평가 점수 등
- **정성적 기준** : 업무 중요도, 시급성, 조직 기여도, 성과 달성 기여도, 발전 가능성 등

✔ **Tip 자원 배분 시 사안에 따라 기본 공통 배분 기준 + 차등 배분 기준 검토 가능**

(예시) 3개 부서에 총 1억 원의 성과 인센티브를 배분할 경우 공동의 기여 부분이 있다면 우선 각 부서에 1,000만 원씩을 배분하고, 나머지 7,000만 원을 기준에 따라 차등 배분. 반대로 특정 사업을 위해 각 주체별로 일정액의 비용을 분담할 경우도 같은 방식으로 결정할 수 있음

- **결론(당사자의 자율적 협의하에 최적의 배분 방안 선택)**

☞ 자원 배분 관련 실전 사례는 '제3부 모의과제 수행 방식의 역량평가' 중 집단토론 사례(189페이지)를 참고

3-6. 이해관계 당사자 간 갈등을 설득과 협상을 통해 조정하는 유형

✔ 핵심 체크 포인트 **이해관계자 입장 파악, 조정 기준 마련, 이해관계자에 대한 설득과 협상 등을 체크**

기본 프레임	논의 전개
이해관계 파악 (갈등원인 분석) ▼ 조정 원칙 설정 ▼ 조정안 제시 (협상과 설득) ▼ 합의 (조정안 선택)	• **이해관계 본질 파악** - 이해관계자의 입장, 요구사항 확인 - 이해관계 주체를 명확화하고 주체 간 갈등원인 분석 · 내부 구성원 상호 간 : 주로 권한과 책임, 평가와 보상, 인간관계 등의 원인 · 내부 구성원-외부 고객 간 : 민원처리(고객서비스), 제품 하자 불만 등의 원인 · 외부 고객 상호 간 : 상반된 손익 초래 등의 원인 ★ 기타 갈등원인 분석의 틀 · 직접적 원인/간접적 원인 · 핵심적 원인/부수적 원인 · 내적 동기에 의한 원인(의식적 왜곡)/외적 동기에 의한 원인(정보 부족) 등

논의 전개

- **조정 원칙과 조정안 제시**[14]

조정 원칙 설정

- (공정성) 이해관계 당사자가 조정의 과정과 결과를 공정한 것으로 수용할 수 있어야!
- (자율성) 원칙적으로 당사자 간 자율 합의 도출을 지원하는 것이어야!

조정안 제시 및 설득

- (기준) 효과성과 실현 가능성, 기타 규범적 기준
  · 효과성 : 조정안 이행 시 긍정적 효과는 무엇인가?
  · 실현 가능성 : 조정안이 현실적으로 이행 가능한가?
  · 규범적 기준 : 보편적인 윤리기준 또는 법 기준에 부합하는가?
- 조정안(단일안 또는 복수안)이 마련되면 당사자가 이를 수용할 수 있도록 설득과 공감 유도

- **합의 도모 :** 당사자 자율 원칙에 따라 조정안 중 최적 안을 결정하고 이를 수용

☞ 이해관계 갈등 조정 실전 사례는 '제3부 모의과제 수행 방식의 역량평가' 중 역할수행(1:2) 사례(168페이지)를 참고

14 문용갑, 『갈등조정의 심리학』, 학지사, 2011, p.489

제3부

모의과제 수행 방식의 역량평가

자, 앞에서 역량과 그 역량을 어떻게 잘 보여줄 수 있는지를 공부했는데 어떤가요?

처음에 막막했을 때보다는 조금씩 정리가 되어 자신감이 붙습니다.
그렇지만, 이제부터 본 게임이라고 할 역량평가 과제를 공부할 순서인 것 같은데, 조금 긴장되는군요.

지금부터 긴장하면 안 되죠. 역량평가 실전에서 긴장은 더욱더 금물입니다.
그런 점에서 **역량평가에 임하는 몇 가지 자세**를 강조해두고 싶습니다.

- 먼저, **상황을 즐겨야 합니다**. 자료에 주어진 역할을 본인이 실제로 수행한다고 생각하고 플레이해야 합니다. 즉 스스로 상황에 몰입해야 합니다.
- **"쫄면 진다"**는 말을 명심하세요. 역량평가에 대한 중압감을 이겨내야 합니다. 누구에게나 부담은 되지만, 평가과제의 본질은 평소 고객(또는 민원인)을 대하거나, 부서 내·외부 회의 등과 크게 다르지 않습니다. 주눅 들지 말고 당당해야 합니다.
- **實戰은 훈련처럼, 訓練은 실전**처럼 하십시오! 역량평가를 염두에 두면서 평소 업무를 수행하는 것이 가장 좋은 전략입니다. 업무 현장에서 이루어지는 모든 일들을 역량평가 과제와 연관해 생각하다 보면 실전에서 자신감이 배가되죠.
- **자신만의 임팩트가 중요**합니다. 예를 들어 간결하고 명료한 구조적 분석 능력을 보여 주어야 합니다. 제가 프레임워크를 강조하는 이유입니다.

말씀하신 내용들이 참 마음에 와닿습니다. 늘 유념하겠습니다.

마음에 와닿는다고 하니까 다행입니다. 본격적으로 평가과제를 공부하기에 앞서 몇 가지 팁을 정리했으니 이것 역시 잘 기억해 두었으면 좋겠네요.
아래에서는 각 과제에 대한 이해와 대응요령, 실전상황 등을 공부하도록 합시다.

과제 수행을 잘하기 위한 팁

- **평가과제별로 자료 검토와 답안 작성(또는 역할 프레임 구상)에 있어 시간 안배계획과 독법(讀法)을 꼭 생각해 두어야 한다.**

  (예시) 자료 검토에 3/5, 답안 작성에 2/5의 시간 비율, 자료 읽기는 3회독

  * 1회독 : 지시 사항 숙지 및 전체 체계 파악(속독, 소요 시간 약 5분 이내)
  * 2회독 : 답안의 전체적인 틀을 염두에 두면서, 중요한 정보를 메모하거나 견출지 등으로 표시(정독, 15분 내외)
  * 3회독 : 답안 작성과 함께, 평가과정에서 참조하여야 할 정보를 확인, 표시(남은 시간 전부)

- **과제를 받았을 때 지시 사항이 무엇인지를 파악하는 것이 가장 중요하다.**

  - 지시 사항을 정확히 알아야 제대로 된 답안 작성이 가능하며, 자료 검토의 시간 효율성도 높일 수 있다.

- **답안을 작성하거나 역할을 구상할 때, 큰 얼개를 먼저 생각한다.**

  - 그렇지 않으면 답안 작성이 용두사미가 되거나, 전체의 흐름이 헝클어지기 쉽다.

- **지시 사항에 대한 답이나, 역할 수행은 항상 제시된 자료에 근거하여야 한다.**

  - 자료 내용을 벗어난 일반적이거나 상식적인 발언은 도움이 되지 않을 뿐더러, 피평가자의 자료 검토가 미흡하다는 인상을 줄 수도 있다. 또한 지나치게 격식을 차리거나, 판에 박힌 발언을 자주 할 경우 오히려 역효과를 초래한다.

- **답안 작성은 최대한 깔끔하게, 대화는 간결명료하게**

  - 답안 작성은 키워드 중심으로 개조식으로 하되 내용은 풍부할수록 좋다. 평가자 또는 토론 상대방과의 대화는 자신감을 가지되, 핵심 내용을 논리적으로 이야기한다.

- **대화 상대방(집단토론, 역할 수행 등)에게는 늘 경청과 존중의 태도를 보이자.(공감 표시, 메모, 눈 맞춤 등)**

01
서류함기법(IB)

평가과제별
심층 검토

1) 과제에 대한 기본 이해

(개념) 제한된 시간 내에 여러 현안 업무를 처리해야 하는 상황을 상정한 과제이다. 예를 들면 본인이 OO 과장이라 하자. 그런데 오후 1시에 급한 회의가 잡혀 출장을 가야하는 상황에서 오전 중에 당장 처리해야 할 일이 4가지가 있고, 이를 사안의 시급성 등을 감안하여 처리하여야 한다는 것이다.

(과제 구성) 서류함기법에서는 통상 3~4개의 소과제가 제시된다. 각 과제는 기본적으로 배경 상황, 지시사항(이메일 또는 문서형식)과 그 지시를 조치하는 데 필요한 참고자료(보통 3~5페이지 분량) 등으로 구성된다.

(과제 유형) 크게 2가지로 구분된다. 특정 이슈 관련 상황에 대한 정보를 제시하면서, 그 속에서 피평가자가 처리해야 할 과제를 스스로 도출하는 유형과 여러 가지 이슈 관련 상황에 대한 정보와 함께 각 이슈별 처리 과제를 제시하는 유형이 있다.

(과제 수행 방식) 준비(자료 검토 및 답안 작성 50분), 평가(질의응답 등 30분[15])의 순서로 진행된다. 각 과제별로 답안을 작성하여야 하며, 평가는 작성된 답안을 기초로 평가자와 피평가자 간에 질의응답을 통해 이루어진다. 평정 점수는 작성된 답안의 내용 및 피평가자의 답변 시 행동과 태도 등을 고려하여 부여한다.

15 과제 수행시간은 시행주체에 따라, 피평가자에 따라 유동적이다. 5급 공무원의 경우 부처별로 별도로 정하여 운영한다.

(주로 다루는 주제) 매우 다양하지만, 다음과 같이 몇 가지 패턴으로 유형화해 볼 수는 있을 것이다.

- **정책대안 관련**
  - 현행 정책(제도)의 미비점 등을 제시하면서 보완 방안을 강구토록 지시받는 경우
  - 정책대안이 2개 이상인 경우 어느 것을 선택할 것인지 결정
  - 현행 정책(제도)에 대한 비판이 있는 상황에서 대응논리를 강구토록 지시받는 경우

- **조직/인사 관련**
  - 조직 업무분장 관련 갈등에 대한 해결 방안 제시
  - 조직 내 인력 재배치, 신규 인력 채용 등에 대한 의사결정
  - 새로운 사업을 어느 부서 또는 어느 직원이 담당할지 의사결정
  - 부하의 고충 상담(대인관계, 사무환경, 인사 불만 등)

- **긴급현안 발생**
  - 중복된 일정(2개 이상의 일정이 같은 시간에 잡힌 상황), 회의장소 변경 등 조정
  - 예기치 않은 사고 발생 시 대응 방안
  - 상사, 외부기관 등으로부터 갑작스런 업무요구에 대한 대응

- **이해관계 관련**
  - 고객, 일반 시민 등의 불만이 제기된 상황에서 조치 방안
  - 이해관계 집단 상호 간 갈등 시 조정/통합 방안
  - 특정 현안 관련 이해관계자가 누구인지, 이들의 입장을 파악하고 조치 방안 강구

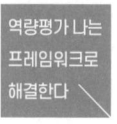

(평가되는 주요 역량과 행동 지표)

제한된 시간에 긴박하게 다수의 현안 과제들을 처리해야 하므로 우선, 사안의 핵심을 파악하고 문제를 명확히 구분해 내며 해결의 우선순위를 설정하는 문제 인식/해결 역량이 요구된다. 또한 인력, 예산 등 조직 자원을 효과적으로 활용하여 업무 성과를 극대화할 수 있는 성과관리 역량이 중요하다. 이들 역량 외에 주제에 따라 조정/통합 역량이나 고객지향 역량이 요구되기도 한다. 이 중 성과관리 역량과 조정/통합 역량의 행동 지표는 아래와 같다.

역량	행동 지표
성과관리	- 성과를 극대화할 수 있는 구체적인 목표를 설정한다. - 업무 프로세스를 명확히 이해하고, 제한된 자원을 효과적으로 활용한 실행 방안을 제시한다. - 예상되는 장애요인에 대한 대응 방안을 수립한다. - 실행 방안이 수행되었을 때의 기대효과를 고려한다. - 목표 달성을 위해 주기적인 모니터링을 실시하며, 그 결과를 피드백한다.
조정/통합	- 이해 당사자들 간의 이해관계와 갈등 요소, 의견과 입장을 정확히 파악한다. - 중립적이고 객관적인 입장에서 상황에 접근한다. - 당사자가 수용할 수 있는 적절한 원칙과 기준, 절충안을 제시한다. - 대화 상대방의 주장을 경청하는 등 소통을 촉진하는 분위기를 조성한다.

2) 서류함기법(IB), 어떻게 대응할까?

★ IB는 보통 3~4개의 소과제를 검토하고 답안을 작성해야 한다. 제시된 자료 분량도 많고, 소과제별로 답안을 작성하기 때문에 피평가자가 가장 부담을 느끼는 평가과제라 할 수 있다. 특히 지시 사항이 명시적으로 제시되지 않고, 피평가자가 과제 속에서 찾아야 할 경우 부담은 가중된다. 과제 수행 시 유념해야 할 내용을 자료 검토, 답안 작성, 질의응답으로 나누어 살펴본다.

자료 검토

가장 신경 써야 할 것이 시간 안배이다.

이는 모든 과제에서 공통적으로 해당되는 것이기도 하지만, 특히 IB 과제의 경우 반드시 유념해야 한다.

- 앞서 '과제 수행을 잘하기 위한 팁'에서 든 예시처럼 자료 검토와 답안 작성에 시간을 적절히 배분하고, 최대한 이를 지킨다.
  * 시간 안배에 실패할 경우 당황하게 되고, 자신감도 급격히 저하된다.

지시 사항(소과제)이 무엇인지를 정확하게 파악하고, 이를 염두에 두면서 자료를 검토한다.(5분 이내, 1회 讀)

- 먼저 수행하여야 할 과제가 무엇인지를 파악하고, 전체적으로 어떤 내용으로 구성되어 있는지를 개략적으로 살펴보면서 핵심 내용들을 체크한다.
  * 외울 필요는 없다. 어디에 어떤 자료가 있는지를 잘 살펴 둔다.

상기 체크를 토대로 남은 시간 동안 자료를 면밀 검토한다.(15분 이내, 2회 讀)

- 자료 검토를 하면서 각 소과제별로 답안의 기본적인 틀과 우선순위를 구상한다.
  * 소과제의 제목을 이 단계에서 답지에 미리 적어 두는 것이 좋다.

Tip

자료는 중요 내용들을 중심으로 파악하고 견출지 등을 이용해 이를 반드시 표시해 둔다.

자료 검토

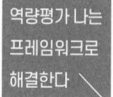

일반적으로 중요하다고 생각되는 내용들	VS	상대적으로 덜 중요한 내용들
- 대안의 장단점 비교 - 사례(국내, 국외) - 현황 관련 표, 그래프, 기타 각종 통계 수치 ☞ 답안 작성이나 논리 전개 시에 이를 적절히 인용하거나 활용		- 신문기사, 성명서 - 이해관계자 의견 등 ☞ 대체적인 상황을 키워드 중심으로 기억해 두었다가 과제 수행 시 필요할 때 이를 활용

답안 작성

각 과제들의 시급성, 중요도 등을 감안하여 우선순위를 정한다.

우선순위는 정답이 없다. 피평가자가 나름의 논리를 갖고 우선순위를 평가자에게 설명하면 된다.

답안은 키워드 중심으로 간결명료하게 작성한다.

가급적 정서하여 평가자가 편하게 볼 수 있도록 하는 것이 중요하다. 글씨를 잘 알아보기 힘든 경우 평가자의 입장에서는 첫인상부터 좋지 않음을 유의한다.

과제의 성격과 내용에 맞게 답안을 작성한다.

(‘소 등에 말안장을 얹는 식’의 답안은 바람직하지 않다!)

- **일반 정책 이슈 또는 인사/조직 관련 이슈** : 현황, 문제점, 개선 방안, 추진계획, 장애요인 극복 등 제시
- **긴급현안 관련** : 문제 상황 판단 및 원인, 조치의 원칙과 방향, 조치 방안, 사후관리 등으로 답안을 구성
- **이해관계 관련** : 이해관계자 및 당사자의 입장, 조정의 필요성, 조정의 원칙과 기준, 조정 방안 등 제시

피평가자가 과제를 직접 처리하는 것이 일반적이지만, 부하 직원 등 해당 업무 담당자에게 필요한 업무 처리 지시를 하는 경우도 있다.

과장 또는 팀장인 피평가자가 과원 또는 팀원에게 관련 업무 처리를 지시하는 경우 업무 지시의 범위를 명확히 하여야 한다. (예를 들면 업무 처리 원칙과 기준, 절차, 처리 방안의 주요 내용을 답안에 적시)

아무리 급하더라도 지시 사항 중 하나라도 답안 작성에 빠뜨려서는 안 된다.

불가피하게 답안 작성 시간이 없는 경우라 하더라도 소제목과 키워드 정도는 반드시 적시하여야 한다.
이 경우 다소의 감점 요인이 되기는 하지만, 질의응답 시간에 구두로 관련 내용을 평가자에게 부연 설명하여야 한다.

답안 작성이 마무리되면 전체적으로 논리적 일관성이 있는지를 확인한다.

예를 들어 문제점과 해결 방안이 서로 겉돌면 안 된다.
또한, 이 단계에서 질의응답 시간에 평가자가 어떤 질문을 할지를 예상해 보고, 이에 대한 답변 방향을 구상한다.
질의응답과 관련하여 중요하다고 생각하는 자료(정보)의 위치 등을 다시 한번 체크한다.

Tip

답안 작성(전략 수립) 시 사안을 구조화하여 제시하는 것이 포인트
* 예를 들면 현황과 문제점 및 대안 제시에 있어서 인식이나 행태적 측면, 제도적 측면, 운영적 측면 등으로 나누어 제시하거나, 대안 제시 등에 있어서는 장, 단기로 구분하는 것도 하나의 방법임

과제 성격에 따라서는 틀에 박힌 제목보다 평가자의 주의나 관심을 끌 만한 제목을 다는 것도 포인트
* 예를 들면 '현황과 문제점'보다 'OO정책, 이것이 문제다' 또는 신문기사 제목 형식 등도 가능함

답안 작성의 틀로서 STAR 모형을 활용하는 것이 효과적일 때도 있다.
* STAR 모형 : 상황(Situation), 과업(Task), 조치(Action), 결과(Result)

질의응답

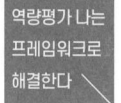

- 평가자는 '평가자 가이드'를 활용하여 질문하거나, 부가적 질문 등으로 피평가자의 역량을 확인한다.
- 질의응답을 매끄럽게 하기 위해서는 질문 취지나 초점을 정확히 파악하는 것이 매우 중요하다.
  - 질문 취지가 이해가 되지 않는 경우 반드시 확인하고, 질문의 범위 내에서 논리적이며 설득력 있게 답변한다. (배경이 무엇이냐는 질문에 문제점과 대책까지 장황히 설명할 필요는 없다!)
    * 각 소과제당 질의응답 소요 시간은 보통 5분 정도임. 평가자, 피평가자 모두 시간 압박이 심한 상태에서 질의응답이 자연스럽지 못할 경우 서로가 당황하는 경우가 많음
- 시간적 제약으로 인해 답안에는 상세 내용을 담기 어렵다. 답안의 다소 미흡한 부분은 답변 과정에서 자료로 제시된 통계수치, 사례 등을 적절히 활용해 부연 설명한다.
  - 예상하지 못한 질문이나 자료를 제대로 파악하지 못한 질문에 대해서는 당황하지 말고, 관련 자료를 찾아 차분하게 설명한다.
- 서류함 기법에서 주로 나올 수 있는 질문은 아래와 같다.

<도입 단계의 일반적 질문 사례>

- 자료 검토와 답안 작성에 시간이 부족하지는 않았습니까?
- (작성한 답안지를 보면서) 과제 수행의 우선순위가 있습니까? 그 기준은 무엇입니까?

<답안 내용별 질문 사례>

(배경 및 문제점 관련)

- 이 현안(각 소과제별로)의 경우 어떤 배경하에서 이슈가 되고 있습니까?
- 현재 당면한 문제들은 어떤 것들이며, 그중 가장 핵심적인 것을 말씀해 주십시오.
- 그러한 문제가 초래된 원인은 무엇입니까?
- 말씀하신 것들 외에 추가적인 문제점은 없을까요?

(대안 제시 및 집행계획 관련)

- 어떤 원칙과 기준에 의해 대안을 제시하게 되었습니까? 또는 어떠한 점을 주로 고려하였습니까?
- 대안 및 집행계획의 우선순위에 대해 말씀해 주십시오.
- 말씀하신 것 외에 추가적인 대안은 없을까요?
- 대안을 집행하는 과정에서 초래될 장애요인은 어떤 것들이 있고, 극복 방안은 무엇입니까?
- 말씀하신 장애요인 외에 추가적인 내용은 없을까요? 이를 위해 어떤 정보들을 활용할 수 있을까요?
- 대안 및 집행계획의 실효성을 확보하기 위해서는 어떤 조치들이 필요합니까?
- 대안 및 집행계획이 조직의 비전이나 목표 달성과는 어떤 연계하에 추진될 수 있습니까?

(이해관계 이슈 관련 과제인 경우)

- 이해관계자는 누구이며, 그들의 입장은 무엇입니까? 또는 갈등의 핵심이 어디에 있습니까?
- 말씀하신 사항들 외에 추가적인 이해관계자는 없습니까?
- 이해관계 조정을 위한 절충안은 무엇입니까? 절충안 제시의 원칙과 기준도 말씀해 주십시오.
- 제시하신 기준이 왜 타당하다고 생각하십니까?

(긴급사태, 현안 발생 관련 과제인 경우)

- 긴급사태(또는 현안)가 조직에 어떤 영향을 미치고 있습니까?
- 해결을 위해 가장 급하게 취해야 할 조치는 무엇입니까?
- 보다 근본적인 해결 방안(또는 예방대책)은 무엇이라고 생각하십니까?

〈마무리 단계 질문 사례〉

- 적절한 과제 수행을 위해서는 어떤 정보가 추가적으로 필요할까요?
- 혹시 작성하신 답안이나 설명하신 내용 외에 추가하실 내용은 없습니까?

Tip

질의응답 과정에서 모르는 문제에 대해서는 변명하려고 하면 안 된다.

* 솔직히 시인하고, 미흡함을 즉시 보완하려는 적극적 자세를 갖자.

3) 서류함기법(IB) 실전상황, 이렇게 진행된다!

평가 시작 단계

평가는 대체로 다음과 같은 상황으로 시작된다.

평가자 : 여러 개의 과제를 처리하는 데 시간은 부족하지 않았습니까?

피평가자 : 예, 자료량이 많아서 시간이 빠듯한 것 같습니다.

평가자 : 그러면 보겠습니다. 현안 과제가 4개인데 처리의 우선순위와 그 이유를 설명해 주시죠.

* 주어진 자료에서 과제를 피평가자 스스로 찾아야 할 때도 있음. 이 경우 평가자는 현안 과제들이 어떤 것인지를 물을 수도 있음

피평가자 : (과제 처리의 우선순위와 이유를 설명)

평가자 : 그러면 과제별로 보겠습니다.

평가자가 자주 하는 질문

(1) 처리해야 할 과제가 4개인데 작성된 답안은 왜 3개밖에 없죠?

2가지 상황으로 나눌 수 있다.

먼저, 피평가자가 스스로 과제를 찾아 답안을 작성해야 하는데 과제 파악이 제대로 안된 경우이다. 명백히 피평가자의 실수다. 이때는 변명하려고 하지 말고 실수를 인정하는 것이 좋다. 다만, 평가자가 "~~도 처리해야 할 일이 아닌가요?"라고 암시를 줄 수도 있다. 이때는 자료 내용에 근거해 구두로 어떻게 처리할 것인지를 설명해야 한다.

다음은, 시간 여유가 없어 답안을 미처 작성하지 못한 경우이다. 이 또한 피평가자에게는 뼈아픈 대목이다. 이때는 평가자에게 시간 관계상 답안 작성을 못했음을 설명하고 해당 과제의 처리 방안을 구두로 최대한 간결명료하게 진술하여야 한다.

조언하건대, 아무리 시간이 촉박하더라도 답안 작성을 빠트리는 일은 없어야 한다. 정말 비상상황이라면 최소한 과제 제목과 처리해야 할 내용을 목차 정도만이라도 꼭 답안에 써 두어야 한다. 좋은 평가를 받기는 어렵겠지만, 반타작은 할 수 있다.

(2) 업무 처리의 우선순위를 정한 기준이 무엇인가요?

비교적 쉽게 대답할 수 있는 질문이다. 일반적으로 우리는 일을 처리할 때 그 일이 얼마나 중요한지, 얼마나 시급한지를 항상 고려한다. 예를 들어 장관이 지시한 사항과 실장이 지시한 사항 중 어느 것이 중요할까? 당연히 장관 지시 사항이다.
그리고 일정이 많이 남아 있는 일보다는 처리기한이 가까이 정해진 일을 먼저 처리한다. 이런 기본적인 논리를 갖고 우선순위를 설명하면 무난한 답변이 된다.

(3) 처리하신 과제들이 조직의 비전이나 목표 달성과는 어떤 연계를 갖고 있습니까?

상당히 포괄적인 질문이다. 미리 어느 정도라도 대비하지 않으면 쉽게 답변이 나오기 어렵다.
그런데 이런 식의 질문은 비단 현안 업무 처리 과제뿐만 아니라 발표(PT)나 역할 연기(1:1) 과제에서도 자주 나오는 편이다.
그런 만큼 어떤 과제를 수행하든 본인이 수행한 과제가 조직의 비전, 목표 달성에 어떤 의미가 있는지를 늘 생각해 두어야 한다.
예를 들어 어느 도시에서 시내버스 정책의 일환으로 버스 스마트카드 도입 방안을 급하게 강구하여야 한다고 하자.
이때 스마트카드를 도입하기 위한 실행 방안은 해당 시의 비전(예시 : '시민 모두가 행복한 도시')과 목표(예시 : '편리한 대중교통망 구축')를 구현할 수 있는 것이어야 한다. 따라서 이런 질문에 대한 답변은 아래와 같이 할 수 있을 것이다.

> "스마트카드 도입 방안을 추진하면서 우리 시의 비전 구현과 목표 달성에 잘 부합하는지를 우선 검토하였습니다. 이를 위해 시민 의견을 조사해 보았는데 스마트카드 도입으로 사실상 교통요금 인하효과를 기대할 수 있고, 대중교통 이용의 편의성을 대폭 높이는 것으로 결과가 나온 바 있습니다."

평가자가
자주 하는 질문

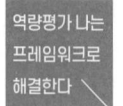

(4) ○○ 업무를 부하 직원이나 다른 직원에게 처리를 지시하셨군요. 그런데 일을 맡기더라도 구체적으로 무엇을 어떻게 하라는 건지가 불분명합니다. 일 처리를 지시받는 직원들 입장에서는 답답하거나 당황스러울 것 같지 않습니까?

현안 업무 과제는 짧은 시간 안에 여러 개의 과제를 처리해야 하므로 부하 직원 등에게 일 처리를 지시해야 할 경우가 있다. 때에 따라서는 부하 직원에게 일 처리를 지시해야 하는 상황을 의도적으로 부여하기도 한다. 이때는 애매하거나 불분명하게 지시하면 안 된다. 업무 처리의 방향, 절차, 대안 선택의 기준 등을 분명히 제시하면서 지시해야 한다.

예를 들어 보자. 구내식당 급식 위탁업체 재계약 여부를 결정해야 하는데, 검토 준비를 부하 직원인 A팀장에게 지시하는 경우 지시 내용은 다음과 같은 식이어야 한다.

> To. A팀장
>
> 격무에 고생이 많습니다.
> A팀장도 알다시피 우리 회사 급식 위탁업체 재계약건을 내일까지 결정해야 합니다.
> 내가 오전에 급한 출장으로 부득이하게 메시지로 업무 처리를 지시하니 아래 사항 중심으로 검토하고 오후에 그 결과를 보고해 주세요.
>
> - 급식업체 위탁계약 관련 일반 현황 : 계약조건, 계약기간 등
> - 재계약 여부 판단 기준
>   - 직원들의 만족도(필요 시 오전 중에 샘플조사를 해 보는 것도 좋겠죠.)
>   - 타 업체와의 비교(가격, 위생, 친절도 등)
>   - 기타 고려사항(지난 위탁기간 중 안전사고, 위생사고 발생 여부 등)
> - 검토 의견

5) 과제 수행과 관련하여 추가로 필요한 정보가 있다면 무엇입니까?

이러한 질문 역시 발표(PT)나 역할 연기(1:1) 과제에서도 자주 나온다.
그런데 답변하기가 좀 애매한 질문이다. 사실 제시되는 자료에는 과제 해결에 필요한 대부분의 정보들이 담겨 있어서 언뜻 보면 추가정보가 필요 없어 보이기도 한다. 그렇다고 피평가자 입장에서 “추가정보가 필요 없습니다.” 라고 하거나 “글쎄요, 그게…….” 처럼 엉거주춤 얼버무리는 것은 감점 요인이다.

관련 정보가 자료에 있음에도 답안을 작성할 때 이를 적시하지 못했거나, 설명 과정에서 관련 내용을 빠뜨렸다면 이런 질문이 오히려 부연 설명할 수 있는 기회가 된다. 그리고 자료에 없는 정보가 추가로 필요할 수도 있는데 이때에는 제시된 자료를 유추하여 최대한 창의적이고 적극적인 답변을 할 필요가 있다. 다음과 같이 말이다.

> “지금 가지고 있는 자료는 사례 A, B밖에 없는데 사례 C가 추가로 있으면 합리적 의사결정에 많은 참고가 될 거라 생각합니다. 그리고 △△에 대한 현장조사도 필요하다고 봅니다. 추후 실행과정에서 말씀드린 부분들을 면밀히 검토, 조사하도록 하겠습니다.”

이쯤 되면 어지간히 깐깐한 평가자들도 고개를 끄덕일 것이다.

평가자가 자주 하는 질문

Tip

목표 설정과 업무 지시의 프레임워크 'SMART'를 알아두자.

S(Specific) : **목표, 업무 지시는 구체적이어야 한다. 기본적으로 다음 4가지는 명확해야 한다.**

Who	누가 하는가?	What	무엇을 달성하고 싶은가?
When	목표 달성에 필요한 시간은?	Why	왜 하는가?

M(Measurable) : **목표 달성 여부나 지시 사항 이행 여부를 측정할 수 있어야 한다.**
목적한 방향대로 진행되어 가는지 판단하기 위해선 구체적인 판단 기준을 정해 측정할 수 있어야 한다.
반대로 목표나 지시의 이행을 측정할 수 없다면 그것은 이미 목표와 지시가 아니며, 동기부여도 되지 않는다.

A(Attainable) : **목표나 지시는 이행이 가능해야 한다.**
목표나 지시의 이행 가능성을 높이기 위해서는 단계별 계획이 필요하다.
이를 위해 자원을 적절히 배분하고 정보를 최대한 활용하여야 한다.

R(Realistic) : **목표와 업무 지시는 현실적이어야 한다.**
현실과 동떨어진 목표 설정과 업무 지시는 조직 구성원의 공감을 이끌어내지 못한다.
오히려 조직원의 반발과 저항을 초래할 가능성이 크다.

T(Time-bound) : **목표 달성과 지시의 이행에는 반드시 시간적 제한이 있어야 한다.**
기한이 정해져 있지 않은 목표와 업무 지시는 아무런 의미가 없다.
단계별 시간계획을 세워 결과에 이르기까지의 과정을 관리하여야 한다.

02 역할 수행(RP)

1) 과제에 대한 기본 이해

(개념) 피평가자가 가상의 역할(직위, 업무)을 부여받고 주어진 과제를 수행하는 것이다. 즉 역할 수행 과정에서의 행동, 태도를 관찰하여 요구하는 역량을 갖추었는지 파악하는 기법이다. 이 과제에 있어서 평가자는 보통 피평가자의 상대방으로서의 역할을 수행한다.

(과제 구성) 과제는 기본적으로 배경 상황 및 피평가자의 직위와 역할, 지시 사항, 그 지시를 조치하는 데 필요한 참고자료(15페이지 내외의 분량) 등으로 구성된다.

(과제 유형 및 주요 주제) 조직에 속한 이상 각 개인은 다양한 상호작용을 할 수밖에 없다. 조직 내 상·하부 직원들은 물론, 동료, 외부 관계자 모두가 상호작용의 대상이다. 역할 수행은 피평가자로 하여금 이러한 상호작용을 수행케 하는 것으로 크게 1:1 역할과 1:2 역할로 구분한다.

유형	상황(주로 다루는 주제)	비고
1:1	- 특정 정책(제도)의 개선 방안을 상부에 보고하거나 기자 등에게 브리핑하는 상황 - 피평가자와 평가자가 갈등의 당사자로 만나 절충을 이끌어 내는 상황 등	- 분석발표(Analysis Presentation), 구두보고(Oral Presentation)와 유사 - 보고나 브리핑의 경우에는 답안 작성이 필요
1:2	- 이해관계자(또는 집단) 간의 갈등을 조정하거나 중재해야 하는 상황 - 2개의 정책대안을 놓고 어떻게 해야 할 것인지 결정해야 하는 상황 등	- 답안 작성이 불필요하나, 논의 전개의 전체적인 틀은 구상하고 있어야 함

(과제 수행 방식) 준비(자료 검토 및 답안 작성 30분), 평가(질의응답 등 30분)의 순서로 진행된다.[16]

16 과제 수행시간은 시행주체에 따라, 피평가자에 따라 유동적이다.

평가되는 주요 역량과 행동 지표

유형	역량	행동 지표
1:1	문제 인식/해결	• 제시된 정보를 체계적으로 분류/분석하여 상황의 본질을 파악한다. • 문제점과 그 원인을 다각적 시각에서 규명하며, 핵심적인 사안과 부수적 사안을 구분한다. • 다양하고 창의적인 해결 방안을 모색하고, 최적 방안 선정 기준도 고려한다.
	전략적 사고	• 제시된 정보에 근거하여 조직 내/외부 환경을 파악하고, 향후 예상되는 환경의 변화 및 그 영향을 예측한다. • 정책방향 및 목표를 설정하고, 다양한 대안을 제시하며, 대안들의 예상효과를 파악할 수 있는 기준을 제시한다. • 대안들의 장단점과 파급효과를 고려하여 실행우선순위를 정하고, 인적/물적 자원을 합리적으로 선정하고 배분한다.
	성과관리	• 성과를 극대화할 수 있는 구체적인 목표를 설정한다. • 업무 프로세스를 명확히 이해하고, 제한된 자원을 효과적으로 활용한 실행 방안을 제시한다. • 예상되는 장애요인에 대한 대응 방안을 수립하고, 실행 방안이 수행되었을 때의 기대효과를 고려한다. • 목표 달성을 위해 주기적인 모니터링을 실시하며, 그 결과를 피드백한다.
1:2	통합/조정	• 중립적이고 객관적인 입장에서 상황에 접근하고, 이해 당사자들 간의 갈등 요소와 입장을 정확히 파악한다. • 당사자가 수용할 수 있는 적절한 원칙과 기준, 절충안을 제시한다. • 대화 상대방의 주장을 경청하는 등 소통을 촉진하는 분위기를 조성한다.
	의사소통	• 상대방의 말과 태도에 집중하여 상대의 감정, 의도 및 상황을 정확히 이해한다. • 전달하고자 하는 내용을 상대방이 이해할 수 있도록 논리적이고 일관성 있게 전달한다. • 업무 관련 이해관계자들과의 적극적 협의를 통해 이견을 조율하고 협력을 확보한다.
	고객만족	• 이해관계자의 입장에서 상황을 판단한다. • 이해관계자의 요구를 다양한 방법으로 확인하거나 이해하기 위해 노력한다. • 상호 수용 가능한 최선의 방안을 제시한다.

2) 역할 수행(RP), 어떻게 대응할까?

★ RP는 부여되는 역할의 본질을 잘 이해하면 대응이 쉽다. 과장으로서 기자와 만나 현안 정책을 설명하거나, 팀장으로서 이해관계가 상충되는 민원인을 만나 서로의 입장을 듣고 조율하는 경우는 다반사이다. 연기하는 것을 어색하다고 생각할 필요가 전혀 없다. 평소에 하는 업무의 연장이라고 생각하자.

자료 검토

- 자료가 제시되면 먼저 자신의 직책과 역할 및 수행하여야 할 일이 무엇인지 확인한다. 아울러, 상대방(평가자)의 역할과 입장이 무엇인지도 파악한다.

- 1:1 또는 1:2 역할 유형에 따라 자료 구성이 달라지는 점을 유념하여야 한다.

구분	피평가자의 역할	자료 구성
1:1	정책 관련 보고자 또는 기자 상대 브리핑	- 상황(배경), 현황, 문제점, 개선의견 - 기타 당해 정책 관련 참고사항 등
	상충되는 이해관계 또는 갈등의 당사자	- 특정 현안 관련 피평가자의 입장과 상대방 입장 - 기타 이를 뒷받침하는 자료 등
1:2	타인(집단) 간 이해관계 갈등 조정/중재자	- 갈등 당사자 상호 간의 입장 - 이를 뒷받침하는 참고자료 등
	정책대안 2개가 서로 경합할 경우 어떻게 조율할지 검토, 결정	- 각 정책대안의 주요 내용, 장단점 등

자료 검토

- 답안을 작성하는 경우와 하지 않는 경우를 감안해 자료 검토 시간을 적절히 안배한다.

  * 답안을 작성하는 경우에는 답안 작성에 일정 시간(예 : 10분)을 배정하고, 답안을 작성하지 않는 경우라 하더라도 자료 검토 시간 중 일정 시간을 할애해 논의 전개의 틀과 수행하여야 할 역할의 전체적인 구상을 해 두어야 한다.

- 중요하게 다루어야 할 핵심 내용들은 별도의 용지에 키워드(Key word) 중심으로 메모해 두고, 역할 수행과정에서 그때그때 활용하는 것이 바람직하다.

핵심 내용 예시

- 이해관계 당사자의 입장
- 절충안을 제시할 경우 그 원칙과 기준
- 논리 전개 시에 설득력을 갖게 해주는 기타 정보들

Tip

역할 수행은 과제 성격상 상대방의 주장에 대한 즉각적 반론 등이 필요한 경우가 많다.
이런 경우 중요한 정보를 바로 찾을 수 있도록 견출지 등으로 적절히 표시해 두는 것이 바람직하다.

답안 작성

(정책 관련 보고 또는 기자에 대한 브리핑 역할을 수행할 경우 답안 작성)

- 제시된 자료에 답안으로 작성할 정보들이 대부분 포함되어 있다.
  - 배경 상황이나 실태, 문제점, 각종 수치, 국내외 사례, 전문가 의견, 설문조사 결과 등을 적절히 활용한다.

• 답안 작성은 보통 축약된 보고서 형식이 무난하다.(구두발표(OP) 과제의 답안도 이에 준한다.)

답안 작성 (예시 #1)

I. 배경

II. 현황/문제점
1. 현황
2. 문제점과 원인

III. 개선 방안
1. 개선 방안 수립의 원칙과 방향
2. 세부 내용
1), 2), 3) . . .

IV. 추진 전략
1. 예상 장애요인 및 극복 방안
2. 실효성 확보 방안

V. 추진계획

답안 작성 (예시 #2)

I. ◯◯정책 한계에 봉착

II. 실태 분석
1. 현 실태
2. 문제점과 원인

III. ◯◯정책, 이렇게 혁신한다!
1. 개선 방안 수립의 원칙과 방향
2. 세부 내용
1), 2), 3) . . .

IV. 혁신 방안 조기 정착에 총력!
1. 예상 장애요인 및 극복 방안
2. 실효성 확보 방안

V. 향후 계획

역할 연기

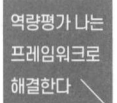

평가자는 기본적으로 피평가자의 약점을 파고드는 질문이나 주장으로 일관한다.
이러한 압박에 대해 평정심을 잃지 말고, 논리적으로 대응해야 한다.

이해관계 갈등을 조정해야 하는 상황인 경우 상호 주장이 충돌하고, 논의가 평행선을 달릴 때가 많다.
이때 좋은 평가를 받기 위해서는 절충안을 통해 합의가 도출되도록 노력하여야 한다.

절충안을 제시할 때는 반드시 '기준'이 있어야 한다. '기준'은 합리성과 타당성이 있어야 하며,
상대방이 이를 수용하도록 설득과 동의를 구하는 노력도 필요하다.(相生의 자세가 중요)

Tip

'역할 연기'라고 해서 지나치게 오버해서는 안 된다.
경청과 존중, 공감 등 기본적 예의를 지키면서 자연스럽게 역할을 수행하면 된다.

평가자가 지나치게 공격적이라는 이유로 흥분하거나, 위축될 필요가 없다.
이 또한 '연기'일 뿐이다.

3) 역할 수행(RP) 실전상황, 이렇게 진행된다!

평가자 수에 따라 1:1 방식과 1:2 방식이 있다. 1:1 방식은 피평가자가 상관이고 평가자는 부하 직원 역할을 하는 경우로서 주로 부하 직원의 고충처리, 코칭 등의 상황이 주어진다. 또는 피평가자가 정책 등을 브리핑하는 역할을 맡고 평가자는 이를 취재하는 기자 역할을 수행하는 식으로도 진행된다.

1:2 방식은 이해관계 당사자인 평가자 2명을 피평가자가 설득하여 타협을 이끌어내는 상황이 일반적이다.
예를 들어 조직 내의 업무관계 갈등이나 조직 외부의 이해관계자 간 다툼 등을 조정하는 역할이다.

1 : 1

1 : 2

역할 연기에 있어 피평가자가 반드시 유념하여야 할 키워드는 경청, 공감, 설득, 합리적 대안 제시이다.
이 네 가지는 역할 연기에서 주로 평가하고자 하는 역량들이기도 하다. 피평가자는 상대방의 입장을 배려하고 그의 말에 대해 최대한 경청과 공감의 태도를 보여 주어야 한다. 그리고 한편으로는 상대방이 피평가자의 입장을 공감할 수 있도록 끊임없이 설득해야 한다.
그리고 이러한 과정 속에서 합리적인 대안을 제시하고 이를 상대방이 수용하도록 또 설득하는 것이다.
아래에서 역할 상황별로 어떻게 진행되는지 살펴보기로 하자.

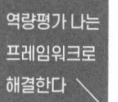

상황 (1:1 방식, 부하 직원 고충처리)

현재 과에는 3개 팀이 있다. 1팀장은 김 팀장, 2팀장은 공석, 3팀장은 정 팀장이다. 2팀장은 3주 전부터 외부기관 파견 중이다. 당분간 후임 팀장 인사는 어려운 실정이고, 3팀장이 2팀장 업무를 겸직하면서 과중한 업무 부담 등을 호소하는 내용으로 과장에게 다음과 같은 메시지를 보냈다.

> 과장님께.
>
> 과장님, 평소 바쁘신 중에도 과 직원들을 위해 늘 애써 주셔서 감사드립니다.
> 그런데 과장님, 제가 요즘 2팀장 업무를 겸직하면서 힘이 많이 듭니다.
> 저도 과의 상황을 잘 알기 때문에 최선을 다하고 있지만, 체력적으로도 정신적으로도 한계 상황입니다.
> ...
> (중략)
> ...
> 방법을 좀 찾아주십시오.

이러한 메시지를 받고 과장은 정 팀장과의 면담을 아래와 같이 진행한다.

과장 정 팀장, 어서 와요. 편하게 앉아요.

정 팀장 과장님, 저의 고충 문제로 불쑥 이렇게 면담을 하게 되어 죄송합니다. 바쁘신데 시간 내어 주셔서 고맙습니다.

과장 정 팀장, 요즘 고생 많은 것 잘 알고 있어요. 내가 그간 제대로 격려도 못 해 주어 마음이 무겁군요.
오늘은 서로 마음을 터놓고 같이 방법을 한번 찾아봅시다.
먼저, 정 팀장의 현재 상황과 어떻게 했으면 좋을지를 들어 볼까요.

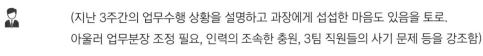

(지난 3주간의 업무수행 상황을 설명하고 과장에게 섭섭한 마음도 있음을 토로.
아울러 업무분장 조정 필요, 인력의 조속한 충원, 3팀 직원들의 사기 문제 등을 강조함)

과장 듣고 보니 정 팀장의 입장이 충분히 이해가 갑니다. 저라도 정 팀장 입장이었으면 많이 힘들었을 것 같습니다.
그런데 정 팀장도 잘 알다시피 2팀장 업무는 사실 우리 과의 중추적인 사업을 직접 관장하는 것입니다.
업무의 중요도는 물론이고, 난이도 역시 가장 높은 업무라 할 수 있습니다.
그래서 더욱 정 팀장에게 많은 부담이 되었으리라 생각이 듭니다만,
갑자기 2팀장이 파견을 가게 되어 불가피하게 그렇게 된 부분은 이해를 좀 해 주면 좋겠습니다.

정 팀장 과장님 말씀 잘 알고 있습니다. 그렇지만 하루 이틀도 아니고 이 상태로 계속 가면 3팀 업무에 지장이 초래될 정도입니다. 3팀 직원들의 불만도 점점 쌓여 가고 있고요.
(이후 상당히 강한 어조로 현재의 문제점을 과장에게 어필함)

과장 이렇게 하면 어떨까요? (아래 3가지를 중심으로 이야기)
① 업무분장 조정 : 2팀장의 업무를 1팀장과 3팀장이 적절히 배분하고,
1팀 직원 1명을 2팀에 근무 지시, 중요 보고서 작성 등 일부 업무는 과장이 직접 수행
② 오늘 중 공석인 2팀장 후임 인사를 조속히 하도록 인사 부서에 다시 요청
③ 직원 사기진작을 위한 과 모임을 다음 주에 개최

위 3가지 방안에 대해 정 팀장 생각은 어떤가요?

정 팀장 빨리 공석을 채우는 것이 최우선이라고 봅니다. 그리고 우선 업무분장은 과장님께서 지침을 주시면 1팀장과 협의해서 처리하겠습니다. 다음 주 과 모임은 찬성입니다.

과장 그럼 일단은 그렇게 해 보고 미흡한 부분이 있으면 또 보완해 나갑시다. 나도 최선을 다해 볼게요.

위의 사례에서 과장의 행동과 태도를 보면 어떻게 부하 직원과 고충 상담을 해야 할지 어느 정도 답이 나온다.

상황

과장의 태도를 정리해 보자.

- ✔ 면담 시작 단계에서 편안한 분위기를 조성한다.
- ✔ 상대방의 불만, 고충을 상대방 입장에서 경청하고 공감한다.
- ✔ 상대방의 노고에 대해 인정하고 격려해 준다.
- ✔ 조직 차원에서 현 상황의 불가피성에 대해 설득한다.
- ✔ 공석 업무의 중요성에 대해 상대방의 공감을 유도한다.
- ✔ 상대방이 수긍할 수 있는 합리적인 대안을 제시하고 이에 대한 상대방의 의견을 청취한다.
- ✔ 상대방의 의견을 반영하여 최종적인 대안을 결정한다.

부하 직원을 상대로 한 고충 상담이나 코칭 시 무작정 상대방을 존중하라는 것은 아니다. 상관 역할을 수행하는 경우 피평가자는 상대방을 존중하고 배려하면서도 합리적인 의견과 대안을 제시하고 상대방이 이에 공감하도록 설득해야 함을 반드시 유념하여야 한다.

설득은 덧셈이 아닌 뺄셈의 과정이다.[17]

빼기는 내 것을 상대방에게 주는 행위이다. 보태기는 상대방으로부터 내 것을 확보하는 행위이다.
상대를 설득할 때는 반드시 빼기를 먼저한 후 보태기를 해야 한다.
설득은 먼저 내 것을 주고 상대방으로부터 받는 것이다.
Take & Give(×) Give & Take(○)

부하 직원 등의 코칭 시에는 상대방 행동에 대한 '가치의 재발견'이 필요하다.

부하 직원 : 저는 매사에 우유부단해서 이 일을 잘 해낼 자신이 없습니다.
상사 : 그만큼 매사에 신중하다는 것이죠. 우리가 해야 할 일은 굉장히 민감하고, 조직 전체에 미칠 영향력도 크기 때문에 당신이야말로 이 일의 최고 적임자라고 나는 생각합니다.

17 김종명, 『설득의 비밀』, p.307

(1:2 방식, 업무관계 조직 내부 이해관계 조정)

피평가자는 ○○도 산업경제본부장이다. ○○도는 현재 고속도로와 철도 인프라가 모두 갖추어진 북부 지역을 수도권과 동남부 내륙을 연결하는 농산물 물류의 허브로 개발할 계획이다. 그 일환으로 농산물 집하단지 착공을 위한 실지 조사를 금년 말까지 실시한 후 내년부터 사업에 착수할 예정이다. 이와 관련해서 대상 지역에 인접한 A市와 B郡이 집하단지 유치를 강력히 희망하고 있는데, 오늘 산업경제본부장은 A시의 산업국장, B군의 산업국장을 함께 만나 집하단지 입지 결정을 위한 회의를 하기로 하였다. 한편 도지사는 아침 업무 보고에서 산업경제본부장에게 오늘 실무협의에서 최대한 합의안을 도출하여 보고하라는 지시를 내린 바 있다.

회의 초반부

본부장	오늘 회의는 매우 중요합니다. 사실상 실무 차원의 최종 회의이니 만큼 심도 있는 논의를 통해 합의안을 만들었으면 합니다. 도지사님께서도 오늘 실무협의에서 합의안을 꼭 도출하고 결과를 보고해 달라고 지시하셨습니다. 회의의 효율적 진행을 위해 먼저 회의 진행 방식과 내용에 대해 의견을 모으는 것이 어떨지요?
A, B 국장	동의합니다. (각자 의견 제시함)
본부장	회의 진행 방식과 내용에 대해서는 두 분 국장님께서 의견의 차이가 크지 않은 것 같습니다. 두 분의 말씀에 덧붙여 저도 의견을 말씀드리면 먼저 오늘 회의가 매우 중요한 만큼 논의의 원칙을 먼저 정할 필요가 있을 듯합니다. 어떻게 생각하십니까?
A, B 국장	동의합니다.
본부장	그러면 논의 원칙을 다음과 같이 제안합니다. ① 회의 내용과 결과를 투명하게 공개한다. ② 객관적인 결정 기준에 따라 가장 합리적인 대안을 선택한다. ③ 오늘 회의에서 결정된 내용을 받아들이고, 사업 성공을 위해 최대한 협조한다. 동의하십니까?

상황

A, B 국장	동의합니다.
본부장	좋습니다. 방금 정한 원칙을 지켜 주시고, 회의 진행 순서 및 내용은 ① 양 시, 군의 입장 설명 ② 입지 선정 기준 설정 및 각 기준별 비교 검토 ③ 합의안 도출 순으로 진행하겠습니다.

회의 중반부

본부장	진행 순서에 따라 먼저 양 시군의 입장을 각각 3분 이내로 설명해 주시죠.
A, B 국장	(유치의 당위성, 유치를 위한 현재까지의 노력, 유치 시의 기대효과 등을 중심으로 각자의 입장을 설명)
본부장	양 시, 군의 입장이 워낙 팽팽하니까 선정 기준을 먼저 정합시다. 제가 생각하는 기준은 ① 입지여건(교통망 구축, 접근 편의성) ② 물류 관련 외부 기업 유치 가능성입니다. 두 분 국장님께서도 기준 관련 의견을 개진해 주세요.
A 국장	본부장님 제안 외에 ① 발전 가능성 ② 직원채용의 용이성을 포함하는 것이 좋겠습니다.
B 국장	본부장님 제안은 동의합니다. 그러나 A국장이 제안한 직원채용 가능성은 시 지역과 군 지역 간 현실적 격차 때문에 공정한 기준이라고 보기 어렵습니다. 대신 집하단지 운영이 지자체의 재정에 도움을 주므로 재정자립도를 기준에 포함했으면 합니다.(재정자립도가 낮을수록 유치에 유리한 상황)

(본부장과 A, B 국장 기준 논의 : 논의 결과 본부장이 제안한 기준과 A,B 국장이 제안한 기준 가운데 하나씩을 채택키로 결정)

본부장	그러면 유치 기준은 ① 입지여건 ② 물류기업 유치 가능성 ③ 발전 가능성 ④ 재정자립도로 결정되었습니다. 방금 결정한 기준별로 검토해 봅시다.

(본부장, A 국장, B 국장 3자 간 기준별로 A시와 B군을 비교 검토)

본부장 기준별 비교 검토 결과는 다음과 같습니다.

	A시	B군
입지여건	양호함	양호함
물류기업 유치 가능성	높음	상대적으로 낮음
발전 가능성	높음	높음
재정자립도	45%	35%

회의 후반부

본부장 유치 기준별 비교 검토 결과 우열을 가리기가 쉽지 않습니다. 양 시, 군의 입장도 여전히 팽팽하군요. 그렇지만 오늘 회의에서 충분한 논의가 있었다고 생각하고 있으며 이제 결론을 내도록 합시다. 먼저 제 생각을 말씀드리면 B군의 경우 재정자립도가 열악한데 집하단지 유치는 이를 제고할 수 있는 기회가 될 것 같고, 이 경우 도의 재정 건전화에도 기여할 수 있을 것으로 판단됩니다. 또한 도내 도시지역과 비도시 지역 간의 균형 발전도 우리 도의 중요한 정책 목표 가운데 하나라는 점에서 B군으로 결정하는 것이 바람직하다고 봅니다.

A 국장 아니! 그런 법이 어디 있습니까? 우리 A시가 B군에 비해 재정자립도를 제외한 다른 유치 여건은 좋지 않습니까? 본부장님의 의견을 수용할 수 없습니다.

B 국장 A 국장님, 그렇게 말씀을 하시면 안 되죠. 그렇다면 우리 B군이 A시에 비해 물류기업 유치 가능성을 제외하고 여건이 나쁜 것이 있나요? 저는 본부장님 의견에 동의합니다.

본부장 A 국장님의 입장도 이해가 됩니다. 그러면 제가 절충안을 제시하겠습니다. 앞으로 A시와 B군 두 지역 중에 설치할 예정인 축산분뇨 처리시설(혐오시설로서 양 시, 군 모두 유치에 반대하고 있음)은 B군에 설치하는 조건으로 집하단지를 B군에 양보하는 것으로 하시면 어떻겠습니까?

상황

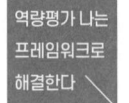

A 국장	고려해 볼 수 있는 제안입니다만, 그것만으로는 우리 시의 주민들이 납득하기 어려울 것 같습니다. 저도 절충안을 제시하겠습니다. 향후 집하시설에서 근무할 직원의 30%를 우리 시의 시민들이 채용될 수 있도록 할당해 주시는 것은 어떻습니까?
본부장	A 국장께서 매우 의미 있는 제안을 해 주신 것 같습니다. B 국장님, 이 정도의 제안은 수용하실 수 있지 않겠습니까?
B 국장	……원칙적으로는 수용이 가능하지만, 의무채용 비율을 얼마로 할지는 좀 더 면밀한 검토가 필요할 듯합니다.
본부장	좋습니다. 의무채용 비율은 양 시, 군이 추가 협의해 결정하는 것으로 합시다. 그럼 오늘 회의 결과를 정리하겠습니다.(유치 결과, 절충안, 의무채용 비율 추가 논의 등) 더 이상 하실 말씀 없으시면 회의를 마치겠습니다. 수고하셨습니다.

이런 상황이면 사실 첫 대면부터 3자 모두 편할 수 없고 특히 A시와 B군의 입장이 매우 강경한 상태이므로 산업경제 본부장의 부담이 클 수밖에 없을 것이다. 위의 사례는 매우 점잖게 결론을 도출하였지만, 실제 행정현장은 물론이고 역량평가에서도 매우 치열하게 논쟁이 벌어질 가능성이 크다. 따라서 회의를 주재하고 이해관계를 조정해야 할 위치에 있는 사람은 공정한 회의 운영과 합리적이고 논리적인 대안 제시에 유념해야 하는 것이다. 이 사례에서 눈여겨보아야 할 포인트는 다음과 같다.

- ✔ 회의의 효율적인 운영을 위해 먼저 회의 진행 순서를 정하고, 각 진행단계별로 핵심 논의 사항을 분명히 한다.
- ✔ 회의 참가자 의견을 경청하고 논의의 핵심이라고 할 수 있는 기준 설정, 합의안 제시 등에 대한 본인의 의견을 분명히 제시한다.
- ✔ 본인의 의견에 대해서는 반드시 다른 회의 참가자의 수용 여부 또는 의견을 그때그때 확인한다.
- ✔ 기준 또는 합의안을 제시할 때는 합리적인 근거를 제시한다.(제시한 기준 또는 대안의 객관성과 공정성 확보)
- ✔ 본인이 제시한 의견을 수용할 수 없다고 반발하는 상대방 입장을 고려하여 절충안을 제시하고 공감을 유도한다.
- ✔ 회의 진행이 어려울 정도로 당사자의 주장이 팽팽히 맞서는 상황에서는 절충안 등에 대한 본인 의견을 과감하게 제시하여 협상의 돌파구를 마련한다.

03

집단토론(GD)

1) 과제에 대한 기본 이해

(개념) 복수의 참가자들에게 토론 주제를 제시하고 주어진 시간 내에 토의를 거쳐 합의에 이르거나, 어떤 결론을 도출하게 하는 평가 기법이다. 앞서 본 1:2 역할 연기는 피평가자가 이해관계 등의 조정자로서 토론에 참여하는 데 비해 집단토론은 피평가자가 이해관계 당사자로서 토론에 참여하는 것이 일반적이다.

(집단토론 유형, 주제, 과제 구성 등) 크게 보면, 집단토론 유형은 참가자들이 역할을 부여받고 토론에 임하는 경우와 역할이 없이 토론에 참여하는 것으로 나뉜다. 그리고 집단토론의 방법(유형)에 따라 토론 목적, 주제와 자료의 구성이 달라진다.

구분	역할 없는 집단토론	역할 있는 집단토론
목적	그룹별로 공동 과제를 부여한 후, 토의 과정에서 관찰되는 그룹 내 개인 역량평가에 중점	피평가자들에게 서로 다른 역할을 갖게 하고 경쟁적 토론 과정에서 각 개인의 역량을 평가하는 데 중점
주제	시사성 있는 논쟁적 이슈	주로 자원(예산, 인력 등) 배분과 관련된 주제
자료	참가자에게 동일한 자료 제시	참가자에게 공통 자료 외에 각자 소관 관련 자료도 제시
적용	신규 임용시험의 면접 등에 적용	승진자 등의 역량평가 시에 적용

(과제 수행 방식) 준비(자료 검토 40분), 평가(토론 50분)의 순서로 진행된다.[18]

(주요 역량과 행동 지표) 토론 진행의 세부 절차나 방법이 역할 연기와 차이가 있기는 하지만, 토론을 통해 어떤 결론에 도달한다는 점과 그 과정에서 필요한 역량의 본질은 사실 같다. 즉 집단토론 역시 평가하는 주요 역량은 조정/통합, 의사소통, 고객만족 등이며 경청과 공감, 설득, 합리적 대안 제시 역량을 주로 체크하게 된다. 행동 지표는 전술한 '역할 수행(1:2 RP)'을 참고하면 된다.

18 과제 수행시간은 시행주체에 따라, 피평가자에 따라 유동적이다.

2) 집단토론(GD), 어떻게 대응할까?

★ GD는 피평가자 상호 간에 이루어지는 행동과 태도를 보고 역량을 평가한다. 피평가자들은 논리적이고 치밀하게 자신의 입장을 피력하거나 상대방의 주장을 반박하는 한편, 토론 상대방에 대한 배려와 경청, 공감, 존중 등이 필요하다. 아울러 설득과 협상을 통해 합의안을 이끌어 내고자 노력하는 모습을 보여야 한다.

자료 검토

- 집단토론 과제의 자료는 상황(배경)에 대한 설명, 토론의 목적 및 지시 사항, 각 토론 참여자의 역할 및 역할 수행에 필요한 참고 정보 등으로 구성된다.
- 피평가자는 먼저 본인의 역할이 무엇인지와 토론을 통해 도출하여야 할 결론이 무엇인지를 정확히 파악한다. 아울러 토론 상대방의 입장과 주장의 근거가 될 만한 것이 무엇인지도 파악한다.
- 자료 검토가 어느 정도 된 상태에서는 토론 전략을 구상해 둔다.
  - 먼저, 토론의 목표를 분명히 한다. 100% 본인에게 유리하게 도출되는 결론은 없으며, 본인도 일부 양보한 절충안이 현실적이다.
  - 중요 시나리오를 생각해 둔다. 예컨대 토론 초기에 각자의 입장을 개진하고 난 후에는 어떤 사안부터 논의할지, 종료시간을 얼마 남기지 않은 상황에서 논의가 평행선을 달릴 때 어떻게 대응할지 등이다.

Tip

답안을 작성하지 않지만, 중요 내용은 별도 용지에 메모해 두거나, 찾기 쉽게 표시해 둔다.

토론

- 토론은 결국 협상과 설득을 통해 참가자 상호 간 입장의 차이를 좁혀 최종적으로 합의에 이르거나 결론을 도출하는 과정이다.
- 토론의 진행은 크게 각 토론 참가자가 본인의 입장을 밝히는 도입 단계
  → 토론 참여자의 주장과 반박 등이 이어지는 중간 단계 → 최종 결론 또는 합의에 이르는 마무리 단계로 이루어진다.

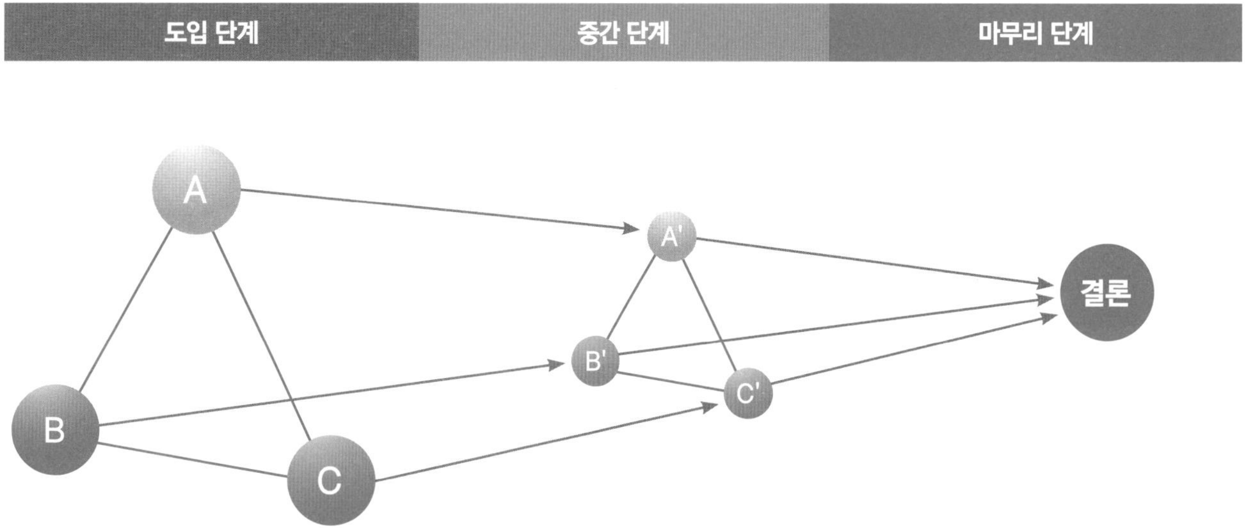

토론

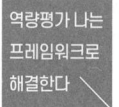

- 토론 참가자 어느 누구도 본인의 이익을 100% 양보할 사람은 없다. 참가자 서로가 자기 몫을 어느 정도 양보해야 한다. 토론 과정에서 교착상황을 타개할 절충안이 그래서 중요하다.

- 절충안은 반드시 합리적이고 타당한 기준에 따라 제시되어야 한다. 이러한 기준은 토론 주제나 성격에 따라 탄력적이다. 일반적으로 많이 제시되는 기준을 정량적 기준과 정성적 기준으로 구분하면 아래와 같다.

  <u>정량적 기준</u>
  - 업무 실적, 직원 수, 민원인 수, 업무량(직원 1인당 근무시간이나 고객 상담건수 등), 예산 규모, 사건 빈도 등

  <u>정성적 기준</u>
  - 시급성 : 대안으로서 우선순위가 높은가 낮은가?
  - 중요성 : 조직 및 조직원 기타 이해관계자 등에게 미치는 영향력이 큰가 작은가?
  - 효과성 : 대안 실행 시 기대효과가 큰가 작은가?
  - 참신성 : 대안이 창조적이고 혁신적인가?
  - 실행 가능성 : 대안이 실제로 잘 집행될 수 있는가?
  - 수용 가능성 : 입장이 다른 상대방도 대안을 수용할 수 있는가?
  - 발전 가능성 : 선택한 대안 실행 시 미래의 편익, 가치가 더욱 증대될 수 있는가?
  - 이외에 성과 달성에 대한 기여도 등도 기준이 될 수 있음

- 한편 자원 배분 이슈의 경우 토론 참가자 모두에게 대등하게 최소한의 이익이나 최소한의 부담을 인정하고 나머지 이익이나 부담을 배분하는 방법도 고려해 봄 직하다.
(참가자 동의 시 논의를 거쳐 최소이익과 최소부담의 규모를 결정한다.)

3) 집단토론(GD) 실전상황, 이렇게 진행된다!

상황 일자리 사정이 악화되면서 2019년 4월 15일부터 △△공단은 ○○업무를 새롭게 수행해야 합니다. 워낙 갑작스럽게 시행되는 사업이어서 사업 수행에 필요한 조직이나 인력은 아직 정비되지 않은 상태입니다. 동 사업 수행에 가장 관련이 있는 부서는 3개 부(A부, B부, C부)인데, 3개 부 모두 새로운 업무가 추가되는 데 대해 강력히 반대하고 있습니다. 이에 따라 경영지원본부장은 이들 3부장 회의를 소집하여 회의를 통해 업무를 분장하고자 합니다.

회의 초반부

본부장	잘 아시는 것처럼 최근 일자리 사정이 급격히 나빠지고 있습니다. 정부의 일자리 대책에 따라 우리 공단은 긴급히 ○○사업을 수행할 수밖에 없습니다. 지금도 격무에 힘들어 하고 있는 부장 여러분들의 입장을 이해하지만, 새로운 업무에 대한 분장을 더 이상 미룰 수가 없습니다. 지금부터 50분간 토론을 통해 업무분장 문제에 대한 결론을 도출하기 바랍니다. 만약 오늘 회의에서 결론이 나오지 않으면 내가 임의로 업무를 분장해서 이사장께 보고하고 확정할 것입니다.
B 부장	오늘 회의가 매우 중요한 것 같습니다. 합리적인 결론이 도출되도록 같이 노력했으면 좋겠습니다. 본격적인 회의에 앞서 논의할 순서와 내용을 먼저 정하는 것이 어떻습니까?
A, C 부장	동의합니다.
A 부장	먼저 각자의 입장을 3분 이내에 설명하는 것이 좋겠습니다.
C 부장	그렇습니다. 각자 입장 설명 후 새로운 업무가 구체적으로 어떤 것인지를 정의하고 분담 기준 및 방안을 마련하고 최종 분담 방안을 결론짓는 것으로 하시죠.

B 부장 좋습니다. A 부장님 이견 있으신지요?

A 부장 큰 틀에서 순서는 동의합니다. 업무분장이 최종 결정되면 해당부서는 상당한 업무 부담을 추가로 안게 됩니다. 따라서 인력이나 조직 기타 인센티브 부여 방안도 같이 논의되었으면 좋겠습니다.

B, C 부장 좋은 제안입니다. 동의합니다.

회의 중반부

A 부장 그러면 토론 진행 순서와 내용은 협의된 대로 하고 각자의 입장을 발표합시다.

(A, B, C 부장 각자 입장 발표)
(각 부서의 현재 진행 중인 주요 업무, 최근 핵심 프로젝트, 직원 현황, 신규 업무 수행이 곤란한 이유 등 설명)

B 부장 이제 신규 업무를 분석해 봅시다.

(A, B, C 부장 협의 결과 신규 업무는 a, b, c, d, e, a'로 정리됨)

A 부장 이제 신규 업무 분담 기준을 정해야 할 차례인데 저는 신규 업무와 현행 사업의 관련성이 중요한 기준이라고 생각합니다.

C 부장 맞습니다. 동의합니다. 그런데 신규 업무 중에도 3개 부서 어디와도 직접적인 관련이 없는 경우 해당 사업을 수행할 수 있는 행정력을 중요한 기준으로 삼아야 한다고 생각합니다.

A 부장 그러시면 B, C 부장님께서 말씀하신 ① 업무 관련성 ② 사업을 수행할 수 있는 행정력을 기준으로 하면 어떻겠습니까?

B, C 부장 A 부장 제안에 동의합니다.

(이후 A, B, C 부장은 앞에서 결정한 기준별로 신규 업무 할당 방안을 논의)

B 부장 새로운 업무 중 a, a', b, c 업무는 각 부서와의 관련성이 분명하므로
각각 A부와 B부, C부에서 담당하는 것으로 하고, d, e 업무를 중점적으로 보면 되겠군요.
저의 생각으로는 d 업무는 B부에서 e 업무는 C부에서 담당하면 어떨까 합니다.

A 부장 그러면 A부의 부담이 너무 큽니다.

B 부장 성격상 신규 업무 중 a와 a' 업무는 A부와 가장 관련이 있기 때문에 불가피하다고 봅니다.

C 부장 A부의 부담이 가장 큰 것은 사실이고, C부도 부담스럽기는 마찬가지입니다.
그렇지만 객관적인 기준에 따른 것이므로 부담을 감수해야 하지 않겠습니까?

A 부장 …… 좋습니다. 그렇게 하시죠.

B 부장 그러면, 논의 결과는 아래와 같이 정리하면 되겠군요.

신규 업무	a	b	c	d	e	a'
추가 필요인력	8명	5명	7명	3명	2명	3명

〈논의 결과〉

- A부 : a + a' (추가 필요인력 총수 11명)
- B부 : b + d (추가 필요인력 총수 8명)
- C부 : c + e (추가 필요인력 총수 9명)

회의 후반부

C 부장	서두에서 논의했듯이 상대적으로 인력의 여유가 있는 B부에서 A부와 C부에 필요한 업무지원을 해 주셨으면 좋겠습니다.
A 부장	그렇습니다. B부 직원 1명을 A부로 근무지원을 해 준다면 인력사정의 형평성을 그런 대로 맞출 수 있을 것 같습니다. B 부장님 생각은 어떠신지요?
B 부장	좋습니다. B부 직원 1명을 A부에 지원토록 하겠습니다. 그렇지만 C부까지 지원하는 것은 곤란합니다.
A 부장	사실 B부에서 2명 이상 지원받기는 무리인 것 같기는 합니다. C 부장님 괜찮을까요?
C 부장	어쩔 수가 없는 상황이군요. 그렇게 합시다.

사례에서 보듯이 집단토론의 경우 '핵심 쟁점 정리 → 기준 결정 → 해결안 도출 → 결론'의 순으로 진행되는 것이 일반적이다.

집단토론은 혼자 하는 과제가 아니다. 그런데 토론 참여자 중에는 지나치게 자기주장이 강한 사람이 있을 수 있고, 특정 사안에 매몰되어 자연스러운 토론 흐름을 깨는 경우도 생긴다. 이때는 효율적인 토론 진행이 최선의 결과를 도출한다는 점을 강조하면서, 그때그때 다른 토론자의 발언을 유도한다든가 아니면 토론 내용에 변화를 주면 합리적인 토론 주도자로서 좋은 평가를 받을 수 있다는 점을 기억해 두자.

또한 토론 참여자는 피평가자로서 최대한 자신에게 유리한 결과를 이끌어 내는 것이 토론의 목표이기는 하지만, 억지로 해서 될 일은 아니다. 토론을 통해 도출한 결론이 합리적이라면 논의 과정에서 어느 정도의 양보는 불가피하다. 경우에 따라서는 양보가 필요한 때도 있는 것이다. 프로는 뺄셈, 초보는 덧셈을 우선한다!

Tip

토론에 임하는 바람직한 자세(토론 진행의 기술)

- 논리와 근거가 약하면 스텝이 꼬인다. 발언은 논리적이어야 하고, 근거도 분명해야 한다.

- 경청과 집중은 아무리 강조해도 지나치지 않다. 상대방이 발언할 때는 최대한 경청하고 중요 내용에 대해서는 메모를 하거나, 공감의 표시도 때로 필요하다. 상대방의 발언을 중간에 끊는 행동은 가급적 삼가야 하며, 불가피한 경우 양해를 구하되 간결하게 발언한다.

  (예시) "발언 중에 죄송합니다만, 저의 의견을 간단하게 말씀드려도 될까요?"

- 유연한 토론 진행자로서의 역할도 때로 필요하다. 토론의 흐름이 끊기거나, 교착상태에 처한 경우 이를 반전시키기 위해 노력하는 행동을 보인다.

  (예시) "앞서 ○○님께서 ~~와 관련하여 좋은 제안을 해 주셨는데, 다른 분들의 의견도 듣고 싶군요."

- 토론 시간의 효율적 관리도 중요하다. 특정 사안에 대한 논의가 길어질 경우 주의를 환기시킨다.

  (예시) "지금까지 논의했던 ○○건은 시간 관계상 매듭을 지어야 할 것 같습니다.
  효율적인 논의를 위해 ~~건을 토의하는 것이 어떻겠습니까?"

- 시간에 쫓겨 무리하게 결론을 내려 하거나, 다른 사람(또는 다른 회의)에 떠넘기는 것은 감점 요인이다.

집단토론 주제로 다루어질 수 있는 몇 가지 유형별 사례들(역할이 있는 토론)

예시 #1 (자원 배분형)

• **가상 상황**

○○공사 N 지사는 2018년도 사업성과 종합평가에서 전국 47개 지사 가운데 1위를 달성하였다. 이에 따라 본사는 N 지사에 2억 원의 포상금을 지급할 계획이며, 동 포상금은 N 지사가 자체적으로 지사 내 각 부서에 적정 배분하라는 지침이 있었다. 현재 N 지사에는 운영관리부, 고객사업부, 기술지원부 등 3개 부서가 있으며, 지사장은 이들 3개 부서장들과 회의를 거쳐 포상금 배정 방안을 결정하고자 한다.

• **지시 사항**

참가자들은 각각 운영관리부 A 부장, 고객사업부 B 부장, 기술지원부 C 부장이다. 참가자들은 지사장이 주재하는 회의에서 포상금이 소속 부서에 최대한 많이 배정될 수 있도록 각 부서 입장을 적극 설명하여야 한다. 만약 토론을 통해 합리적인 배분 방안이 나오지 않을 경우 지사장이 적의 판단하여 배분할 계획이다.

• **제시 자료**

① 2018년 사업성과 종합평가 결과
② N 지사 부서별 현황 : 직제, 사업 및 예산
③ 성과포상금 지급 기준(고객만족도, 직원 1인당 서비스 건수, 소모성 예산 절감액, 직원 제안 채택 건수 등)
④ 직원 의견 발췌(게시판)
⑤ 타 지사 사례 등

집단토론 주제로 다루어질 수 있는 몇 가지 유형별 사례들(역할이 있는 토론)

예시 #2 (생존형)

• **가상 상황**

㈜ K 산업기계는 기계 장비용 엔진과 공구 등을 생산하여 국내·외에 판매하는 중견기업이다. 최근 해외 수주 감소와 국내 경기침체로 영업부진이 지속되고 있으며, 적자폭도 매년 확대되고 있다. 이에 따라 사업 슬림화를 통해 재기의 발판을 마련하고자 경영전략본부장(부사장) 주재 회의를 개최하여 일부 품목의 생산 중단을 결정키로 하였다. 회의 참석 대상은 내연엔진사업부, 전기엔진사업부, 공구사업부이다.

• **지시 사항**

3개 사업 부문 가운데 1개 사업 부문은 폐지 방침이 회사 차원에서 결정되었기 때문에 이를 되돌릴 수는 없다. 다만, 폐지되는 사업 부문의 직원 중 일부는 타 사업 부문으로 전환배치가 가능하다. 경영전략본부장 주재 회의 참가자들은 상기 3개 부서 부장으로서, 이러한 점을 염두에 두고 제시된 자료에 근거하여 본인 소속 사업부서의 희생이 최소화될 수 있도록 토론에 임하여야 한다.

• **제시 자료**

① ㈜ K 산업기계 회사 개요
② 사업부 현황 : 직제, 연혁, 주요 생산품목, 매출액과 영업이익 등
③ H 경제연구소 “기계/장비 산업 업황 전망” 연구보고서(요약)
④ ㈜ K 산업기계 노동조합 성명서 “회사의 일방적 구조조정 중단하라”
⑤ 회사 구조조정 관련 법규
⑥ 회사 구조조정 관련 타 사례 등

집단토론 주제로 다루어질 수 있는 몇 가지 유형별 사례들(역할이 있는 토론)

예시 #3 (우선순위 결정형)

• 가상 상황

최근 미세먼지가 심각한 사회적, 환경적 문제로 대두되면서 S시는 대책 마련에 부심하고 있다. 최근 이와 관련하여 전문가 세미나, 민·학·관 합동토론회 등을 개최하였고, 이를 통해 미세먼지 대책은 7개(A~G) 분야로 의견이 모아진 상황이다. 그러나 상기 대책의 우선순위에 대해서는 관련 부서 간 입장이 팽팽히 맞서고 있다. S시는 경제부시장이 주재하는 현안 점검회의를 통해 대책을 확정하고 우선순위에 따라 추경예산 확보 및 관련 법령도 정비할 계획이다.

• 지시 사항

귀하는 S시의 기후환경국장(또는 복지건강국장/건설교통국장)으로서 현안 점검회의에 참석하여 '미세먼지 관리 종합대책(안)' 과 관련한 본인 소관 대책의 우선순위를 강조하고 이를 관철하여야 한다.

〈각 국장이 주장하는 정책 우선순위 분야〉 기후환경국장 : A, C, E
복지건강국장 : B, G
건설교통국장 : D, F

• 제시 자료

① 미세먼지 관리 종합대책(안) 요약
② 각 대책의 소관 분야별 세부 추진 내용
③ 미세먼지 관리 대책의 우선순위에 대한 전문가 의견
④ 미세 먼지 관련 시민 의견 설문조사
⑤ 타 국가, 지자체 사례 등

04

발표(PT)

1) 과제에 대한 기본 이해

(개념) 피평가자가 제시된 정책 이슈 등의 자료를 분석하여 정책환경, 실태와 문제점, 해결 방안 등에 대한 보고서를 작성하고 이를 평가자(보통 상사, 고객 등의 역할 수행) 등에게 발표하는 과제이다. 보고서 발표와 함께 동 보고서를 중심으로 피평가자와 평가자 간에 질의응답이 이루어진다.

(자료 구성) 배경 상황, 지시 사항(피평가자와 평가자의 지위와 역할, 보고 시간 등), 보고서 작성 및 발표에 필요한 정보(조직 현황, 정책 개요, 정책 관련 여론, 전문가 의견, 국내외 사례 등)로 구성된다.

(주제) 정책 이슈가 많다. 좀 더 구체적으로는 조직이 처한 환경 변화에 따라 정책적 한계가 나타나고, 이를 어떻게 해결할 것인지를 다루는 주제가 많은 편이다. 민간 부문의 경우 매출/영업 전략 관련 주제를 많이 다룬다.

(평가 진행) 자료 검토 → 발표 → 질의응답 순으로 진행된다. 다만, 세부적으로는 간단한 자료에 기초한 구두발표(OP)인지, 좀 더 복잡하고 난이도가 높은 분석과 발표(AP)인지에 따라 진행 방식이 달라진다.

- OP의 경우 자료 검토, 발표 및 질의응답이 40분 내외에서로 이루어지는 데 비해 AP는 훨씬 더 장시간이 소요된다.(최소 1시간~2시간 내외) 현행 역량평가는 주로 OP 방식을 채택하고 있으므로 이를 중심으로 서술한다.

(평가 역량) 문제 해결, 전략적 사고, 변화관리, 성과관리 등 사고 영역과 업무 영역의 역량을 주로 평가한다.

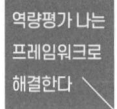

2) 발표(PT), 어떻게 대응할까?

★ 자료를 체계적으로 분석·정리하고, 이를 논리적이고 설득력 있게 전달하는 역량을 주로 본다는 점에서 피평가자 본인의 역량을 가장 주도적으로 보여 줄 수 있는 평가과제이다.

자료 검토 및 발표 자료 작성

- PT에서 다루는 정책 이슈의 경우 현행 정책의 한계와 문제점을 파악하고 새로운 대안을 제시하는 것이 포인트이다.

- 이러한 전체적 흐름을 염두에 두고 자료에서 필요한 정보들을 취할 수 있어야 한다.
  특히 전문가 의견, 신문기사, 설문조사 결과 등을 유추하면 해결 방안(대안)으로 제시할 수 있도록 내용이 구성된다.

- 발표 자료는 약식 보고서라 생각하고, 키워드 중심으로 개조식으로 작성한다.
  보고서 구성, 내용은 앞서 언급한 역할 수행(1:1) 과제와 대동소이하다.
  (발표가 임팩트를 갖기 위해서는 다소 일반적인 보고서 체계를 피하고 조금 변화를 주는 것이 바람직하다.)

- 발표할 내용은 용지에 적는 것보다 과세 수행실에 있는 화이트보드 등을 이용해 생동감을 주는 게 좋다.
  (민간 기업 일부에서는 파워포인트 등을 이용하여 프리레젠테이션 하는 경우도 있다.)

발표와 질의응답

- 발표는 5분 내외의 시간 동안 자신의 역량을 유감없이 발휘한다는 생각으로 평가자가 강렬한 인상을 받을 수 있도록 자신감을 갖고, 자연스럽게 한다.

- 핵심적인 내용을 특히 강조하고 자료에 제시된 수치와 사례, 전문가 의견 등을 적절히 활용함으로써 임팩트 있는 발표라는 인상을 주어야 한다.

- 평가자는 발표자의 약점(논거 제시 미흡, 정보 오류 등)을 집중적으로 파고든다.
  이러한 압박에 위축되지 말고 침착하게 대응해야 한다. 본인의 분명한 약점에 대해서는 솔직히 시인하고, 지적사항은 즉시 시정하겠다든지, 추후 좀 더 면밀히 검토하겠다는 식으로 답변한다.

- 답변은 간결명료해야 한다. 결론을 먼저 이야기하고, 그러한 결론에 이르게 된 근거나 이유를 설명한다.

Tip

여러 가지 문제점과 원인 중 가장 핵심적인 문제점과 원인 또는 다양한 개선 방안 가운데 가장 우선적으로 고려할 것 등은 보고서에 적시되지 않더라도 반드시 염두에 두고 있어야 한다. 질의응답 과정에서 평가자가 이를 묻는 경우가 많다.

문제점, 개선 방안 등은 여러 가지일 경우가 많다. 이때 단순 나열하는 방식은 지양하고 항목별로 분류(sorting)해서 적시하면 답안 작성이 입체적이고 설득력을 갖는다. 이럴 때 필요한 것이 프레임워크이다. PT에서는 특히 중요하다!

3) 발표(PT) 실전상황, 이렇게 진행된다!

평가 시작 단계

평가는 대체로 다음과 같은 상황으로 시작된다.

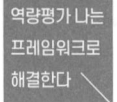

피평가자 : 안녕하십니까. OO 과장입니다.

평가자 : 과제 수행하시느라 고생많았습니다. 보고를 시작해 주십시오.

**피평가자 : 지금부터 ~~님께 △△ 추진 방안(또는 △△ 문제점과 해결 방안 등)에 대해 보고(브리핑) 드리겠습니다.
보고 드릴 순서는 배경 → 현황과 문제점 → 추진 방안 → 세부 추진계획 순입니다.**

★ 과제 수행실에 비치된 화이트보드에 보고할 주요 내용을 개조식으로 적시해 두고 보고하는 것이 일반적임

★ 보고 시간은 공무원 역량평가의 경우 5분 내외, 나머지 질의응답 15분~20분, 민간 기업은 별도로 정하는 바에 따름

평가자가 자주 하는 질문

1) 보고하신 추진 방안(과제)들 가운데 가장 시급히 조치해야 할 사항은 무엇입니까?

그렇게 까다로운 질문(요구)은 아니다. 중요도, 시급성 등의 근거를 제시하면서 우선 추진 방안(과제)를 설명한다. 보고자료를 화이트보드에 정리하면서 미리 생각해 두는 것이 좋다. 이럴 때 꼭 필요한 것이 '선택과 집중'의 논리이다. 제한된 시간 내에 가장 효과적으로 상대에게 정보를 전달하기 위해서는 '선택과 집중'을 할 수밖에 없다.

Tip

선택과 집중, 어떻게 할 것인가?

의사결정은 가용자원(예산, 시간, 인력) 범위 내에서 목표 달성을 위한 최적의 답을 찾는 과정이라 할 수 있다. 고려할 요소가 시급성과 중요성인 경우 및 사업의 효과성과 조직비전 정합성인 경우를 나누어 살펴보자.

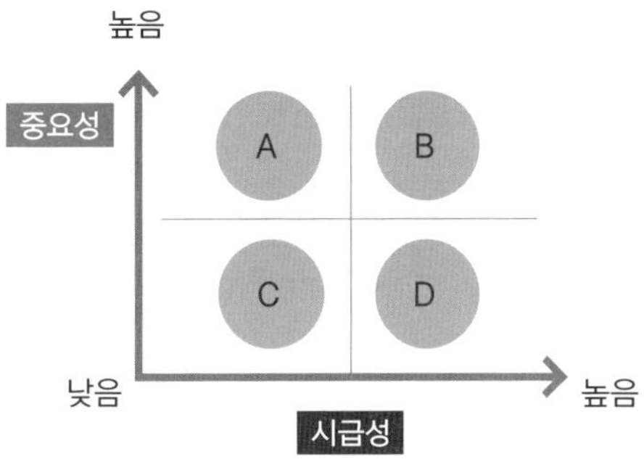

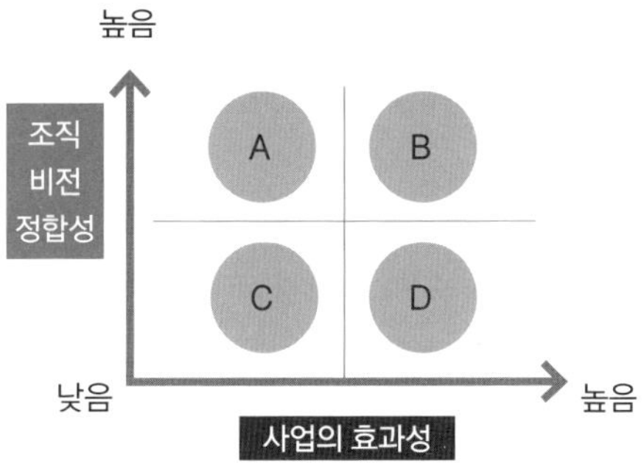

먼저, 우선적으로 해야 할 일은 시급성과 중요성이 모두 높은 B이다.

그 반대인 C의 경우는 큰 의미가 없는 일이라고 보아도 된다. 그리고 A와 D는 시급성과 중요성 중 어느 것에 더 큰 가치를 부여하는지에 따라 우선순위가 결정될 수 있다.

한편, '조직비전과의 정합성'과 '사업의 효과성'을 고려요소로 하는 경우를 보자. 마찬가지로 B 영역에 역량을 집중하고 C 영역의 사업은 폐지 또는 철수를 고려해야 한다. 그리고 A 영역의 사업은 효과성 제고를 위한 혁신이 요구되며, D 영역의 사업은 조직비전과의 정합성을 높여 핵심사업 영역으로 편입시켜야 한다.

선택과 집중을 한다는 것은 사안의 우선순위를 이해하고 있음을 보여주는 것이기도 하면서, 전체적인 내용을 구조화해서 분석함을 보여 준다는 점에서 역량평가에서는 매우 중요한 개념임을 꼭 기억해 두기 바란다.

란체스터 법칙에서 배우는 '선택과 집중'[19]

2차 세계대전 당시 영국의 항공기 엔지니어 프레드릭 란체스터가 연합국과 독일군 간의 공중전을 분석하였다. 연합국 전투기 7대와 독일군 전투기 5대가 공중전을 벌였는데, 독일군 전투기 5대가 모두 격추될 때까지 살아남은 연합군 전투기는 2대가 아니라 4대였다.

이를 통해 수적으로 우위에 있는 편이 수적 격차의 제곱만큼 유리하다는 사실을 밝혀내고 다음과 같은 법칙을 제안하였다.

- **제1법칙(1:1의 법칙)** ; 전투력 = 무기성능 × 병력수
- **제2법칙(집중효과의 법칙)** ; 전투력 = 무기성능 × 병력수의 제곱

이를 쉽게 풀면, 제1법칙은 무기성능과 병력수가 우위인 편의 전투력이 높음을 보여 준다. 제2법칙은 무기성능은 양측이 같다는 전제하에 병력수가 2배이면 전투력은 4배가 된다는 것이다.

란체스터 법칙은 선택과 집중의 중요성을 보여 주는 것으로 여러 분야에서 응용되고 있다. 예를 들어 경쟁상대에게 우위를 점하기 위해서는 약자의 경우 1:1 대결, 접근전(게릴라전), 국지전 등이 유리하고 강자의 경우 물량공세 즉 총력전, 광역전, 원격전 등의 전략을 채택하게 된다.

19 노구치 데츠노리, 허강 역, 『숫자의 법칙』, 어바웃어북, 2015

2) 제시하신 추진 방안(과제)들이 다소 추상적이지 않습니까?

이런 질문을 받는 피평가자는 순간 멍해진다. 그런데 피평가자의 답안 중에 의외로 이러한 경우가 적지 않다. 각각의 추진 방안에는 반드시 특징과 구체성이 잘 드러나는 키워드가 있어야 한다. 사실 그러한 키워드가 있으면 부연 설명 없이도 추진 방안의 대체적인 내용이 상대방에게 임팩트 있게 전달된다.

예를 들어 '제품가격 조정'이라는 표현보다 '제품가격 인하'가 더욱 분명하게 메시지를 전달한다. '가격 조정'이란 가격을 올릴 수도, 내릴 수도 있다는 의미이기 때문이다. 그리고 여기서 더 나아가 '생산원가 절감으로 제품가격 인하'는 어떨까? 가격 인하의 근거를 함축적으로 제시하고 있으므로 부연 설명이 없어도 어떻게 하겠다는 것인지를 바로 이해할 수 있다.

3) 원인들이 여러 개로 나열되어 있군요. 이를 핵심 원인과 부수적 원인 등으로 구분해서 설명해 주실 수 있겠습니까?

그렇다! 이럴 때 앞서 언급한 구조화의 중요성을 실감할 수 있게 된다. 필자의 생각으로는 원인이든 대책이든 4개가 넘어가면 이를 구조화해서 재분류하는 것이 바람직하다고 본다. 평가자의 요구처럼 원인을 핵심적인 것과 부수적인 것으로 구분하는 것은 원인 분석에 근거한 대안 마련과도 관련이 있다. 핵심 원인에 따라 제시되는 대안의 비중이 더 크기 때문이다. 같은 맥락에서 직접적 원인과 간접적 원인, 제도적 원인과 행태적 원인 등으로 구분하는 것이 때로는 매우 유용하다는 점을 꼭 기억해 두자.

4) 이 사안에 있어서 이해관계자는 누구입니까? 또는 말씀하신 이해관계자 외에 또 다른 사람은 없습니까?

역량평가 시에 조정통합 역량, 의사소통 역량, 고객만족 역량 등을 체크하는 과제가 많다. 이런 역량들은 대부분 이해관계자 이슈와 관련된 것이 많고 따라서 평가자의 질문도 빈번하게 이루어진다. 많은 훈련과 준비가 필요하다.

평가자가 자주 하는 질문

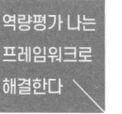

과제 수행과 관련한 이해관계자의 정보는 대체로 자료를 통해 알 수 있다. 이를 정확하게 파악하고 있다면 평가에 임하는 것이 그렇게 어렵지 않다. 그러나 여기서 한 차원 더 넓게 생각하면 자료에서 제시되지 않은 이해관계자가 나올 수도 있다.

예를 들어 보자. 산업단지 조성이 마무리되는 시점에서 신석기 시대 유물, 유적이 다량 발견되어 단지 조성 공사가 중단되고 문화재청의 발굴조사가 진행 중이라고 하자. 이 경우 이해관계자는 누구일까? 우선 일차적으로 단지조성 공사를 발주한 기관, 시공사(협력사 포함), 건설 현장 근로자들 등을 이해관계자로 꼽을 수 있겠다. 그런데 이 문제를 조금 더 생각해 보면 입주가 예정되어 있는 기업들, 그리고 그 기업이 단지에 입주하게 되면 집을 이사해야 할 소속 근로자들, 새로운 문화재 발견에 큰 흥분과 기대를 갖고 있는 지역 향토 사학계 인사(단체)들도 이해관계자의 범주에 당연히 포함되어야 하는 것이다. 이처럼 숨어있는 이해관계자를 찾는 것이 바로 주어진 정보를 창조적으로 이해하고 활용하는 역량이며 평가자들은 이런 부분에 포인트를 높게 준다.

이해관계자를 파악할 때에도 구조적 사고가 필요하다.
즉 1차적 이해관계자와 2차적 이해관계자로 나누는 것이다.[20]

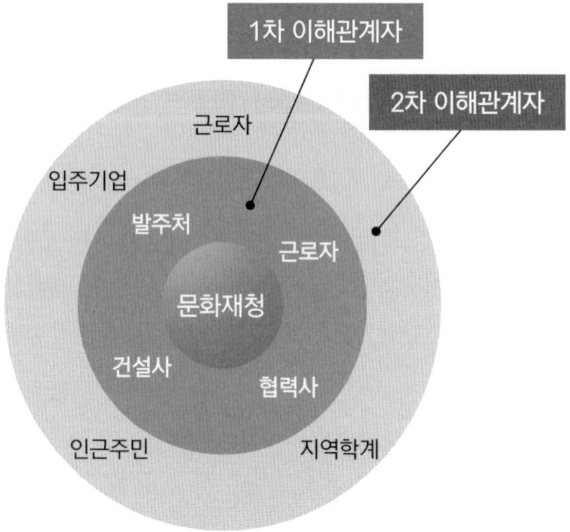

위의 사례에서 문화재 발굴에 따른 공사중단의 1차적 이해관계자는 건설공사업체(협력업체 포함), 발주처, 건설업체 소속 근로자 등이며, 2차적 이해관계자는 공사로 인해 불편을 보게 될 지역주민 또는 공사 완료로 기대되는 이익을 보게 될 주민, 산업단지 완공에 맞추어 경영계획을 수립한 입주기업과 기업 입주 시 인근으로 이사계획을 세운 소속 근로자, 새로운 문화재 발굴에 기대감이 큰 지역의 향토 사학계 등이 이에 해당한다.

20 에드워드 프리먼 외, 김상영 역, 『이해관계자를 위한 경영』, 재승출판, 2009

5) 말씀하신 것 외에 추가적인 문제점이나 대안은 없습니까?

이 질문의 의도는 2가지로 나누어 볼 수 있다. 첫째, 피평가자의 설명이 자료에서 제시한 내용을 충분히 담지 못하였기 때문에 질문하는 경우와 둘째, 자료 내용을 유추하여 문제점이나 대안을 추가로 제시할 수 있는지를 묻는 경우이다. 전자의 경우는 피평가자의 실수를 만회할 수 있는 기회를 주는 것인데 비해, 후자는 피평가자가 과제 수행을 잘하고 있기 때문에 보다 높은 역량을 갖추고 있는지를 묻는 것이다.

전자의 경우라면 구두로 부연 설명을 하여야 하는데 즉각적인 대응이 쉽지 않다. 자료 검토의 미흡함을 인정하고, 즉시 자료를 확인하여 보다 면밀히 검토하겠다는 선에서 대응하는 것이 그나마 피해를 최소화할 수 있다. 후자의 경우는 피평가자의 자신 있는 태도가 중요하다. 사전에 이러한 질문에 대비해 둘 필요가 있다. 필자의 경험에 비추어 보면 미처 준비를 못했더라도 자료 내용을 잘 유추하고 창의성과 순발력을 발휘한다면 의외로 설득력 있고 재치 있는 답변이 가능하다.

6) 대안이 실행되었을 경우 어떤 효과를 기대할 수 있습니까? 대안이 정말 실효성 있다고 보십니까? 대안 추진 과정에서 예상되는 장애요인은 무엇이며, 이를 어떻게 극복하시겠습니까?

발표 과제의 경우 어느 정도 숙달된 사람이라면 대안 추진 시의 기대효과, 대안 추진 과정에서의 장애요인과 극복 방안 등을 포함하여 발표한다. 따라서 발표 내용 중에 이런 부분들이 없으면 평가자들은 반드시 이를 질문한다고 보고 준비해 두어야 한다.

기대효과는 대안 추진 시에 얻을 수 있는 고객의 편익 증진과 가치 제고, 이해관계자의 갈등 해소 등을 구체적으로 제시하여야 한다. 목표와 대안 그리고 기대효과 제시는 일관된 논리적 흐름을 가져야 한다. 목표와 기대효과 간의 연계가 애매하거나, 제시한 기대효과가 구체적이지 않은 경우 좋은 평가를 받기는 어렵다.

장애요인은 인사, 예산상의 문제, 조직 내·외부 관계자의 저항과 반대, 이해관계의 상충 등에 기인하는 경우가 많다. 예를 들어 어떤 대안을 제시하였을 때 이 대안으로 인해 어느 한쪽은 이익인 반면, 다른 한편은 불이익이 되는 경우 또는 현재의 문제를 해결하기 위해 조직 전반의 쇄신이 필요할 때 조직 구성원의 상당한 저항이 예상되는 경우 등이다. 이들 장애요인에 대한 고려가 없이는 대안의 실현 가능성에도 신뢰를 갖기 힘들다는 점을 유념하여야 한다.

제시한 대안이 조직의 비전, 목표와 어떤 연계성을 갖는지? 과제 수행을 위해 추가적으로 필요한 정보는 무엇인지? 등의 질문 역시 대비해 두어야 한다.(자세한 내용은 앞서 현안 업무 처리에서 언급하였으므로 생략한다.)

Tip

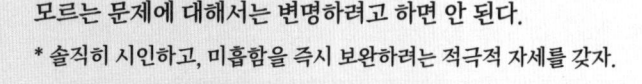

질문을 예상하고 대응하면 성공의 8부 능선은 넘은 것이다.

*** 질문은 당연히 과제 성격에 따라 달라진다. 자료 검토 및 답안 작성 시부터 예상 질문을 고민하자.**

모르는 문제에 대해서는 변명하려고 하면 안 된다.

*** 솔직히 시인하고, 미흡함을 즉시 보완하려는 적극적 자세를 갖자.**

평가과제별 실전연습문제

이하에서는 앞서 공부한 평가과제별로 실전문제를 수록한다.

제시된 문제들은 가상 상황을 전제한 것이긴 하나, 실제와 전혀 동떨어진 내용은 아니다. 현실성 있는 문제의 구성을 위해 가급적 언론기사, 공공 부문 발표 자료 등을 최대한 활용하였고, 과제를 수행함에 있어 실제 업무 수행과정과 유사하도록 자료의 내용을 구성했음을 밝힌다.

✔ 코리아세일페스타(KSF) 운영 개선 방안(IB, PT)

✔ 유치원 CCTV 설치에 대한 찬반 논란(1:2 RP)

✔ 청운시 농업기술센터 이전(GD)

✔ 대구시의 젠트리피케이션 대응 방안(PT)

실전연습문제

코리아세일페스타(KSF) 운영 개선 방안

서류함기법(IB), 구두발표(PT)

피평가자의 역할

산업부 유통물류과 최종수 과장

배경 상황

오늘은 2019년 3월 26이며, 귀하는 산업부 유통물류과 최종수 과장입니다.
귀하는 코리아세일페스타(KSF) 행사 실무를 주관하는 과장으로서 2018년 KSF 행사를 무난히 치른 바 있습니다.

지난 2016년 이후 매년 KSF 행사가 개최되고 있으며, 상당한 성과가 있음에도 불구하고 일반 국민들의 호응도가 기대에 미치지 못함은 물론, 행사의 성격, 프로그램, 운영 방식 등 전반에 걸쳐 문제점이 지적되고 있는 실정입니다.

과제 수행 지침

① 귀하는 제시된 자료에 근거하여 KSF 사업의 문제점을 분석하고 개선 방안을 강구해 발표하여야 합니다.

② 또한 귀하는 기타 해결해야 할 업무를 파악하고 오늘 중으로 이를 처리하여야 합니다.

과제 수행시간은 80분입니다.(과제검토 60분, 발표 5분, 질의응답 15분)

제시 자료 목록

1 코리아세일페스타 개요
2 관련 기사
3 경제단체 관계자 칼럼 요지
4 시민단체 관계자 칼럼 요지
5 설문조사 결과
6 관련 통계
7 관계 전문가 의견
8 이메일(취재 협조 요청)
9 미국 / 중국 / 한국 쇼핑축제 비교
10 관련 기사
11 이메일(홍보관 입지 및 홍보 개선 방안 관련)
12 홍보관 장소 선정 시 고려사항
13 홍보 관련 지적사항
14 이메일(킬러아이템 관련 회의 개최)
15 2018 KSF 킬러아이템 운영
16 킬러아이템에 대한 현장의 목소리

자료 #1 코리아세일페스타 개요

코리아세일페스타(KSF)란?[21]

한국판 블랙프라이데이로서 2015년 소비를 진작시켜 내수경제를 살리겠다는 취지로 시작한 대규모 할인과 문화행사가 열리는 쇼핑, 관광, 문화 축제이다.

KSF 연혁

코리아 블랙프라이데이

2015

코리아 블랙프라이데이

메르스 사태 후 내수진작 차원에서 개최

※ 온라인/오프라인 유통업계 중심의 내국인 대상 대규모 할인 행사

2016·2017

2016·2017 코리아세일페스타

쇼핑·관광·문화·축제 통합 행사로 확대 개최

※ '내수촉진+외국인 관광객 유치+한류확산' 시너지 효과 극대화 목적

2018

코리아세일페스타

전야제 공연으로 행사 분위기를 제고하고 10일간의 축제를 통한 소비효과 극대화

※ 온라인/오프라인 유통업계 중심의 내국인 대상 대규모 할인 행사

21 코리아세일페스타(KSF) 홈페이지 등 참조

2018년 KSF

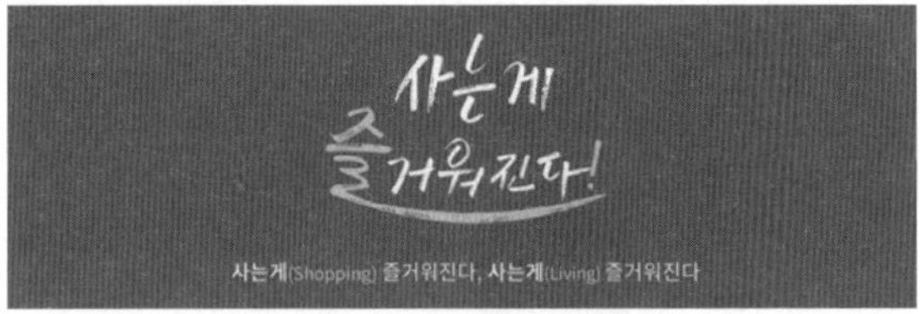

사는게
즐거워진다!
사는게(Shopping) 즐거워진다, 사는게(Living) 즐거워진다

2018 코리아세일페스타 캐치프레이즈

'사는 게 즐거워진다' 는

사다(Shopping)와

살다(Living)의 중의적 의미를 담고 있으며

'쇼핑의 즐거움이 삶의 즐거움으로 연결된다' 는

뜻을 담고 있다.

행사 개요

✔ 행사 기간 : 2018년 9월 28일(금) ~ 10월 7일(일), 10일간

✔ 참여 업체 : 제조, 유통 등 402개 업체

✔ 주요 행사 프로그램

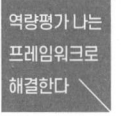

- 행사 개막식(전야제)
- 참여 업체별 대규모 할인서비스 행사
- 온라인 해외 판매전
- 전통시장 페스티벌
- 사이버 핫데이즈
- 중소기업 제품 특별 할인전
- 외국인 우대 프로그램
- 4차 산업혁명 시범사업
- 5대 상권별 이벤트 - 명동/강남/삼성역/홍대/동대문

자료 #2 관련 기사

4년째 치른 코리아세일페스타 여전히 실효성 논란 …재미 못 본 유통가

한국판 블랙프라이데이를 표방한 '코리아세일페스타'가 여전히 실효성 논란을 일으키며 지난 7일 막을 내렸다. 소비진작을 통한 내수활성화와 외국인들에게 '쇼핑한국'을 알리기 위해 4년째 시행하고 있지만 이렇다 할 성과를 거두지 못하고 있다는 지적이다.

9일 백화점업계는 코리아세일페스타가 열린 9월 28일부터 10월 7일까지 매출 신장률이 모두 한 자릿수에 그쳤다. 대형마트와 면세점도 사정은 비슷하다. 대형마트는 올해 코리아세일페스타 기간 매출이 지난해보다 오히려 두 자릿수 감소했다. 한 대형마트 관계자는 "대형 가전 등 극히 일부 제품군을 제외하고는 코리아세일페스타로 인한 매출 증대 효과는 찾아보기 힘든 상황"이라고 분위기를 전했다.

행사 관건은 역시 할인율이다. 할인폭이 10~30%에 그치다보니 지갑을 열기가 만만치 않다. 업계 관계자들은 "큰 할인율로 소비자를 유도하기 위해서는 제조업체의 참여가 중요하며 그러기 위해서는 행사 기간을 연말로 옮겨야 한다"고 한 목소리를 내고 있다. 업계 관계자는 "통상 정기세일 기간에도 5% 안팎의 매출 증가 효과가 있다"면서 "할인폭이 큰 상품 대부분이 이월상품이고 신상품의 할인이 없다보니 미국의 블랙프라이데이, 중국의 광군제 같은 효과를 기대하기 어렵다"고 전했다.

(A투데이 2018년 10월 9일)

자료 #3 전문가(경제단체 관계자) 칼럼 요지

국내 최대의 쇼핑·관광 축제인 '코리아세일페스타(KOREA Sale FESTA)' 행사를 두고 유독 이런저런 말이 많다. '쇼핑할 맛이 난다'는 긍정적인 의견이 있는가 하면 '소문난 잔치에 먹을 것 없다'는 부정적인 의견도 나오고 있다. '소문난 잔치에 먹을 게 부족하다'는 사람들은 주요 상품의 할인율이 높지 않고, 살 만한 제품도 부족하다고 볼멘소리를 한다. 국내 유통시장 구조상 미국처럼 80~90%까지 할인 대방출할 수 없는 게 사실이다. 우리나라에선 제조사가 입김이 센 유통점에 위탁판매하는 형태가 많아 할인 폭을 마음대로 조정하기가 어렵기 때문이다.(중략)

코리아세일페스타는 분명 효과를 거두고 있다. 코리아세일페스타는 내수진작 뿐만 아니라, 대중소기업과 전통시장, 중소상인까지도 참여하고 있다. 대규모 점포와 가까운 시장이 함께 온라인 홍보에 나서고 함께 사용할 수 있는 쿠폰도 발행하고, 전국의 주요 전통시장과 함께 다양한 체험 행사를 마련했다.

어떤 정책이든 첫술에 만족하기는 어렵다. 코리아세일페스타도 그동안의 문제점을 인지하고 개선책을 만들어 보완해 나가고 있다. 한 예로, 가격결정권이 있는 제조업체의 참가가 대폭 늘어가고 있다. 2016년 93개에 그쳤던 제조업 참가 기업이 지난해 115개

로 늘어난 데 이어 올해에는 164개로 2배 가까이로 늘었다.

참여 기업 수가 지난해의 34일보다 줄어든 10일간의 행사로 추진되고 있음에도 지난해(446개)와 비슷한 440여 개사가 참가하고 있다. 소비자의 이목을 사로잡을 만한 킬러 상품들도 마련했다. 건조기에서부터 올레드TV, 돌침대 등이 최대 80% 할인한 가격에 판매된다. 미국의 블랙프라이데이도 관(官) 주도로 시작됐고, 미미한 성과로 인해 많은 시행착오를 겪었다. 코리아세일페스타는 이제 막 세 걸음을 떼고 있다. 무조건적 비판보다는 따뜻한 관심과 성원으로 대한민국 최대의 쇼핑축제를 즐겨보는 게 어떨까.

(M일보 2018년 10월 5일)

자료 #4 전문가(시민단체 관계자) 칼럼 요지

블랙프라이데이의 원조국인 미국은 연말이면 매점 앞에서 밤샘을 하는 모습도 보이는데 이를 모방했다는 한국은 소비자들이 코웃음을 치고 있다. 소비자들은 한국에서 세일하는 상품들의 할인율과 품질이 매력적이지않다고 생각하고 있다.
우리 유통구조는 유통사가 제조사에 매장을 임대해 판매 수수료를 받는 구조로 수수료를 챙기는 게 더 중요하다. 말하자면 유통업자가 아니라 임대사업자들인 것이다. 이러니 자신들의 예상이 빗나가 재고가 남으면 반품해 버리면 그만이다. 재고를 털어낼 필요가 거의 없는 것이다.

그러나 미국은 유통사가 제조사로부터 물건을 직매입하기 때문에 신상품이 나오기 전에 즉 해가 지나기 전에 다 팔아야 한다. 재고 털어내기인 블랙프라이데이는 유통자본의 사활이 걸린 문제인 것이다.

이렇듯 미국과 한국은 근본적으로 토양이 다른 유통 구조이기 때문에 한국정부가 아무리 돈을 써 가며 홍보 한다고 해도 실제로 소비자가 느끼기에 할인율과 상품이 매력적이지 않으면 눈길조차 주지 않는 게 현실이다.

코세페는 오는 2020년, 5년차까지 정부 주도로 하고 매년 성과 평가를 통해 민간 주도로 할지 결정한다는 방침이다. 그러나 아직 2년이 남은 상황에서 그 보다는 구조적으로 어떻게 할지, 문제를 정확히 짚고 그에 대해 해결방법을 마련하는 게 먼저다. 그걸 바꾸지 않으면 코세페는 미국 블랙프라이데이의 무늬만 따라하는 정도에서 그칠 가능성이 크다. 단적으로 말해 한국의 유통구조를 개혁하지 않으면 백약이 무효다.(후략)

(H 경제신문 2018년 10월 10일)

자료 #5 설문조사 결과

조사 개요

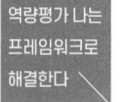

- 코리아세일페스타(KSF)에 대한 인식 및 개선 방안 조사결과 보고서(문화체육관광부 2018년 6월)
- 2018년 4월 23일 ~ 4월 27일 전국의 만 19세~69세의 성인남녀 총 1,500명 온라인 조사(Online Survey)

조사 결과

1) KSF 인지도 및 인지경로

- KSF 행사에 대해 응답자의 과반(54.8%)이 '인지'하는 것으로 나타났음
- 인지경로를 보면, '포털 사이트 광고'가 25.0%로 가장 높았고, 이어서 'TV/라디오 광고'(19.3%), 'SNS'(12.9%), '길거리 현수막/전단지'(7.8%) 등의 순으로 나타났음

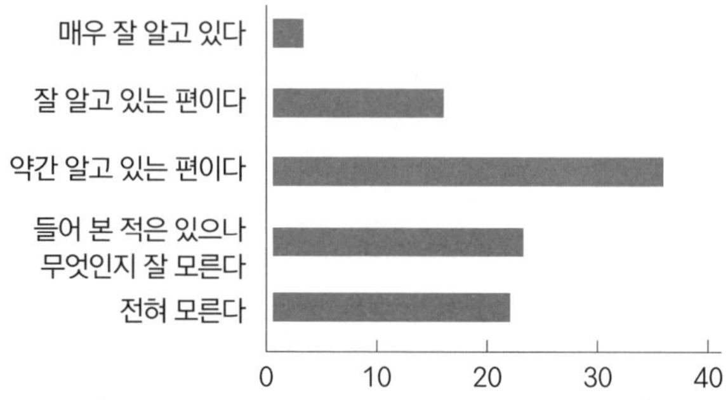

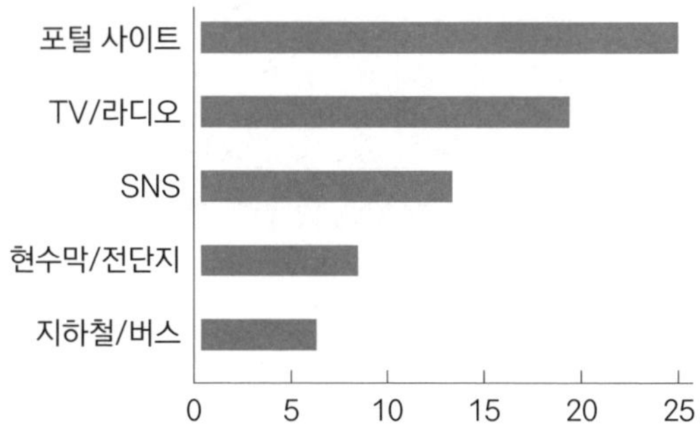

2) KSF 행사 참여 경험과 전반적 만족도

- 행사에 참여한 경험이 있다는 응답은 21.7%
- 행사 참여 유경험자의 전반적 만족도는 '만족한다'(49.5%)와 '불만족한다'(50.5%)가 각각 절반가량으로 비슷

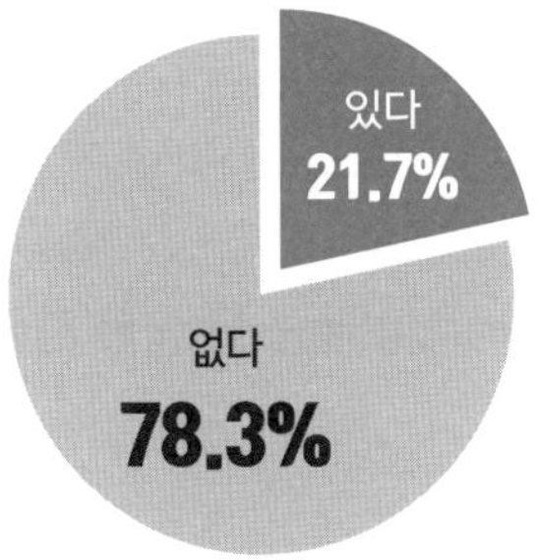

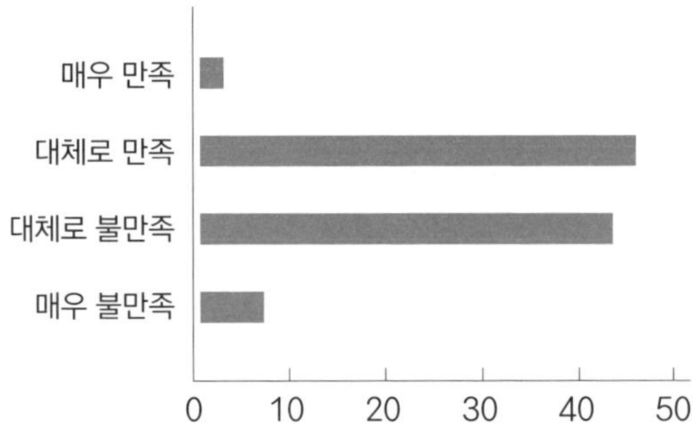

3) 소비와 내수 경기 활성화에 도움이 되었는지 여부

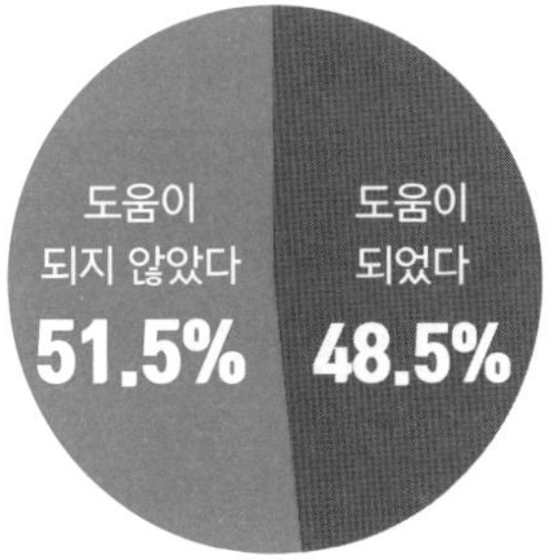

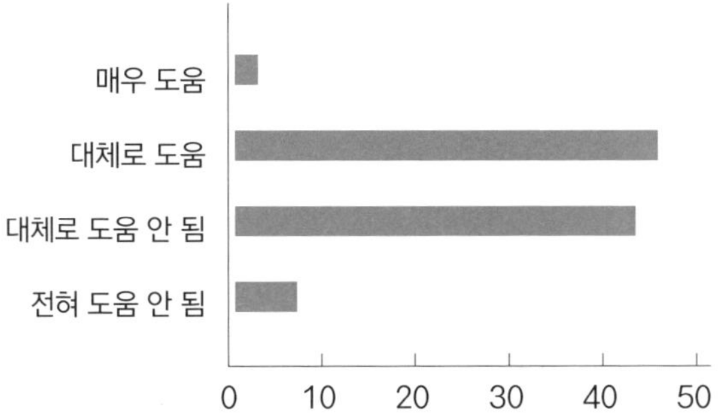

조사 결과

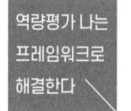

4) 구매 의향이 없던 제품이라도 KSF 행사에서 구매 여부 및 구매 의향이 생기는 할인율

응답자 10명 중 7명은 구매 의향이 없던 제품이라도 KSF 행사에서 판매된다면 구매할 의향이 '있다' 고 응답

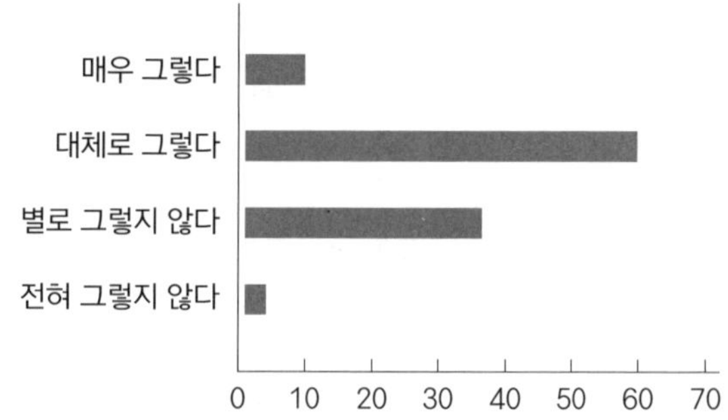

구매할 의향이 있다는 응답자의 구매 의향 할인율은 '50% 이상' (38.2%), '30%대' (28.6%), '40%대' (19.6%) 등

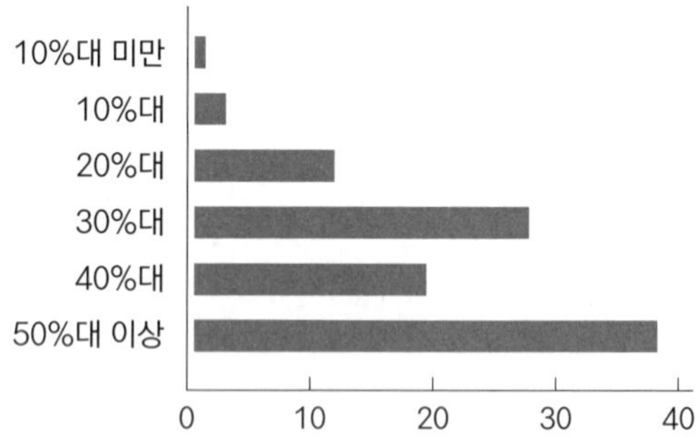

5) 할인 품목 중 구매 의향이 있는 품목

행사에서 할인하는 품목 중 구매 의향이 있는 품목을 중복으로 받은 결과, '패션/의류/잡화' (21.7%), '컴퓨터/디지털/가전' (20.8%), '생활용품' (18.7%) 등의 순서임

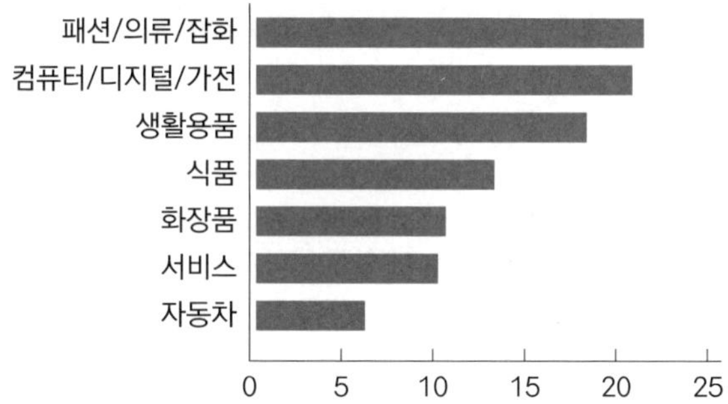

6) 해외 할인 행사 이용 경험 여부 및 해외 할인 행사 이용 시 만족도와 만족/불만족 이유

해외 할인 행사의 이용 경험(있다 25.3%, 없다 74.7%)

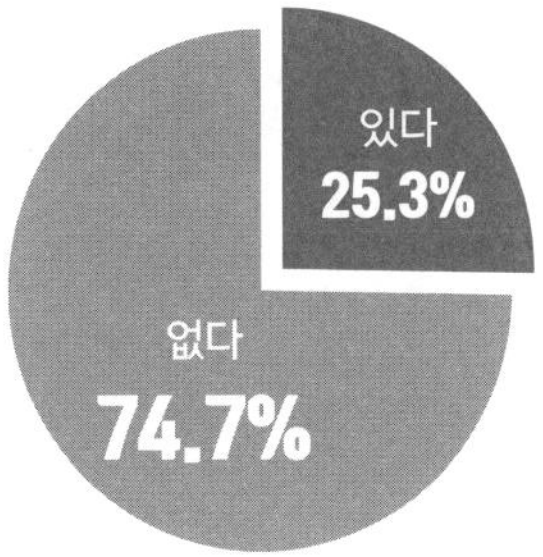

해외 할인 행사 이용 경험자의 전반적 만족도(89.5%)

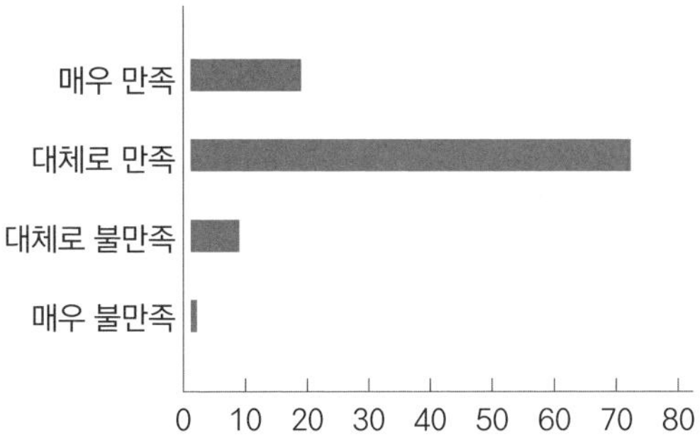

해외 할인 행사에 만족 이유

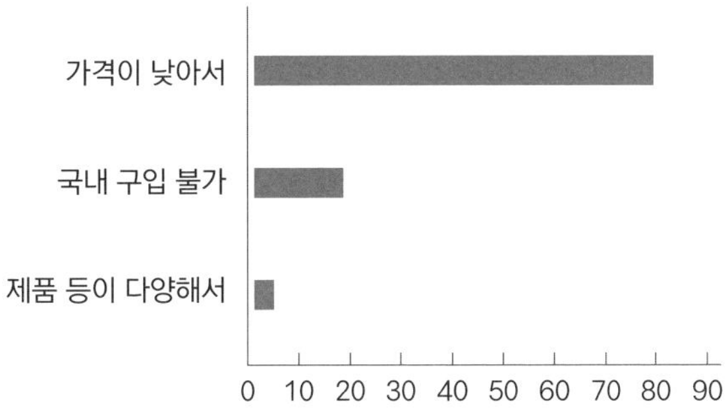

해외 할인 행사에 불만족 이유

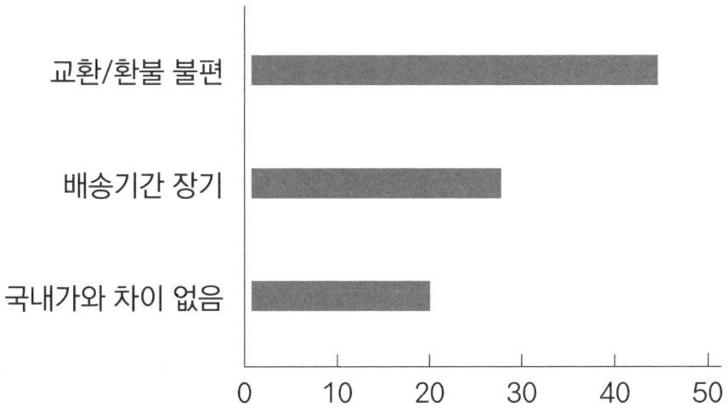

조사 결과

7) KSF 행사 적정 기간 및 운영형태

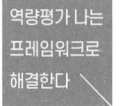

- 행사의 적정 기간 : ‘1주’(48.5%), ‘2주’(32.7%), ‘1개월’(15.2%), ‘1일’(2.9%) 등의 순으로 나타났음

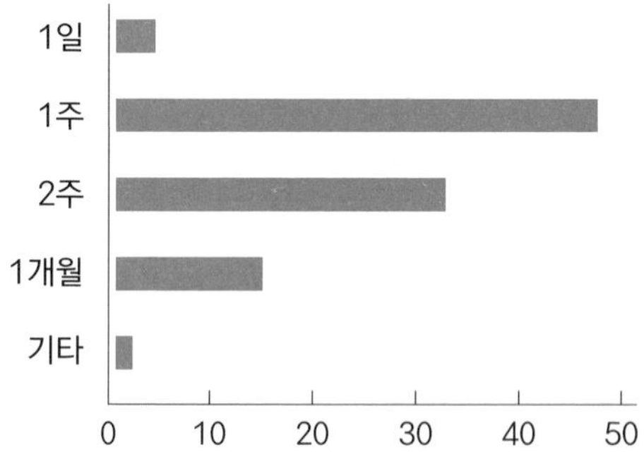

- 행사의 선호하는 운영형태

53.7%	46.3%
문화/축제 등의 융복합 행사로 진행	쇼핑 행사에 집중

자료 #6 KSF 관련 통계

행사 기간

2016년	9월 29일 ~ 10월 31일	33일간
2017년	9월 28일 ~ 10월 31일	34일간
2018년	9월 28일 ~ 10월 7일	10일간

연도별 매출액

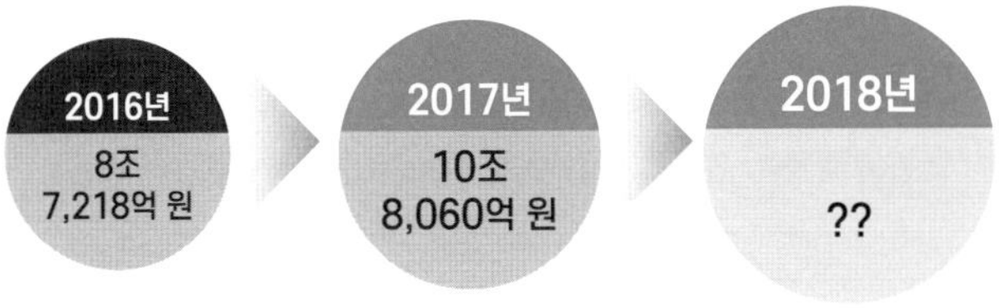

연도별 참가 기업체 수

2016년 341개사 → 2017년 446개사 → 2018년 440개사

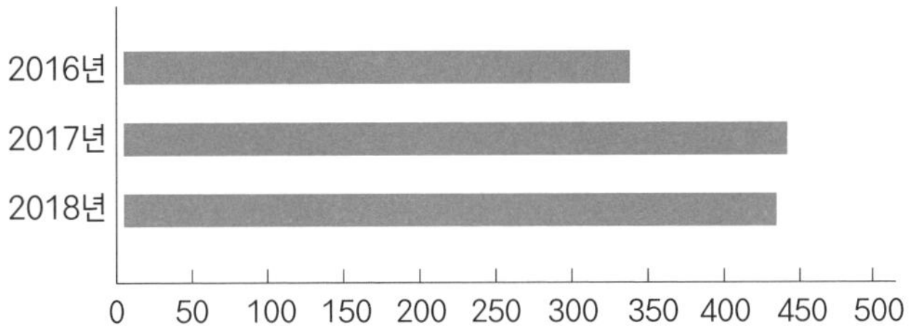

연도별 KSF 지원예산

(2016년) **40**억 원 → (2017년) **51**억 원 → (2018년) **34.5**억 원 → (2019년) **27**억 원

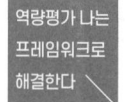

자료 #7 관계 전문가 의견

S여대 경영학과 교수

미국 블랙프라이데이는 60년 이상 된 축제이고 중국 광군제도 역사가 10년가량 됐다. 코리아세일페스타는 이제 고작 3년 됐다. 행사가 성공적으로 안착하기 위해선 시장의 자발적 참여와 더불어 일관성이 중요하다. 코세페는 이제 3년째 접어들었지만, 매번 기간이 달랐다. 코세페 역시 하나의 상품이고 브랜드이기 때문에 일정을 고정해서 10년간 인지도를 쌓아 나가야 한다.

가전 제조업체 임원

국내 할인 행사가 열리면 유통업체들이 제조업체에 그 부담을 고스란히 전가하는 상황이라 제조사들이 할인 행사에 관심을 둘 이유가 없다. 행사 기간 동안이라도 정부가 나서 유통사들에 돌아가는 수수료 부담을 줄여 준다면 제조사들도 매출을 올리기 위해 할인 행사에 보다 다양한 제품을 더욱 큰 할인율을 적용해 내놓을 수 있을 것이다.

유통업계(백화점) 관계자

코리아세일페스타에 나오는 제품들의 비교우위가 없다. 지금은 소비자가 항상 싸게 상품을 살 수 있는 유통환경이 구축됐고 해외직구도 있어 백화점이 세일을 한다고 해도 잘 먹히지 않는 상황이다. 행사 시기도 문제다. 선물 수요가 크게 늘어나는 11월과 12월에 코리아세일페스타가 열린다면 그나마 내수 활성화 효과가 있을 것으로 생각한다.

유통업계(대형마트) 관계자

코세페가 제대로 자리 잡으려면 대대적인 구조 개선이 필요하다. 최우선 과제는 '폭발적인' 할인율인데 아예 처음부터 코세페를 겨냥한 특가 제품을 만들어야 한다. 이를 위해 공무원뿐 아니라 전문가들이 1년쯤 전부터 참여해 급변하는 소비 흐름을 파악하고 고품질의 저렴한 코세페 상품을 내놔야 한다. 또한 참여 업체에 판로 개척 및 세제 감면 혜택을 제공하는 등 유인책도 필요하다.

정부 관계자

블랙프라이데이나 중국의 광군제와 비교하면 아직 파급력이 부족한 것은 맞다. 처음엔 정부 주도로 시작했지만 최근엔 행사를 잘 모르는 기업들에 '정보 제공'을 하는 데 중점을 두고 있다. 행사를 연 지 3년밖에 안 돼 정보 제공이나 홍보, 소비자 보호 등에서 정부가 할 일이 많다. KSF에는 소비 진작 효과가 분명 있다. 가격결정권이 있는 제조업체의 참여를 늘리고 온라인 판매를 강화해 소비자 혜택을 키우는 등 제기되는 문제들을 꾸준히 개선해 우리만의 강점이 있는 행사로 정착시켜 나갈 것이다.

자료 #8 이메일(취재 협조 요청)

일시 : 2019년 3월 25일 15:28

발신 : 데일리경제신문 이준길 기자

수신 : 유통물류과장 윤정호

제목 : KSF 관련 취재 협조요청의 건

윤 과장님, 안녕하십니까?

저는 데일리경제신문 생활경제 담당 이준길 기자입니다.

유통물류 분야의 산적한 현안으로 노고가 많으십니다. 코리아세일페스타(KSF) 사업도 그중의 하나라고 생각됩니다.

그간 3차례 KSF 행사를 치르면서 일정 부분 성과도 있었지만, 국민의 참여 미흡 등 여러 문제점이 나타나고 있습니다.

우리나라의 불합리한 유통구조가 중요한 원인의 하나라고 전문가들은 지적하고 있더군요. 특히 미국의 블랙프라이데이 등과

비교하면 이러한 지적은 충분히 수긍이 됩니다. 마침 저희 신문사에서는 '유통구조 혁신'을 주제로 한 기획기사를 준비하고 있는데,

그 일환으로 유통구조 측면에서 KSF 행사와 미국의 블랙프라이데이 등을 비교하고 개선 방안을 모색하는 내용의

기사를 쓰려고 합니다. 기사 내용이 국정을 홍보하는 것이기도 하니까 과장님 입장에서도 좋은 기회라고 생각됩니다.

취재 일자는 2019년 3월 27일 오전 11시이고, 약 30분간 소요될 것으로 예상됩니다.

그리고 취재에 앞서 제가 공부를 좀 해야 할 것 같습니다.

과장님께서 1~2페이지 정도로 관련 내용을 정리해서 3월 26일 오후 6시까지 보내 주시면 참고하겠습니다. 고맙습니다.

〈참고자료〉 1. 한/미/중 3국 행사 비교 2. 관련 기사 내용 발췌

자료 #9 미국 / 중국 / 한국 쇼핑축제 비교(2017년 기준)

	미국 블랙프라이데이	중국 광군제	코리아세일페스타
행사 시기	11월 넷째주 금요일 (추수감사절 다음 날)	11월 11일	9월 28일 ~ 10월 31일
행사 기간	1일	1일	34일
매출액	약 24조 원	약 28조 원	10조 8,060억 원
할인율	최대 90%	20~90%	10~30%(최대 80%)
행사 주도	제조·유통업체	전자상거래 업체	정부
최초 행사	1924년	2009년	2016년
유래	적자(Red Ink)였던 유통업체의 회계 장부가 추수감사절 연휴 이후 세일행사로 흑자(Black Ink)가 된다고 해서 붙여짐	중국 알리바바의 마윈 회장이 2009년 11월 11일 연인이 없는 독신 고객들을 위한 할인행사 마케팅을 시작한 것에서 유래(현재는 모든 고객을 겨냥한 쇼핑행사가 됨)	미국의 블랙프라이데이를 모방한 것으로 2016년부터 정식 명칭 사용

자료 #10 관련 기사(내용 발췌)

"코리아세일페스타, 소문난 잔치에 먹을 것 없었다"

(K일보 2018년 10월 9일)

코리아세일페스타가 매년 고전을 면치 못하는 가장 큰 원인으로 낮은 할인율이 꼽힌다. 정부가 벤치마킹한 미국 블랙프라이데이의 경우 최대 90%까지 소비자에게 할인 혜택을 제공한다. 반면 한국은 10~30% 정도다. 가격 결정권이 있는 제조사가 아닌 유통업체가 코리아세일페스타를 주도하고 있어서다. 업계 관계자는 "내년부터라도 정부가 가격 결정권을 쥐고 있는 제조사들을 독려해 적극 행사에 참여하게 해야 한다"고 강조했다.

"코리아세일페스타 계속 해야 하나"

(Y뉴스 동북아센터 월간 M 2018년 11월호)

무엇보다 취급 품목이나 할인율이 소비자들의 기대를 크게 밑돌았다. 미국 블랙프라이데이는 할인율이 적어도 50% 이상이고 90%도 많아 세계 소비자들까지 주목한다. 하지만 코세페는 할인율이 대부분 10~30%이고, 일부 제품은 평소 온라인 최저가보다 비싸다. 낮은 할인율은 국내 유통업체들의 직매입 비율 때문이다. 국내 백화점·마트 등은 각 브랜드에 매장을 빌려주고 임대료와 판매수수료를 받는다. 직매입해 파는 상품은 10% 수준이어서 할인율을 낮게 책정할 여력이 없는 구조다. 반면, 미국 백화점 등은 판매하는 상품의 70% 이상을 제조업체로부터 직매입하기 때문에 재고 부담을 덜기 위해서라도 연말에 대대적인 할인에 나선다. 미국 블랙프라이데이는 매년 11월 마지막 주 금요일에, 중국 광군제는 매년 11월 11일에 어김없이 열린다. 두 행사 모두 세계적인 쇼핑축제로 자리 잡아 지난해에 블랙 프라이데이 매출은 24조 원에 달했고, 광군제는 28조 원을 벌어들였다.

"유통사들 정부에 떠밀려 참가…'한국 블프' 초라한 성적"

(H일보 2017년 11월 27일)

"미국 유통업체들은 연중 내내 물건을 직접 구매해 소비자에게 판매하고 있어 연말 전 재고를 소진하려고 50% 이상의 파격 할인 행사를 자체적으로 벌이고 있지만, 우리나라 유통사들은 입점 업체로부터 수수료를 받는 특례 구매형태라 재고 부담이 없기 때문에 파격적인 할인행사의 필요성을 별로 느끼지 않는다."(백화점 관계자의 말)

자료 #11 이메일(홍보관 입지결정 및 홍보 개선 방안 관련 업무협조 요청)

일시 : 2019년 3월 26일 10:28

발신 : KSF 운영사무국 김형석 팀장

수신 : 유통물류과장 윤정호

제목 : 2019 KSF 메인 홍보관 입지 선정 및 홍보 개선 방안 관련 협조 요청의 건

과장님, 안녕하십니까? KSF 운영사무국 김형석 팀장입니다.

KSF 행사를 비롯해 여러 가지 현안으로 골치가 많이 아프시죠?
저희 사무국에서도 그간 수차례의 행사 경험을 토대로 금년도 행사 준비에 만전을 기하고 있습니다.

그런데 메인 홍보관 입지 문제가 해결이 잘 안 되고 있습니다. 서울시에 따르면 금년 10월 중 광화문 광장에서 대규모 국제행사가 예정되어 있어 KSF 행사 기간 조정 또는 장소 변경이 불가피한 상황입니다. 이 문제는 3월 중으로 결론을 내야 하는데, 어떻게 하면 좋을지 과장님께서 의견을 주시면 고맙겠습니다.

그리고 지난해 국정감사 등에서 KSF 행사의 홍보 예산이 과다하다는 지적에 따라 금년 행사부터 개선해 나가기로 한 바 있는데, 이와 관련한 지침도 필요합니다. 이 문제 역시 홍보업무 위탁기관 선정 등으로 이달 중에 가닥이 잡혀야 합니다.

〈참고자료〉 1. 홍보관 장소 선정 시 고려 사항   2. 홍보 사업 예산 관련 지적사항

자료 #12 홍보관 장소 선정 시 고려사항

홍보관 입지 조건

- 상징성이 있고, 교통 편리 등으로 유동인구가 많아야 함
- 홍보관 외에 참여 업체 부스, 쇼핑몰 체험관, 포토존 등이 설치되어야 하고, 동시에 많은 사람들이 행사에 참여할 수 있도록 공간이 넓어야 함
- 예산상 사정으로 공간 대여 비용은 가급적 없거나 최소화해야 함
- 우천시 방문객, 입주 업체 등에 피해가 최소화되어야 함

예상 후보지 장단점 비교

	서울역 광장	강남 코엑스
장점	· 교통 편리, 유동인구 많음 · 상징성 양호함 · 대여 비용이 저렴하고 지방에서 오는 방문객도 편리	· 교통 편리, 유동인구 많음 · 상징성 양호함 · 사용 공간이 상대적으로 넓고, 실내 공간 이용도 가능 (우천 등 기상악화 대비 가능)
단점	· 실내 공간은 혼잡 등을 이유로 한계(우천 시 대비 곤란) · 상대적으로 실제 사용할 수 있는 공간은 제한적임 (일반시민 통행 등 고려)	· 고가의 장소 대여 비용 · 시내 중심부와 다소 거리가 있어 축제 분위기 붐업에 한계

자료 #13 홍보 관련 지적사항

2018 국정감사

〈국회 산업통상자원중소벤처기업위원회 소속 윤○○ 의원〉

- '2018 코리아세일페스타 관련 자료'를 검토한 결과 지난해 대비 예산, 기간, 참여 기업 수가 줄었고 시기도 추석 성수기가 끝난 직후 개최돼 소상공인들에게 큰 도움을 주기는 어려울 것이라고 주장

(F뉴스 2018년 9월 27일)

	전체 예산	소상공인 참여 지원	기획 및 홍보
2016 코리아세일페스타	40억 원	21억 9,000만 원	18억 1,000만 원
2017 코리아세일페스타	51억 원	27억 7,800만 원	23억 2,200만 원
2018 코리아세일페스타	34억 5,000만 원	13억 원	21억 5,000만 원

- "전례 없던 전야제 만들어 특정 업체 소속 연예인을 출연시키고 그 업체의 자회사는 전체 행사를 주관하게 하면서 소상공인 지원 예산은 또 깎았다" (○○데일리 2018년 10월 10일)

언론 보도

- 이번 '코리아세일페스타'에 책정된 예산은 총 34억 5,000만 원으로, 2017년 51억원의 67% 수준이다. 특히 전통시장과 중소기업의 참여를 지원하는 '소상공인 참여 지원 예산'은 13억 원으로 지난해 27억 7,800만 원의 46% 수준에 머물렀다. 반면 개막식 참가 아이돌 그룹과 메인모델 등의 지급료가 포함된 '기획 및 홍보' 예산은 21억 5,000만원으로 전체 예산의 과반을 넘겼다.

(F뉴스 2018년 9월 27일)

- 행사의 원래 취지와 동떨어진 보여주기식 행사도 눈에 띈다. 27일 열린 전야제 행사에는 아이돌 가수들이 동원돼 축하공연을 열었지만 유통업계에서는 코리아세일페스타와 무슨 관련이 있는 지 알수 없다는 푸념이 쏟아져 나온다.

(C뉴스 2018년 9월 28일)

자료 #14 이메일(킬러아이템 관련 회의 개최)

일시 : 2019년 3월 26일 13:20

발신 : 대한상의 유통물류진응원 박유현 팀장

수신 : 유통물류과장 윤정호

제목 : 2019 KSF 킬러아이템 발굴 관련 회의 개최

과장님, 고생이 많으시죠? 대한상의 박유현 팀장입니다.

지난해 KSF 행사에서는 여러 가지 어려운 여건이었지만 'Top 20대 기업'의 킬러아이템 할인 행사가 단연 국민과 소비자의 주목을 받았던 것으로 평가됩니다. 우리나라의 낮은 할인율이 KSF 행사 활성화를 가로막는 중요한 이유라는 점에서 킬러아이템 개발은 향후 KSF의 지속적인 발전을 위해 반드시 해결해야 할 과제가 되고 있습니다. 그럼에도 불구하고 제조업계, 유통업계 등에서는 할인율을 높이는 데 대해 상당한 부담감을 갖고 있는 것도 사실이어서 킬러아이템 개발이 쉽지만은 않은 상황입니다.

이와 관련하여 아래와 같이 회의를 개최하고자 합니다. 과장님께서도 참석하셔서 킬러아이템 발굴에 대한 정부의 입장과 참여 기업에 대한 지원 방안 등을 말씀해 주시기를 부탁드립니다.

(회의 자료 작성을 위해 필요하니 말씀하실 내용을 간략히 1페이지 이내로 정리해서 3월 27일까지 보내 주시기 바랍니다.)

– 일시 : 2019년 3월 29일 오후 3시

– 장소 : 대한상의 17층 유통물류진흥원 회의실

– 참석자 : 정부(산업부, 중소기업부, 문화부 관계자), 기업(제조, 유통업계 관계자), 학계 관계자 등

〈참고자료〉 1. 2018 KSF 킬러아이템 운영 관련 자료 2. 현장의 목소리

자료 #15 2018 KSF 킬러아이템 운영

킬러아이템이란?

- 소비자가 만족할 수준의 파격적인 할인율을 제시하는 '핵심품목'을 의미하고, 이를 통해 성공적인 행사를 이끌게 됨
- 2018 KSF에서는 '킬러아이템'을 합리적인 가격에 판매할 패션잡화, 가전가구, 식품, 뷰티 등 총 4개 부문에서 '선도기업' 20곳을 선발

2018 KSF 킬러아이템 현황

대표할인상품 TOP20

코리아세일페스타 핵심품목 및 제공 기업

기업명	품목명	기업명	품목명
삼성전자	가전/디지털	이베이코리아	오픈마켓
LG전자	가전/디지털	신성통상(ZIOZIA)	남성복
자이글(주)	적외선 그릴	하미코리아	스마트폰 케이스
장수돌침대	돌침대	슈피겐코리아	스마트폰 케이스
현대리바트	가구	마쯔오카	식기
금강제화	신사화	이랜드리테일	경량패딩
메디힐	마스크팩	난닝구	여성코트
양키캔들	생활용품	까사미아	가구
한국인삼공사	건강식품	현대백화점	생활용품
제이에스티나	액세서리	한화갤러리아 명품관	뷰티, 의류

자료 : 산업통상자원부

자료 #16 2018 KSF 킬러아이템에 대한 현장의 목소리

"짧아진 코리아세일페스타, 킬러아이템 20개…흥행 불붙일까?"

(H신문 2018년 9월 28일)

올해 유독 눈길을 끄는 건 20개 제조·유통기업이 최대 80%의 파격적 할인을 제공하는 '빅20 킬러아이템'이다. 올해 새로 선보인 킬러아이템(핵심품목)은 삼성전자 건조기 그랑데(할인율 최대 20%), 엘지(LG)전자 올레드텔레비전(25%), 현대리바트 그란디오소소파(26%), 이랜드리테일이(E)경량패딩(최대 30%), 현대백화점 400개 브랜드(아디다스·나이키·한섬 등 20~80%) 등이다.

하지만 '한국판 블랙프라이데이'를 표방하고 있으나 '파격'이라기엔 할인율이 기대를 밑돌고 똘똘한 할인품목도 많지 않아 올해도 흥행몰이를 하긴 어려울 것이라는 우려가 소비자와 업계로부터 나온다. 소비자 입장에선 행사기간이 백화점 가을 정기세일 날짜와 겹치고 30~40%의 할인은 온라인에서 흔히 접할 수 있는 수준이다. 유통업계 한 관계자는 "올해 킬러아이템으로 선정된 품목과 할인폭을 보면 소비자의 구매를 유도하기에는 다소 못 미치는 것 같다"고 말했다.

"한국판 '블프' 코리아세일페스타, 올해는 실속 찾을까?"

(Weekly ○○ JOURNAL 2018년 10월 8일)

실제로 블랙 프라이데이, 광군제 등의 이벤트에서는 40~50%의 세일이 기본이고, 심한 경우 90%의 '재고·떨이 대처분' 상품도 종종 볼 수 있다. 이에 비해 코세페 상품들은 대부분 10~30%의 할인율을 보이는데, 이는 평상시 쿠폰 등을 활용하거나, 정기세일기간 등에도 볼 수 있는 할인율이다. 이번에 최대 80%까지 세일한다는 20개의 대표 아이템 목록을 들여다봐도 대부분 30~50% 정도이며, 결정적으로 품목 수가 너무 적다.

실전연습문제

유치원 CCTV 설치에 대한 찬반 논란

1:2 역할수행(RP)

피평가자의 역할

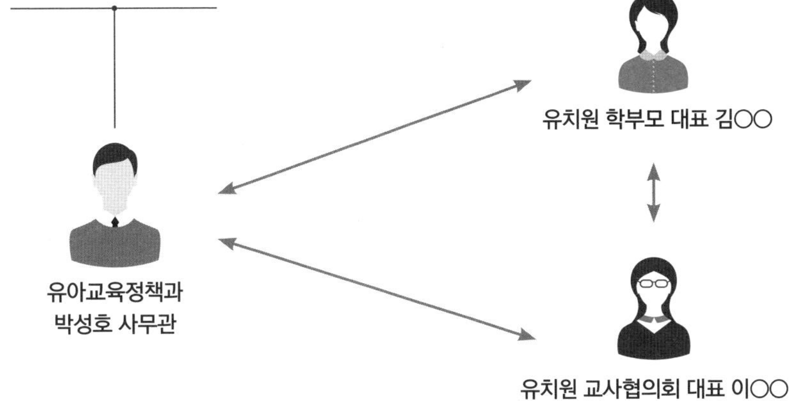

배경 상황

오늘은 2019년 3월 26일이며, 귀하는 교육부 교육복지정책국 유아정책과에서 유치원의 안전, 보건 관련 업무를 담당하는 사무관이다.

최근 불거진 유치원 내 아동학대 사건으로 CCTV 설치 의무화와 관련한 찬반 논란이 지속되고 있다.

학부모의 알 권리 및 영유아 사고 예방을 주장하는 찬성 입장은 CCTV는 최소한의 예방 차원에서 있어야 하는 것이라고 본다.(학부모 대표)

한편, CCTV 설치와 아동학대는 별개 문제라며, CCTV가 보육교사의 인권을 침해하고 영유아에 대한 정보를 노출할 가능성을 키운다는 반대 입장도 만만치가 않다.(교사협의회 대표)

이와 관련하여 교육복지국장은 귀하에게 유치원 CCTV 설치에 대한 찬반 양측의 입장을 들어보고, 바람직한 해결 방안을 모색할 것을 지시하였다. 귀하는 오늘 양측 대표를 만나 교육복지국장의 지시를 이행하여야 한다.

제시 자료 목록

1 유치원 아동학대 관련 언론 보도

2 국정감사 지적사항

3 영유아 시설 CCTV 설치 운영 관련 근거 법령

4 유치원 내 영상정보처리기기 설치·운영 가이드라인 (교육부, 2017)

- 유치원 CCTV 가이드라인 내용 중 열람 절차 및 안내판 예시
- 유치원 CCTV 가이드라인에 대한 비판

5 어린이집 영상정보 처리 가이드라인 주요 내용 (보건복지부, 2015)

6 CCTV 설치 의무화 관련 헌법소원

7 유치원 CCTV 설치 관련 통계

8 유치원 CCTV 설치지원 사업

9 유치원 CCTV 설치 관련 설문조사 결과

10 CCTV 설치에 대한 찬반의견 요지

- 찬성/반대 이유 설문조사 결과

11 유치원 CCTV 설치 의무화 관련 온라인 토론(발췌)

12 CCTV 운영상 문제점 보도 사례

13 해외 사례

14 전문가 정책제언

15 과제 수행 지침

자료 #1 유치원 아동학대 관련 언론 보도

헛구역질하는데 억지로 밥 먹여…
유치원 아동 학대 의혹

유치원에 아동 학대 의혹이 또 제기됐습니다. 밥 먹다가 헛구역질을 하는 애한테 밥을 억지로 먹였다는 건데 경찰이 수사에 착수했습니다.

박○○ 기자가 취재했습니다.

<기자> 5살 난 아이들이 생활하는 D시의 한 유치원 점심시간, 지도 교사가 책상 옆에 서서 아이를 혼내는가 싶더니 책상으로 아이 배를 밀칩니다.

자기 몸보다 큰 책상에 떠밀려 엉덩방아를 찧은 아이는 뒷짐을 지고 자신을 내려다보는 선생님 앞에 고개를 푹 숙입니다.

학부모들은 아이가 헛구역질을 하는데도 교사가 억지로 밥을 먹였다고 주장하고 있습니다.

아이의 아버지는 이 영상을 본 직후부터 아이를 직장에 데리고 다니며 직접 보살피고 있습니다.

[피해 아동 보호자 : 그 영상도 엄청 충격이었지만, 그전부터 애들이 당했던 고통을 생각하면 울화통이 터지는 거죠. 어느 순간 애가 밥을 먹이면… 계속 막 구토를 '웩' 이렇게… 지금도 그렇습니다.]

또 식사를 잘 하지 않는다는 이유로 아이를 벽을 보고 앉힌 뒤 단체 교육에서 배제했다고 덧붙였습니다.

이 유치원에서 피해를 호소하고 있는 아이는 7명, 모두 등원을 중단한 상태입니다.

유치원 측은 문제의 교사를 해임하고 학부모들에게 사과문을 돌렸지만, 해당 교사는 아동 학대 의혹을 부인하고 있는 것으로 전해졌습니다.

경찰은 CCTV를 확보해 외부 전문기관과 함께 아동 학대 여부를 조사하고 있습니다.

(T방송사 2018년 10월 19일 보도)

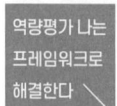

자료 #2 국정감사 지적사항(○○경제 2018년 9월 16일, 일부 발췌)

유치원 아동학대 증가… 교원 자격강화 및 처우개선 시급

국회 교육위원회 소속 박○○ 의원이 교육부와 보건복지부로부터 제출받은 '최근 5년간 유치원·어린이집 교직원 아동학대 및 폭행현황' 자료에 따르면 유치원은 2014~2017년 동안 818건의 아동학대 사고가, 어린이집은 2013~2017년 동안 2,356건의 아동학대 사고가 발생한 것으로 확인됐다.

앞서 청와대는 지난 12월 41만 명의 국민이 동의한 '아동학대 가해자 처벌강화 국민청원'에 대한 공식답변을 통해 "어린이집 아동학대 사태를 방지하기 위해 직접 아동학대를 한 것이 아니더라도 주의감독 의무를 다하지 못한 경우 원장자격 정지 기간을 2년에서 5년으로 늘리도록 영유아보육법 개정을 추진하겠다"고 밝힌 바 있다.

유아교육 전문가들은 아동폭행 발생 사고의 발생 원인이 '교사 1인당 담당해야 하는 유아의 수'가 많아 이로 인해 받게 되는 스트레스와 낮은 수준의 급여로 인한 이중고에서 비롯되고 있다고 보고 '체계적인 교원 양성과정 프로그램 지원'과 '처우개선'을 동시 추진해야 한다는데 의견을 모으고 있다.

교육부 차원에서도 CCTV 설치 등 아동 폭행사고 방지를 위해 노력하고 있지만, 아동학대 추이가 줄지 않고 있다는 점에서 처벌 강화 외에도 보다 근원적인 대책이 필요하다는 지적이 나온다.

박○○ 의원은 "유치원 및 어린이집 아동들의 안전을 강화하는 것은 저출산 시대에 부모들이 안심하고 아이를 낳을 수 있는 사회적 환경을 조성하는 과업과도 직결된다"며 "교원 양성과정 지원과 처우개선에도 근원적 고민을 해야 할 것"이라고 말했다.

유치원 교직원 아동학대 유형별 발생현황

연도	총계	신체	정서	성	방임	중복	합계
2014년	총계	24	41	2	4	28	99
	구성율(%)	24.2	41.4	2.0	4.0	28.3	100
2015년	총계	26	38	0	2	137	203
	구성율(%)	12.8	18.7	0.0	1.0	67.5	100
2016년	총계	28	46	13	96	57	240
	구성율(%)	11.7	19.2	5.4	40.0	23.8	100
2017년 (잠정치)	총계	27	125	2	7	115	276
	구성율(%)	9.8	45.3	0.7	2.5	41.7	100

출처 : 학교안전공제회, 중앙아동보호전문기관

자료 #3 영유아 시설 CCTV 설치 운영 관련 근거 법령

근거 법

<table>
<tr><td>개인정보 보호법</td><td>영상정보의 정의와 범위, 설치구역, 설치를 위한 사전 의견 수렴 절차, 동의 절차, 정보 삭제 및 열람 요청 등 전반적인 내용을 포함
(유치원, 어린이집 모두에 적용)</td><td rowspan="2">어린이집
보건복지부 소관으로 CCTV 설치 의무

유치원
교육부 소관으로 CCTV 설치 권장</td></tr>
<tr><td>영유아 보육법</td><td>개인정보보호법의 범위를 벗어나지 않는 범위에서 어린이집 상황에 맞추어 어린이집 내 CCTV 설치 목적, 신고절차, 열람 절차나 열람대장 관리 등에 대한 내용 규정(2015년 9월 시행)</td></tr>
</table>

법령과 별도로 CCTV의 설치와 운영을 위한 가이드라인

소관 부처	가이드라인	근거 법령
행정안전부	공공기관 영상정보처리기기 설치·운영 가이드라인	개인정보보호법
보건복지부	어린이집 영상정보처리기기 설치·운영 가이드라인(2015년 2월)	개인정보보호법, 영유아보육법
교육부	유치원 내 영상정보처리기기 설치·운영 가이드라인(2017년 6월)	개인정보보호법, 표준개인정보 보호지침

- **개인정보보호법 제25조(영상정보처리기기의 설치·운영 제한)**

① 누구든지 다음 각호의 경우를 제외하고는 공개된 장소에 영상정보처리기기를 설치·운영하여서는 아니 된다.

1. 법령에서 구체적으로 허용하고 있는 경우
2. 범죄의 예방 및 수사를 위하여 필요한 경우

- **영유아보호법 제15조의4(폐쇄회로 텔레비전의 설치 등)**

① 어린이집을 설치·운영하는 자는 아동학대 예방 등 영유아의 안전과 어린이집의 보안을 위하여 「개인정보보호법」 및 관련 법령에 따른 폐쇄회로 텔레비전(이하 “폐쇄회로텔레비전”이라 한다)을 설치·관리하여야 한다.

자료 #4 유치원 내 영상정보처리기기 설치·운영 가이드라인(교육부, 2017)

구 분	해당 조항	주요 내용
개요	제1조(목적)	영상정보처리기기 설치·운영 관련 준수사항과 권장 기준 제시
	제2조(정의)	“영상정보처리기기” “개인영상정보” “정보주체” 정의
	제3조(적용 범위)	유치원 내 영상정보 관리는 이 가이드라인 준수를 권장
	제4조(영상정보의 보호 원칙)	개인정보보호 관련 법령 준수, 정보주체의 권리 보장 등
영상정보 처리기기의 설치 시 준수사항	제5조(사전의견 수렴 및 정보주체의 동의)	설치·변경 시 정보주체의 사전의견수렴 및 동의 절차 필요
	제6조(안내판 설치)	알아보기 쉬운 장소에 쉽게 판독할 수 있는 안내판 설치
	제7조(설치 구역)	휴게실, 화장실, 목욕실, 탈의실 등은 설치 금지
	제8조(영상정보처리기기의 성능 기준)	고해상도(130만 화소 이상 또는 HD급 이상)의 카메라를 설치하며, 저장장치는 30일 이상의 저장용량을 갖출 것을 권장
영상정보 처리기기의 운영·관리 시 준수사항	제9조(설치·운영 방침 수립)	설치 근거, 목적 등 운영방침을 홈페이지 공지 또는 게시
	제10조(설치·운영 책임자 등의 지정)	유치원장은 운영·관리 책임자 및 담당자를 지정
	제11조(교육의무)	유치원장은 설치운영책임자 및 담당자에 대해 제반교육 실시
	제12조(개인영상정보의 안정성 확보를 위한 조치)	개인영상정보의 분실·도난·유출·변조 또는 훼손 방지 조치 필요
	제13조(설치·운영 점검)	주기적 점검 및 이상이 발견되는 경우 즉시 필요한 조치
영상정보 열람 시 준수사항	제14조(열람 기준 및 범위)	열람을 요청할 수 있는 개인영상정보는 정보주체 자신 및 명백히 급박한 자신의 이익을 위하여 필요한 것으로 한정
	제15조(열람 절차)	열람요청 상담 → 열람 신청 → 열람가부 결정 → 사후 조치
	제16조(열람 거부 사유)	정당한 사유가 있는 경우 개인영상정보 열람 등 요청을 거부
	제17조(열람 후 사후조치)	열람후 조치사항과 내용을 기록·관리
	제18조(비밀유지 의무)	직무상 알게 된 영상정보를 누설 또는 부당한 처리, 사용 금지
영상정보 수집 및 보관 시 준수사항	제19조(정보수집 및 처리의 제한)	카메라 임의 조작, 녹음기능 등 사용 금지 및 목적 외 활용 금지
	제20조(보유 및 삭제)	영상정보는 30일 이상 보유 권장(보유기간 만료 시 즉시삭제)

유치원 CCTV 가이드라인 내용 중 열람 절차 및 안내판 예시

영상정보 열람 신청 및 사후 처리 절차

STEP 1

- 학부모의 열람 요청 → 담임교사 상담(유선/방문)
- ↓ 보고
- 원감 및 원장(관리 책임자)

STEP 2

- 열람신청 : [별지 서식 제4호] 학부모의 신분증 사본 첨부
  - 해당 영상기록물 존재 확인 [관리담당자]
  - **열람 사유 타당성 검토-가/부 [유치원 운영위원회]**
  - 해당 영상기록물 개인정보보호 조치 법 제35조제4항제2호 [관리 담당자]
- 해당 영상기록물 열람/거부 [열람시, 관리책임자 및 담당자, 담임교사, 운영위원회 위원 2인 참석]

STEP 3

- 원감 및 원장 (관리 책임자) 사후 조치
  - 부모 상담
  - 교사 상담/멘토링
- [별지 서식 제5호] 개인영상정보 관리대장 작성 [관리 담당자]
- 영상정보처리 관리 및 열람 결과 보고(연1회)[유치원 운영위원회]

CCTV 설치 안내(예시)

- **설치목적 :** 시설안전, 화재예방, 범죄예방, 안전사고 예방
- **설치장소 :** 출입구의 벽면/천장, 교실, 식당, 강당 (*교실에 설치된 경우, 일부 학급에 설치됨)
- **촬영범위 :** 출입구, 엘리베이터 및 각층 복도(360° 회전)
- **촬영시간 :** 24시간 연속 촬영(*실내는 일과운영시간으로 제한됨)
- **관리책임자 :** OOOO과 홍길동 (02-OOO-OOOO) (설치·운영을 위탁한 경우)
- **수탁관리자 :** OOOO업체 박길동 (02-OOO-OOOO)

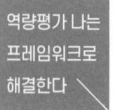

유치원 CCTV 가이드라인에 대한 비판

CCTV 가이드라인 '두루뭉술'…학부모도, 유치원도 '불만'

<앵커>
전국 유치원 8천 7백여 곳 가운데 CCTV가 설치된 교실은 10곳 중 6곳 정도입니다. 특히 국공립 유치원은 4%만 교실에 CCTV가 설치돼 있습니다. 그래서 학부모들은 유치원에 CCTV를 설치하고 필요하면 볼 수 있게 해달라고 요구해 왔습니다. 그래서 교육부가 최근 유치원 CCTV 설치와 열람 기준을 새로 만들었는데, 근본적인 대안이 되지 못하고 있다는 평가입니다.

<기자>
CCTV는 폭행을 입증하는 최선의 수단이지만 전국 유치원 40%는 CCTV가 없습니다. CCTV 설치가 의무가 아니기 때문입니다.

[한○○/유치원생 학부모 : 이게 필요한 순간에 원할 때 열람할 수 있으면 좋겠어요.]

최근 교육부가 마련한 지침입니다.
교사와 학부모가 동의할 경우만 교실에 CCTV를 설치할 수 있게 했습니다. 앞으로는 이렇게 유치원에 CCTV가 설치된 사실을 안내해야 하고 관리 책임자도 명시해야합니다. 마음대로 삭제하거나 조작하지 못하게 하겠다는 취지입니다. 화면도 30일은 보관해야 합니다. 문제는 CCTV 설치가 양측 동의를 전제로 해 의무 규정이 아니라는 겁니다. 게다가 학부모 열람도 원생이 다쳤거나 지속적인 학대가 의심될 때로 정했고 원아들끼리의 다툼은 열람 대상에서 제외했습니다.

내용이 지나치게 두루뭉술해 학부모도, 유치원 측도 불만입니다.
[염명순/유치원 원장 : 그때그때 감정에 치우쳐서 요구하는 것을 거부 할 근거가 없기 때문에 명확하게 거절할 수 있는 명분이 없다는 거죠.]

교육부가 1년간 준비해 처음으로 마련한 지침이지만 이래저래 실효성이 없을 거라는 우려가 커지고 있습니다.

(S 뉴스 2017년 9월 15일)

자료 #5 어린이집 영상정보 처리 가이드라인 주요 내용(보건복지부, 2015)

- 설치된 영상정보 처리기기는 각 보육실, 공동놀이실, 놀이터 및 식당, 강당에 1대 이상씩 설치
- 영상정보처리기기는 보육실 등을 촬영하고 모니터를 통해 그 영상을 구현할 수 있으며, 그 영상정보를 녹화(저장)할 수 있는 기능을 갖추어야 함
- 영상정보처리기기는 화면 속 인물의 행동 등이 용이하게 식별될 수 있는 수준의 고해상도(HD, HighDefinition) 이상의 화질을 가진 카메라를 설치
- 영상정보처리기기의 저장장치는 고해상도(HD, High Definition) 이상의 화질로 60일 이상의 저장 용량을 갖춘 것으로 하여야 함
- 카메라는 보육실 등 일정한 장소에 일정한 방향을 지속적으로 촬영할 수 있도록 설치하여야 함
- 영상정보처리기기는 임의로 조작이 가능하거나 녹음기능이 있도록 설치되어서는 아니 됨
- 어린이집 설치·운영자는 영상정보처리기기를 임차하여 설치·운영할 수 있음

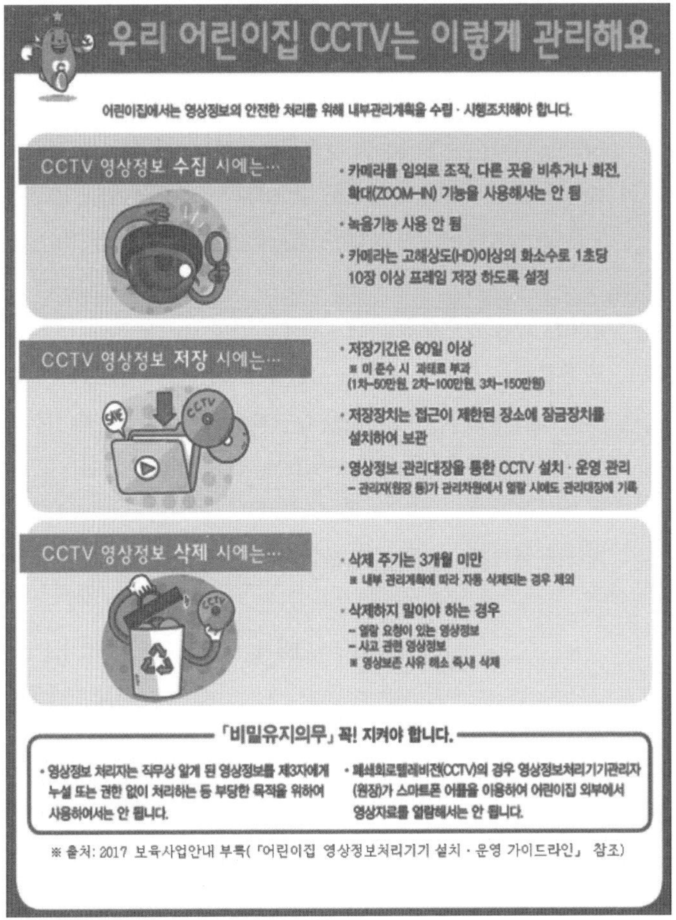

자료 #6 CCTV 설치 의무화 관련 헌법소원(출처 : 헌법재판소 2017년 12월 28일 선고, 2015헌마994 결정)

원장 및 보육교사들의 제한되는 기본권보다
CCTV 설치로 달성할 수 있는 공익이 훨씬 더 크므로 기본권 침해가 아님!

2015년 5월 「영유아보육법」이 개정되어 9월 시행되면서 어린이집에 CCTV 설치가 의무화되자, 어린이집에서 근무하는 보육교사 등(원장 포함)이 사생활 침해 등을 이유로 헌법소원을 제기. 당시 「영유아보육법」 제15조의4 제1항 제1호는 어린이집에 CCTV 설치를 의무화하였고, 이 조항은 현재까지 적용되고 있음. 헌법재판소는 이와 같은 법조항이 어린이집 설치·운영자의 직업수행의 자유, 어린이집 보육교사(원장 포함) 및 영유아의 사생활의 비밀과 자유를 제한하는 측면이 있다는 점은 인정.

그러나, CCTV 설치 의무화는 어린이집에서 발생할 수 있는 각종 안전사고와 일부 보육교사 등에 의한 아동학대를 방지하기 위한 것으로서 그 입법목적이 정당하고, CCTV 설치만으로도 입법목적 달성의 효과가 있으므로 수단의 적합성도 인정된다고 판단. 또한 0세부터 6세 미만의 영유아가 어린이집에서 학대를 받거나, 이를 적발하기 위한 수단으로써 CCTV 설치를 대체할 만한 수단은 상정하기 어렵다는 점도 들었음. CCTV 외에 영상정보가 실시간 전송 가능한 네트워크 카메라의 설치는 원칙적으로 금지하고 있으며, 영상정보 저장 시 녹음기능 사용금지 등의 조치를 취하여 다른 관련 기본권이 침해되는 것을 최소화하고 있다는 것임. 무엇보다 보호자 전원이 CCTV 설치 반대에 동의하는 경우에는 CCTV를 설치하지 않을 수 있는 가능성을 열어두고 있으므로, 이 조항은 침해의 최소성에도 반하지 않는다고 보았음.

마지막으로, CCTV 의무설치로 인해 보육교사 등의 기본권에 제약이 가해지는 것은 사실이나, 영유아 보육을 위탁받아 행하는 어린이집에서의 아동학대근절과 보육환경의 안전성 확보는 사회적·국가적 차원에서 보호할 필요가 있는 중대한 공익에 해당하므로 CCTV 설치 조항은 보육교사 등의 기본권을 침해하지 않는다고 보았음. 즉, 아동에 대한 안전성을 확보하는 것(공익)이 원장과 보육교사들의 사생활을 보호하는 것(사익)보다 더 중요하다고 보아 합헌이라고 판단.

자료 #7 유치원 CCTV 설치 관련 통계

유치원 내 CCTV 설치현황(2015년 1월 기준)

전체 유치원 수	설치 유치원		전체 교실 수	설치 교실	
	원 수	비율		교실 수	비율
8,699	8,173	94.0%	33,814	17,493	51.7%

육아정책연구소, "아동인권 보호를 위한 CCTV의 설치 및 운영방안", 2015

유치원 설립유형별 CCTV 설치현황(2015년 1월 기준)

설립 구분	전체 유치원 수	전체 교실수	설치 교실	
			교실 수	비율
계	8,699	33,814	17,493	51.7%
국립	3	15	4	26.7%
공립	4,872	9,733	369	3.8%
사립	4,124	24,066	17,120	71.1%

육아정책연구소, "아동인권 보호를 위한 CCTV의 설치 및 운영방안", 2015

서울지역 유치원내 CCTV 설치현황(2018년 9월 기준)

설립 구분	전체 유치원 수	교실 내 설치	
		유치원 수	비율
계	856	563	65.7%
국·공립	222	31	13.9%
사립	634	532	83.9%

출처 : 서울시교육청, 교육위원회 행정사무감사 자료
(뉴○○ 2018년 11월 7일 기사)

설립유형별 CCTV 설치현황(2015년 1월 기준)

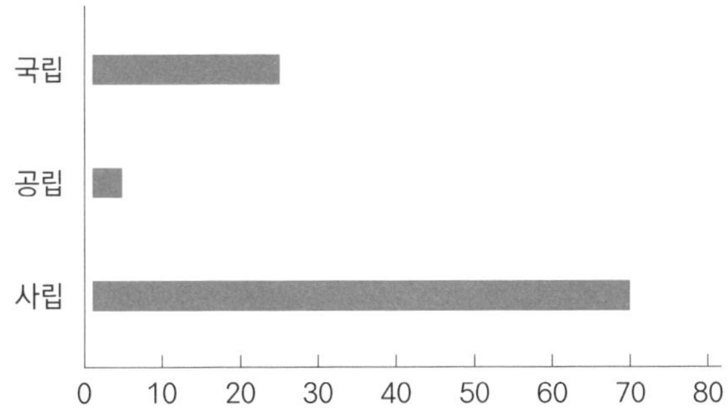

자료 #8 유치원 CCTV 설치지원 사업(교육부 보도자료, 2016년 3월 24일)

추진 배경

- 2015년 유치원에서 교직원 등에 의한 아동학대 행위가 잇따라 발생하여 유치원을 이용하는 유아 보호자들의 불안 가중
- 아동학대로 인한 부모의 불안 해소를 위해 CCTV 설치 요구 증가
  * 2015년 8월 1일 기준 CCTV 설치 유치원 수는 94%를 웃돌고 있으나 설치 교실 수는 56% 수준
    → 재정지원을 통해 교실 내 설치율 개선

목적

- 유치원 내 CCTV 설치를 확대하여 유치원 교사 등 교직원에 의한 아동학대 예방 및 학부모의 불안 해소
- 아동학대, 안전사고 등에 대한 분쟁 발생 시 객관적 참고자료로 활용
- 유아의 유치원에서의 생활모습을 영상정보처리기기에 기록하고 필요 시 보호자에게 제공, 보호자의 알 권리 강화

지원 대상

- 교실 및 실내공간(식당, 강당 등)에 설치를 희망하는 공·사립 유치원(교직원, 학부모 등 정보주체 전원의 동의 필요)
  * 비공개 공간에 설치는 정보주체의 동의 필요(개인정보보호법 제15조)

지원 내용

- CCTV 설치 1대당 20만 원의 특별교부금을 시도교육청에 교부
- 나머지 비용은 시도교육청에서 자율 결정(공립유치원은 시·도교육청, 사립유치원은 설치·경영자 부담 등)

자료 #9 유치원 CCTV 설치 관련 설문조사 결과

(경기도교육연구원, 2017년 8월 경기도 공·사립 유치원 교사 549명/학부모 878명 참여)

- **CCTV 설치에 대한 찬반 의견**

  (교사)반대 81.1% VS (학부모)찬성 84.3%

- **CCTV 설치 효과(5점 만점)**

  (교사)1.63점~2.46점 VS (학부모)4점

- **아동학대의 주된 원인**

  (교사 응답)
  - 교사의 직무스트레스(71.8%)
  - 교사의 부족한 인성(66.1%)
  - CCTV 미설치(2.6%)

  (학부모 응답)
  - 교사의 부족한 인성(85.3%)
  - 교사의 직무스트레스(74.7%)
  - CCTV 미설치(43.2%)

- **CCTV 설치 시 누구에게 가장 혜택인가?(다수 응답순)**

  (교사 응답)
  - 학부모(36.4%)
  - 누구에게도 도움이 안 됨(23%)
  - 원장(8.4%) - 교사(7.5%) - 원생(4.6%)

  (학부모 응답)
  - 원생(48.6%)
  - 학부모(33.9%)
  - 모두에게 도움됨(6.7%)

자료 #10 CCTV 설치에 대한 찬반의견 요지

찬성 요지	반대 요지
① 아동학대와 안전사고 예방에 필수적이다. - 아이들을 위협하는 학대와 사고는 발생하고 난 후에는 되돌릴 수 없다. - 아동학대 예방 차원에서 CCTV 설치 의무화는 필요하다.	**① 아동학대 예방책이 아니다.** - 아동학대 사건이 발생한 유치원에도 CCTV는 설치되어 있었으므로 CCTV는 근본적 해결책이 될 수 없다.
② 다양한 문제 해결의 열쇠가 될 수 있다. - 유아교육기관 안에 CCTV를 설치하면 아동 간 분쟁원인을 발견하고, 교사들을 보호할 수 있다. - 특히 아직 자기 표현을 잘 못하는 유아 사이에 생긴 문제나 유아와 교사 간 문제에 CCTV 영상이 실마리를 제공할 수 있다.	**② 교사 자율성이 제약을 받는다.** - CCTV를 감시와 통제 도구로 사용하는 체제는 교사를 잠재적 범죄자로 취급한다. - 또한 학부모의 지나친 간섭은 교권을 침해할 수도 있다. 교사 자율성이 감소하면 결국 교육력 또한 저하된다.
③ 부모들의 신뢰를 높일 수 있다. - CCTV가 설치되어 있으면 학부모가 안심할 수 있고, CCTV가 안전 장치 역할을 해 유치원에 대한 신뢰도를 제고한다.	**③ 신뢰문화를 만들어야 한다.** - CCTV영상 열람이 유아와 교사의 사생활 권리를 침해하고 개인정보 유출, 교사 낙인효과 등 다른 문제를 초래한다. - 감시와 통제보다는 신뢰하는 문화를 만들어야 한다.

(CCTV 설치에 대한 찬반 이유)

어린이집 CCTV 의무화 직후 서울/경기지역 보육교사 107명을 대상으로 조사한 결과임
(육아정책연구소, "아동인권 보호를 위한 CCTV의 설치 및 운영방안", 2015)

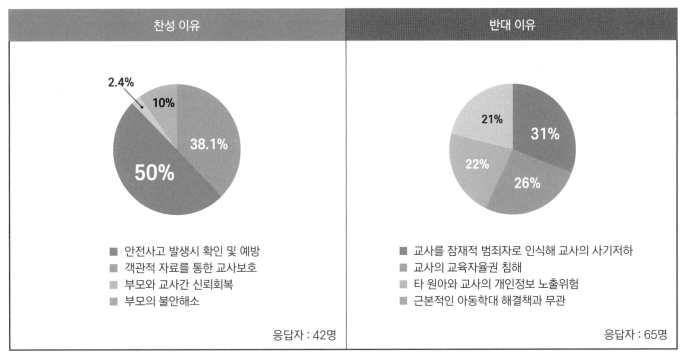

찬성 이유

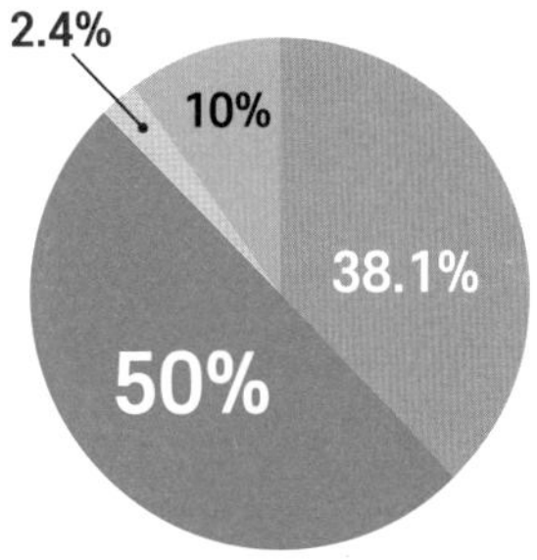

- 안전사고 발생시 확인 및 예방
- 객관적 자료를 통한 교사보호
- 부모와 교사간 신뢰회복
- 부모의 불안해소

응답자 : 42명

반대 이유

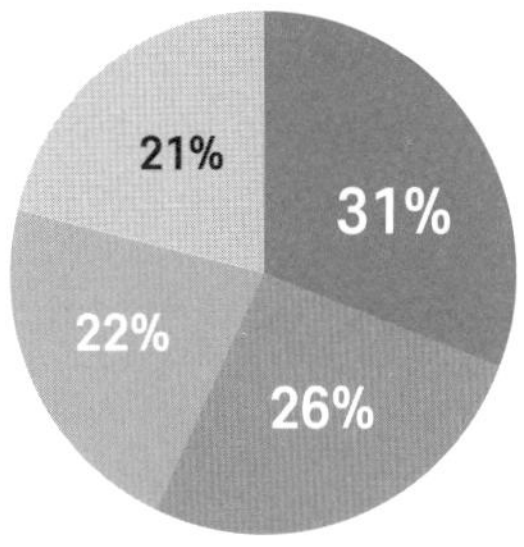

- 교사를 잠재적 범죄자로 인식해 교사의 사기저하
- 교사의 교육자율권 침해
- 타 원아와 교사의 개인정보 노출위험
- 근본적인 아동학대 해결책과 무관

응답자 : 65명

주 : CCTV 의무화 직후, 서울·경기지역 보육교사 107명을 대상으로 조사한 결과임
자료 : 강은진 외, "아동인권 보호를 위한 CCTV의 설치와 운영 방안 : 유치원 및 어린이집을 중심으로 육아정책연구소", 2015, pp.97-99

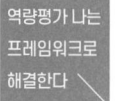

자료 #11 유치원 CCTV 설치 의무화 관련 온라인 토론(발췌)

KIM**

반대합니다. CCTV가 설치가 되어 있고, 그걸로 교사의 폭행을 막겠다고 하는데 정작 CCTV는 소리가 녹음이 되질 않습니다.
소리가 녹음되지 않는다는 건 사람의 눈으로만 그 상황을 판단한다는 건데 아이가 울어서 달래 주려 토닥거리는 것이 CCTV에서 볼 때 어떤 사람의 눈에는 아이가 울어서 때리거나, 아이를 때려서 울린 것으로 보일 수도 있습니다.
거기다가 평소 선생님을 마음에 안 들어 했거나 꼬투리를 잡기 위해서 CCTV를 확인한 것이면 다른 상황으로는 생각하지 않을 것입니다.

곰**

저는 CCTV 설치가 의무화되어야 한다고 생각합니다. 아이가 유치원에서 어떻게 생활을 하고 있는지, 선생님이 아이에게 폭행을 가했는지 아이가 말하지 않으면 거의 알지 못하는 경우가 많습니다. 만약의 경우, 어느 날 아이가 집에 와서 보니 얼굴에 멍이 들어 있습니다.
그래서 왜 그러냐고 물었더니 선생님이 때렸다고 해서, 선생님께 여쭈었더니 하지 않았다고 하신다면?
어찌 할 방법이 없습니다. 왜냐 심증만 있고 증거가 없기 때문이지요. 이러한 일 등이 일어났을 경우 CCTV라는 확실한 증거자료가 있기에 모든 어린이집에는 CCTV가 의무화되어야 한다고 생각하는 입장입니다.

박**

당연히 설치를 해야 하죠. 최근 기사처럼 아동을 성추행하거나 폭행할 수도 있습니다. 설사 아이가 부모님께 말한다고 해도, 유치원이나 교사가 잘 말하면 이 중요한 사건을 그냥 넘어갈 수가 있습니다. 그리고 아이들은 마음의 병과 스트레스를 어린 나이에 가질 수 있습니다.
만약 이 일을 정확하게 짚지 않고 계속 모른다면 유치원이나 교사 측이 선을 넘는 범죄를 아이에게 저지를 수 있습니다.
만약 CCTV를 단다면 교사가 그럴 일을 함부로 할 수가 있겠습니까? 그건 좀 힘들다고 봅니다.

비몽**

반대합니다. 물론 CCTV 설치를 통해 아동학대에 대한 예방 기능도 있겠지만, 부작용도 만만치 않습니다.
특히 아이들이 놀거나 부딪쳐서 멍이 들거나 상처가 났을 때 부모들은 아동학대로 의심해 CCTV 열람을 요구할 것입니다.
결국 CCTV로 인해 어린이집과 학부모 간에 불신만 더 조장될 것으로 생각됩니다.

RI*****

요즘 들어서 어린이집 교사에 의한 아동학대가 많이 일어나고 있죠. 만약 부모가 자신의 아이가 온몸에 멍이 든 채로 집에 와서, 교사에 의한 아동학대가 의심돼 경찰에 신고를 했다고 가정해 봅시다. 만약 CCTV가 없다면 이를 어떻게 증명할 수 있을까요?
아이가 다른 아이와 다투다가 생긴 것일 수도 있고, 순전히 넘어져서 생길 수도 있는 멍인데 말입니다. 만약 CCTV마저 없었다면, 아이는 매일 어린이집에서 계속 학대에 시달려야 했을지도 모릅니다.(중략)
학부모와 교사 간의 불신을 조장한다고 하셨는데, 교사는 어린이를 돌보는 직업입니다. 따라서 부모도 어느 정도는 납득하고 맡겼을 것입니다.
또, 부모로서 자신의 아이가 다치면 당연히 CCTV를 확인해 달라고 할 것입니다. 이런 이유로 저는 어린이집 CCTV 설치에 찬성합니다.

자료 #12 CCTV 운영상 문제점 보도 사례

어린이집 아동학대 근절한다더니…CCTV 무용지물

(M○○ 2018년 7월 20일, 일부 발췌)

어린이집에서 아동학대가 자행되는 건 어제오늘 일이 아닙니다. 몇 년 전 정부가 어린이집에 CCTV 설치를 의무화하는 등 대책을 내놨지만, 학부모들이 제대로 볼 수도 없는 등 무용지물이라는 지적도 적지 않습니다.

어린이집 보육교사가 김치를 먹지 않는 아이의 뺨을 강하게 때리고 아이는 충격에 쓰러집니다. 아이가 낮잠 자길 거부하자 담요로 덮고 누르는가 하면, 밥을 입 안에 억지로 밀어 넣기도 합니다.

어린이집 학대가 끊이지 않자 정부도 지난 2015년, 아동학대 근절 대책을 내놨습니다. 어린이집 CCTV 설치를 의무화하고 아동을 학대한 보육교사의 자격을 정지시키는 등 처벌을 강화한 겁니다. 하지만 이후에도 학대 사건은 끊이지 않고 있습니다. 전문가들은 CCTV 뿐만 아니라 보육 환경을 개선하고 보육교사의 인식을 바꿔 가야 한다고 강조합니다.

'며칠' 지나면 사라지는 유치원 CCTV 영상

(M○○ 2018년 10월 12일, 일부 발췌)

유치원 교사의 아동학대가 드러난 데에는 무엇보다 교사들에게 맞았다는 아이들의 증언이 결정적이었습니다. 아이들 증언이 일치하자 부모들은 유치원에 CCTV 확인을 요청했고 단 이틀간의 영상에서만 여러 학대 장면이 포착된 겁니다.

하지만, 부모들의 방문이 조금만 늦었다면, 이번 학대 사건은 단순한 훈육이나 철없는 아이들의 거짓말로 결론날 뻔했습니다. 해당 유치원이 평소 보관하는 CCTV 영상은 나흘 분량. 방송에 보도된 학대 영상은 이미 남아 있질 않습니다.

어린이집은 '영유아보육법'에 따라 CCTV 설치를 의무화하고 60일 이상 보관해야 하지만, 유치원을 관장하는 '유아교육법'에는 CCTV 관련 내용이 아예 없습니다. 법의 사각지대로 남아있는 유치원에서의 아동학대를 예방하기 위해서는 CCTV 설치는 물론 장기 보관을 의무화하는 관련 법 개정이 시급합니다.

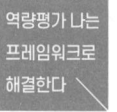

자료 #13 해외 사례(육아정책연구소, '아동인권 보호를 위한 CCTV의 설치 및 운영방안', 2015)

국가	설치현황	관리
미국	- 연방정부 차원의 CCTV 설치 실태조사는 없음. 학부모 동의 시 어린이집 내 CCTV 설치 가능 - 학교와 어린이집 CCTV 설치 관련 법령은 주 단위 판례를 통해 결정됨	- 학교 내 CCTV 설치는 학교 내 폭력, 총기 난사 등의 예방이 주된 목적임 - 하지만 폭력 예방에는 역부족이라는 평가
영국	- CCTV나 Webcam 설비 갖춘 유치원·어린이집 비율이 높아지고 있음 - 유치원·어린이 집 종사자 인권침해, 개인정보 유출방지 등의 논의가 진행 중임 학부모는 Webcam 사용에 긍정적임 - 최근에는 스마트폰, 컴퓨터를 통해 자녀의 어린이집 생활을 볼 수 있는 Nursery Cam(유치원 캠) 사용 기관도 늘어나고 있음	- 정보관리감독자만 CCTV 열람 및 관리 가능함 - 기관 내 Webcam 설치 관련 정보 공개 - Webcam으로 인해 어린이집 교사들의 소극적인 자세, 스트레스가 문제가 되고 있음
독일	- 아동 폭력을 금지하고 있어 아동학대 보호를 위한 CCTV 설치 논의도 없음 - 법률에서 기본권, 개인정보보호법을 엄격히 규제하고 있어 CCTV 설치는 사실상 금지되어 있다고 볼 수 있음	- 아동학대에 대한 강력한 규제 및 강력한 개인정보호정책으로 CCTV 설치 필요성 낮음
프랑스	- 2001년 외곽지역의 어린이집에서 CCTV 설치 후 아동, 교사 초상권, 개인정보 침해에 관한 논란이 발생함 - 2009년 교육부 장관이 학교 내 CCTV 설치를 권장함으로써 CCTV 설치는 증가함. 자유 침해 제소 증가로 학급, 식당 같은 생활공간에는 설치 금지	- 국립정보자유위원회(CNIL)가 CCTV 정책관리 - 어린이집 내 CCTV 설치 이후 개인 정보 침해, 감시하는 사회 등에 대한 부정적 여론
핀란드	- 가정, 학교 내 신체적 체벌이 법적으로 금지되어 있으며, 공교육과 교사에 대한 신뢰도가 높음 - CCTV가 설치된 어린이집은 거의 없음 - 최근 정부 차원에서 신설 기관에 CCTV 설치를 권고, 설치위치 공개	- CCTV 모니터링은 일반적인 법령 따르고 있음 - 법령에는 CCTV 관리, 열람이 가능한 사람의 범위 등에 대해 명시되어 있음 - 설치목적에 맞게 사용, 영상은 1년 후 폐기
일본	- 어린이집 아동학대 사건으로 CCTV 설치 여론이 커지면서 설치 기관 증가 - CCTV 설치는 입구, 현관 등에 외부침입에 대한 방범 목적으로 설치 - 최근 부모들이 실시간으로 자녀 활동을 볼 수 있는 '라이브 카메라' 도입	- 원장이 관리책임자를 맡으며, 기록장치 조작은 담당 직원만 할 수 있도록 제한됨 - CCTV 운영 관련 기준은 교육위원회가 결정 - '라이브 카메라'에 대해서는 찬반의견 갈림

육아정책연구소, "아동인권 보호를 위한 CCTV의 설치 및 운영방안", 2015

자료 #14 전문가 정책제언(육아정책연구소, '아동인권 보호를 위한 CCTV의 설치 및 운영방안', 2015)

기본 방향	• 유치원·어린이집에 CCTV가 도입된 주요 목적인 '아동 안전사고 예방과 아동학대 예방'의 취지에 부합되도록 함 • 유치원과 어린이집의 기관 특성에 따라 CCTV의 설치·운영이 이루어지도록 관련 법안 및 지원 정책 필요 • 아동인권 보호와 더불어 아동의 보호와 발달에 영향을 미치는 교사의 인권과 부모의 권리도 함께 고려

CCTV 설치·운영 세부 개선 방안

CCTV 설치	**CCTV의 합목적적인 설치를 위한 가이드라인 제시** - 교실과 보육실 설치 시 자료수집 시간을 한정하고, 교사실과 교사 휴게공간에는 CCTV 설치를 제한함 **네트워크 카메라의 설치·운영에 대한 엄격한 규제 마련** - 아동과 교사의 인권 보호를 위해 네트워크 카메라의 설치·운영에 대한 규제 및 규정 재정비 **신규 설치기관 컨설팅** - 관련 지자체가 아동과 교사의 개인정보 보호, 교직원과 학부모와의 의견수렴 등을 컨설팅
CCTV 운영	**개인정보 보호를 위한 CCTV 운영 방안** - 열람정보 유출에 대한 규제 마련(영상기록물 관리자의 책임 강화, CCTV의 외부 위탁 관리 기준 마련 등) - 영상개인정보 보호에 대한 인식 개선 **기관의 특성을 고려한 CCTV 운영지원 방안** - 유치원의 CCTV 설치·운영지원을 위한 「유치원의 영상정보 수집 및 처리 지침」 마련 - 어린이집의 CCTV 설치·운영지원을 위한 「영상정보처리 가이드라인」의 정교화 **보호 주체에 따른 CCTV 설치·운영 방안** - 아동 : 아동 초상권 보호 및 아동학대 증거 확보 - 교직원 : 유치원·어린이집 개방성 증진을 통해 부모 감시에서 부모 참여로 전환 - 부모 : 자녀의 개인정보 열람 제한권리, 부모의 양육 효능감 증진을 위한 육아지원 정책 활성화

자료 #15 과제 수행 지침

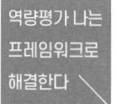

귀하는 교육부 교육복지정책국 유아정책과에서 유치원의 안전, 보건 관련 업무를 담당하는 사무관으로서 다음의 과제를 수행하여야 합니다.

1. 유치원 내 CCTV 설치 의무화와 관련한 학부모 대표(찬성)와 유치원 교사협의회 대표(반대)의 입장을 경청하고 토론과 협의를 통해 귀하의 입장을 결정한다.

2. 유치원 내 아동학대 방지 및 안전 확보 등을 위한 실효성 있는 방안을 제시하고, 학부모 대표와 교사 대표 등 이해관계자가 이를 공감하고 수용할 수 있도록 적극 설득한다.

실전연습문제

청운시 농업기술센터 이전

집단토론(GD)

역할 부여 및 과제 개요

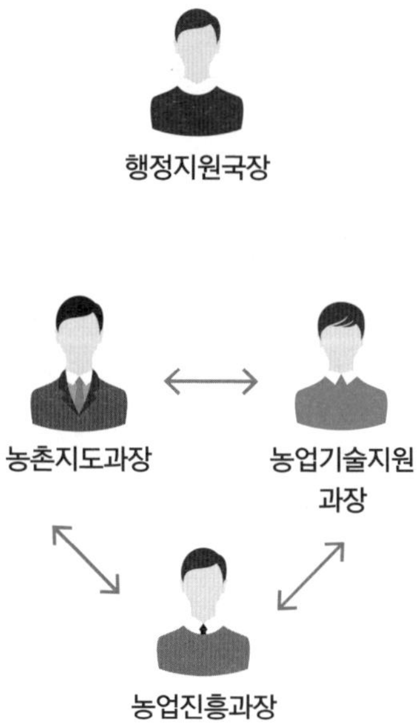

- 귀하는 청운시 농업기술센터 소속 농촌지도과장(농업진흥과장, 농업기술지원과장)입니다.
- 청운시 농업기술센터 이전과 관련하여 각 부서별 부지 사용면적 등을 협의하기 위해 행정지원국장이 오늘 회의를 소집하였습니다.
- 귀하는 토론과 협의를 통해 부서의 입장을 상대방에게 잘 이해시켜야 하고, 합리적인 해결 방안과 결과를 이끌어 내야 합니다.

과제 수행시간은 총 60분입니다.
(자료 검토, 토론준비 30분, 진행 30분)

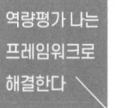

제시 자료 목록

1 배경 상황
2 신문기사
3 이메일(회의개최 통보)
4 농업기술센터 이전 방안(연구용역 결과)
5 농업기술센터 이전 소요예산
6 이전 농업기술센터 주요 시설 예상 면적
7 이전 농업기술센터 주요 시설물 배치 계획(안)
8 농업기술센터 이전에 대한 주민 설문조사
9 청운시 농업기술센터 직제 및 부서별 주요 업무
10 센터 이전 관련 주민 의견(시청 홈페이지 발췌)
11 역할 부여 및 지침(농촌지도과 정기태 과장)
12 농업인 교육관 2019년도 주요 업무추진 방향
13 청운시 농업기술센터 2019년 교육 계획
14 역할 부여 및 지침(농업진흥과 김진원 과장)
15 로컬푸드 직판장 설치 운영 방향
16 타 지역 로컬푸드 직판장 설치 운영 사례
17 역할 부여 및 지침(농업기술지원과 장동우 과장)
18 농기계 임대·수리사업소 운영 방향
19 농기계 임대·수리 관련 설문조사 및 타지역과 비교

자료 #1 배경 상황

오늘은 2019년 3월 25일입니다. 청운시는 경상북도 동남부에 위치한 농촌형 도시이며, 관내에 총 6개동 5개면이 있습니다. 제7대 민선시장인 정윤복 시장은 '살기 좋은 청운시 만들기 5년 계획'의 일환으로 지난 1983년에 세워진 농업기술센터를 확장 이전하는 사업을 추진하겠다고 시민들에게 약속하였습니다.

한편, 지난 3월 20일 시의원인 김정태 의원이 시의 행정지원국에 대한 행정사무감사에서 농업기술센터 이전이 왜 지지부진한지를 따지면서, 당초 일정대로 조속한 이전을 강력하게 촉구하였고, 시장도 조속히 추진하겠다고 답변한 바 있습니다.

청운시 농업기술센터는 현재 청운시의 시가지인 남부동에 위치하고 있어 실제 이용자인 농민들의 이용이 불편하고, 건물 또한 노후화되어 체계적인 농업인 지원 사업에 한계가 있다는 지적이 수차례 있었습니다. 농업기술센터 이전은 그간 수차례 논의되어 왔으나, 부지 확보, 지역 주민들의 의견 조율 등의 어려움으로 그간 쉽게 결정을 하지 못하였던 사안입니다. 이와 관련하여 청운시는 2016년 '청사 이전 건립 타당성 조사 및 기본계획 수립 연구용역'을 실시하고, 2017년 농업인 접근성 등에 강점을 가진 동성면 금구리 일대 시유지를 후보지로 결정하고 농업기술센터 이전 사업을 진행 중입니다.

현재 이전 계획상의 부지 면적은 12,000㎡, 시설 면적은 5,800㎡를 적정 규모로 판단하고 있습니다. 그런데 센터에 입주할 시설 면적 및 센터 부지 내 위치를 두고 농업기술센터 소속으로 있는 농업인 교육관, 농기계 임대·수리사업소, 로컬푸드 직판센터 3개 부서가 이견을 노출하고 있어 이전 사업 추진에 차질이 빚어지고 있습니다.

이에 따라 시의 행정지원국장은 농업기술센터 소속 이들 3개 부서 담당자 간의 회의를 개최하여 이견을 조율하고, 최종 방안을 결정하여 시장에게 보고하여야 합니다.

자료 #2 신문기사

청운시 농업기술센터 이전, 이제 발등의 불!

청운시농업기술센터가 시설 노후 및 공간 부족, 접근 편의성 미흡 등의 문제로 조속한 이전이 필요하다는 지적이 제기됐다.

청운시의회 경제환경위원회 김정태 의원은 1월 20일 재정경제국 행정사무 감사에서 청운시 농업기술센터 이전을 진작 결정해 놓고도 추진이 미진한 이유를 질타하며, 시의 모든 역량을 집중해서 조속히 이전 사업을 마무리할 것을 주문하였다.

김정태 의원은 청운시 의회에서 기자회견을 갖고 현재의 농업기술센터 건축물의 노후화와 교육 등 청사방문자 증가로 주차장 부족과 도심 입지에 따른 농민들의 접근성 미흡 등 여러 가지 문제를 안고 있다고 지적하면서 "청운시 농업을 한 단계 업그레이드시키기 위해서는 청운시 농업기술센터 확장 이전 사업이 시급하다"고 주장했다. 또한, "청운시의 경우 마땅한 제조업이 없는 상태에서 농업이 주력산업인 만큼 농업 진흥에 시의 명운을 걸어야 하며, 농업기술센터의 농촌 프로그램을 내실화하여 지역 여건에 부합한 농업기술 개발을 활성화하고, 농업인에 대한 과학영농 교육 등을 통해 청운시 농업인의 농가 소득 증대 및 시의 지속가능한 발전을 강구하여야 한다고 주장하였다.

한편, 청운시 농업인단체협의회(회장 박정호, 이하 '농단협')는 19일 청운시 농업의 획기적인 발전을 위해서는 농업기술센터 확정 이전을 서둘러 달라고 청운시에 촉구했다. 농단협은 "쓰러져 가는 농업을 다시 일으켜 세우는 역할을 농업기술센터가 중심이 되어 이루어져야 한다"며 "현 청운시 농업기술센터는 30여 년 전 조성된 곳으로 현 농촌실정에 맞게 개선되어야 한다"고 강조했다.

(청운일보 2019년 3월 21일)

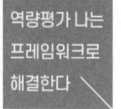

자료 #3 이메일(회의개최 통보)

일시 : 2019년 3월 22일 10:00
발신 : 청운시 행정지원국장 이길수
수신 : 농촌지도과장(정기태), 농업진흥과장(김진원), 농업기술지원과장(장동우)
제목 : 청운시 농업기술센터 이전 시 시설 면적 등 협의관련 회의 개최

살기 좋은 청운시와 농업발전을 위해 불철주야 애쓰시는 각 부서 관계자 여러분께 감사의 말씀을 드립니다.
각 부서장님들께서 잘 아시는 것처럼 우리 시의 농업기술센터 이전은 지역의 숙원사업입니다.
그런데 농업기술센터 이전 시에 시설 면적 확보 등을 두고 입주할 부서 간에 상당한 이견으로 이전 사업에 차질이 빚어지고 있는 실정입니다.
특히 현재 농업기술센터 소장이 공석인 상태로서 센터 자체 조정이 이루어지지 못하고 있는 것으로 알고 있습니다.
이에 따라 농업기술센터 시설 면적 문제 등을 협의하기 위해 아래와 같이 회의를 개최하니 참석해 주시기 바랍니다.
이번 회의에서 최종 시설 면적과 센터 내 위치가 결정되는 만큼, 각 부서장님들께서는 첨부한 이전 계획(안) 등을 참고하여 각 부서가 요구하는 부지 내 위치, 시설 면적의 필요성과 기대효과 등에 대한 자료를 준비하여 주시고, 이를 토대로 각 부서의 입장을 충분히 설명해 주시기 바랍니다.
참고로, 이전 계획서상의 시설물 면적은 도시계획법 등에 따른 최대한도로서 추가적인 증축은 불가능한 대신
각 부서의 위치 및 점용 면적은 한도 범위 내에서 일부 조정 가능함을 알려드립니다.

ㅇ 회의 일시, 장소 : 2019년 3월 25일 10:30, 청운시청 행정지원국장실

〈첨부자료〉 1. 농업기술센터 이전 방안(연구용역 결과) 2. 이전 소요 예산 3. 이전 부지 주요 시설물 면적(안) 4. 이전 시설물 배치도 5. 이전 관련 주민 설문조사 결과 6. 농업기술센터 조직도 7. 시청 홈페이지 주민 의견(발췌)

자료 #4 농업기술센터 이전 방안(2016년 청사 이전건립 타당성 조사 연구용역 결과)

첨부자료 #1

- **배경** : 현 부지가 시내에 위치하고 있어 주 이용자인 관내 농민들의 접근성이 떨어지고, 1983년도에 지어진 시설이 노후화되었으며, 부지도 협소하여 교육 공간, 주차 공간 등의 만성적인 부족을 겪고 있어 이전이 불가피한 상황
  - 현재의 농업기술센터는 부지 3,550㎡, 건물 연면적 1,350㎡에 그쳐 시설이 낡은 데다 영농기술 교육시설과 실습시설, 농기계 임대 사업 여건 등이 크게 부족해 제 역할을 하지 못한다는 지적을 받아 왔음
  - 이에 따라 청운시는 연구용역(2016년)을 거쳐 2017년 6월 이전 계획을 수립

- **이전 센터 설립 계획(안)**
  - 부지 : 12,000㎡(동성면 금구리 일대 시유지)
  - 주요 시설 : 연면적 5,800㎡(본관, 농업인 교육관, 농업기계 임대·수리사업소, 로컬푸드 직판장, 농업 실험동, 자연학습장 등)

- **소요 예산** : 총 51억 5천만 원(부지 조성비 10억 원 포함)
  - 시설 건립비 : 29억 7천만 원(본관, 농업인 교육센터, 농업기계 임대·수리 사업소, 로컬푸드 직판장, 농업실험동 등)
  - 최신 농업용 장비 확보 등 : 11억 8천만 원

- **추진 일정**
  - 2017년 6월 이전 계획(안) 완료
  - 2017년 12월 도시계획시설(공공청사)사업 실시계획인가
  - 2018년 6월 착공
  - 2019년 6월 준공
  - 2019년 8월 농업기술센터 이전 완료

자료 #5 농업기술센터 이전 소요예산

첨부자료 #2

구분	예산액	비고
부지 조성	**10억 원**	
시설 건립	**29억 7천만 원**	로컬푸드 직판장, 자연 학습장은 농업기술센터를 이전하면서 신규로 설치
	- 본관 신축 : 6억 5천만 원	
	- 농업인 교육관 신축 : 7억 5천만 원	
	- 농업기술 실험동 신축 : 4억 2천만 원	
	- 로컬푸드 직판장 신축 : 5억 8천만 원	
	- 자연학습장 조성 : 1억 2천만 원	
	- 농기계 임대·수리사업소 신축 : 3억 5천만 원	
	- 기타 주차장 등 부대시설 : 1억 원	
농업장비 및 시설 기자재 매입	**11억 8천만 원**	
	- 임대용 최신 농기계 구입 : 4억 6천만 원	
	- 농업인교육장 정보화 교육 기자재 등 구입 : 2억 4천만 원	
	- 로컬푸드 직판장 냉장 시설 등 장비 구입 : 3억 3천만 원	
	- 농업기술 실험 장비 구입 : 1억 5천만 원	
총계	**51억 5천만 원**	

자료 #6 이전 농업기술센터 주요 시설 예상 면적

첨부자료 #3

구분	현재	이전 후
계	**2,200㎡**	**5,800㎡**
본관	500㎡	700㎡
농업인 교육관	400㎡	600㎡
농업기술 실험동	200㎡	800㎡
로컬푸드 직판장	-	1,000㎡
자연 학습장	-	600㎡
농기계 임대·수리사업소	500㎡	900㎡
기타 주차장 등 부대시설	600㎡	1,200㎡

자료 #7 이전 농업기술센터 주요 시설물 배치 계획(안)

첨부자료 #4

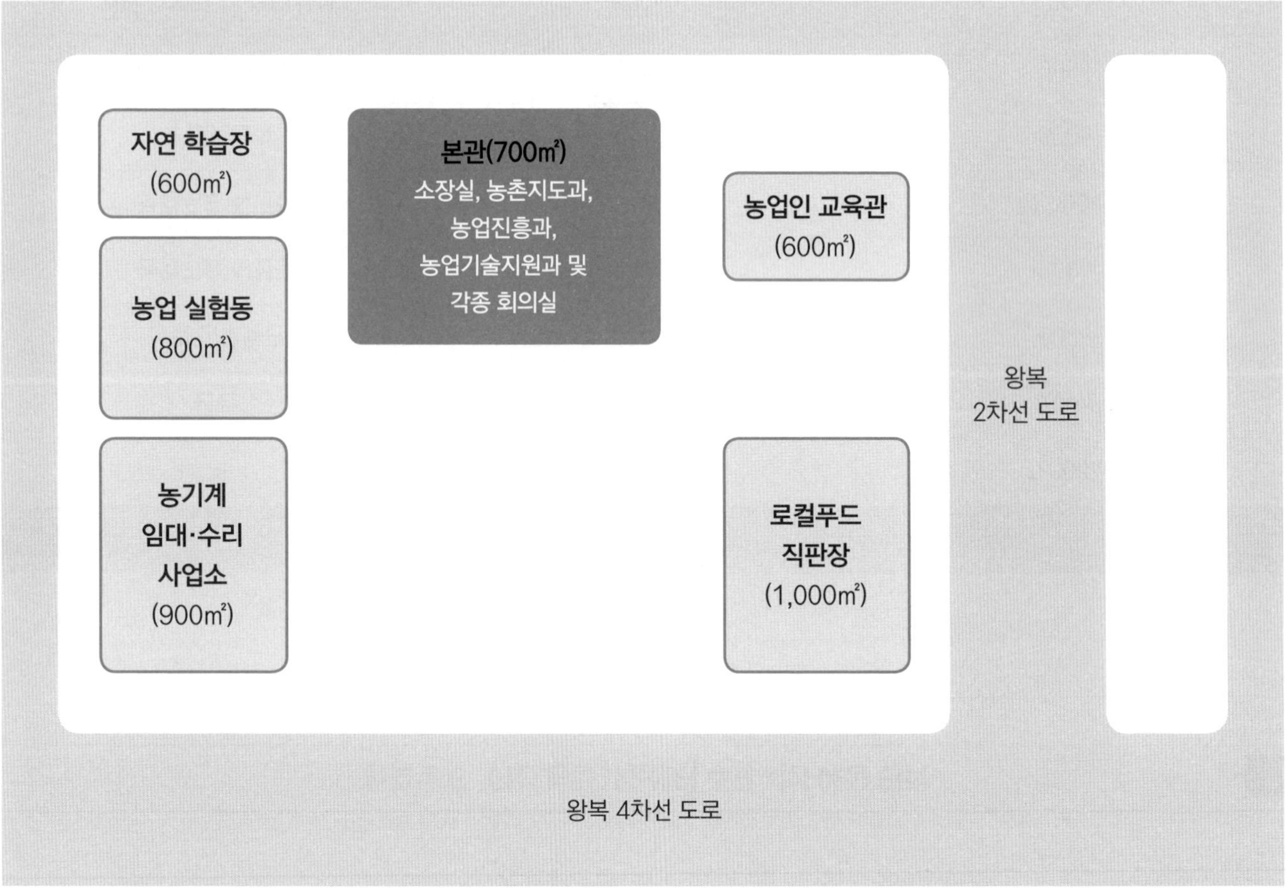

자료 #8 농업기술센터 이전에 대한 주민 설문조사

첨부자료 #5

(조사 개요)

- 2017년 2월 '청운시정 개발 연구원'이 조사 실시
- 청운시 주민 1,500명 대상으로 설문조사

(설문조사 결과)

1. 농업기술센터 이전해야 하나?

2. 농업기술센터 이전이 필요한 이유?

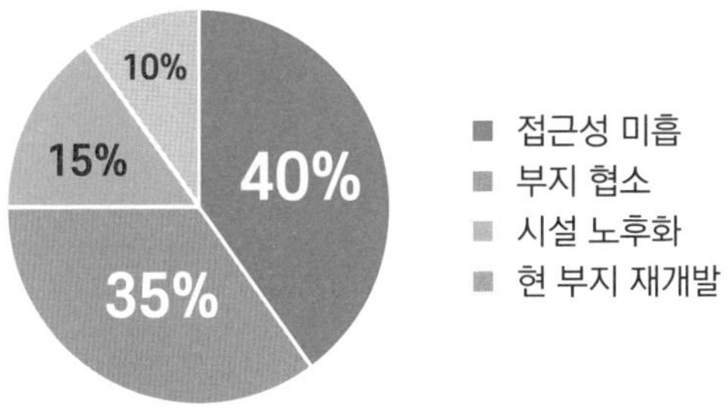

3. 이전 시 주요 고려 사항

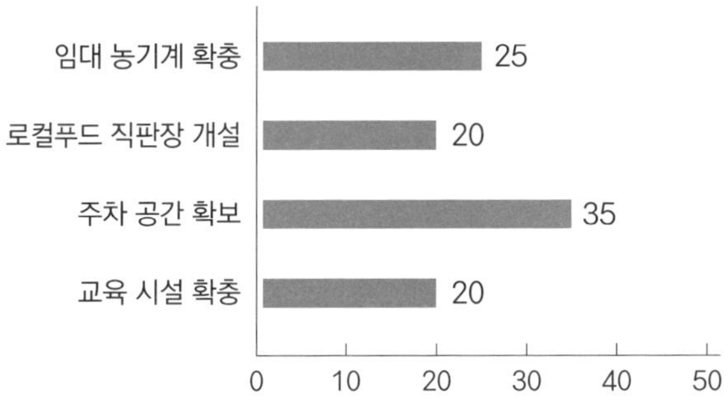

자료 #9 청운시 농업기술센터 직제 및 부서별 주요 업무

첨부자료 #6

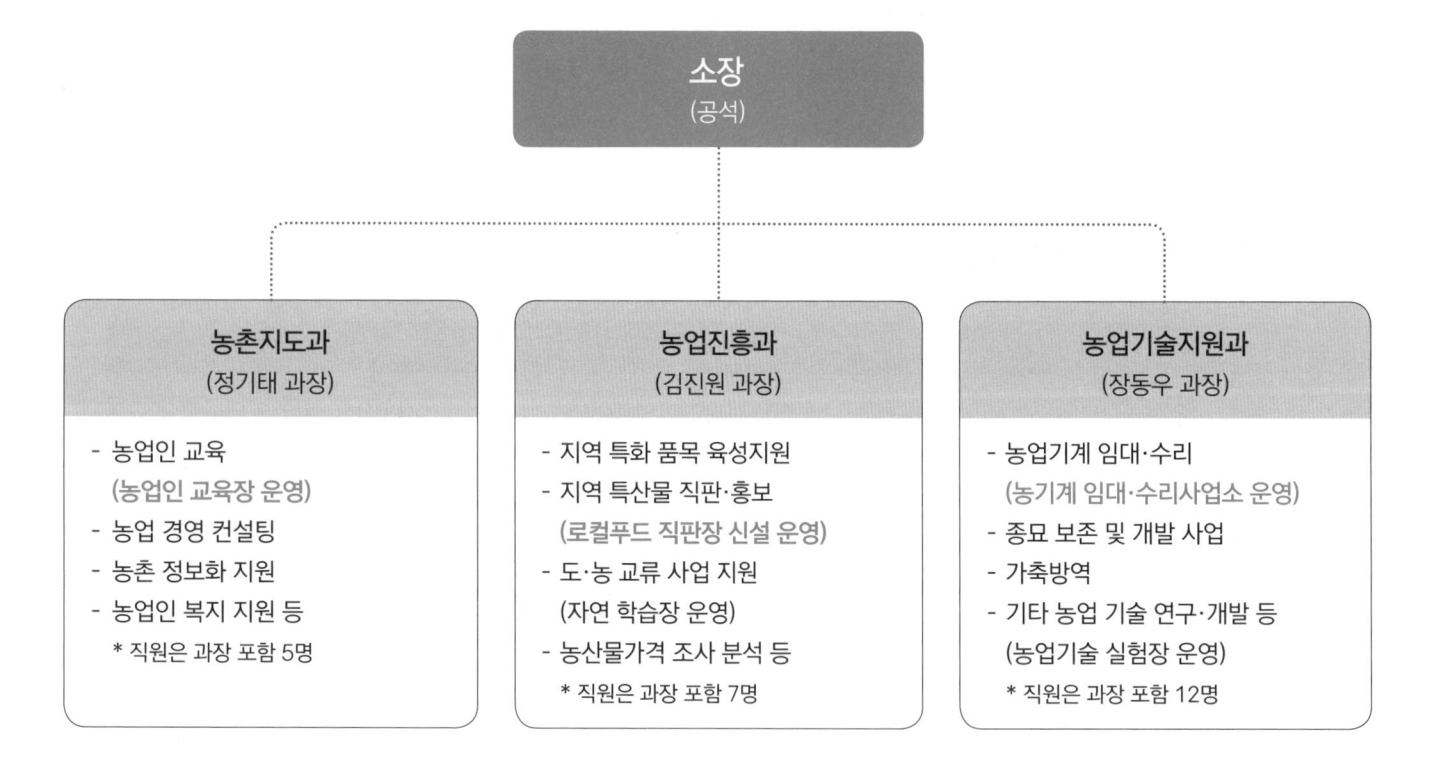

소장
(공석)

농촌지도과
(정기태 과장)

- 농업인 교육
  (농업인 교육장 운영)
- 농업 경영 컨설팅
- 농촌 정보화 지원
- 농업인 복지 지원 등

* 직원은 과장 포함 5명

농업진흥과
(김진원 과장)

- 지역 특화 품목 육성지원
- 지역 특산물 직판·홍보
  (로컬푸드 직판장 신설 운영)
- 도·농 교류 사업 지원
  (자연 학습장 운영)
- 농산물가격 조사 분석 등

* 직원은 과장 포함 7명

농업기술지원과
(장동우 과장)

- 농업기계 임대·수리
  (농기계 임대·수리사업소 운영)
- 종묘 보존 및 개발 사업
- 가축방역
- 기타 농업 기술 연구·개발 등
  (농업기술 실험장 운영)

* 직원은 과장 포함 12명

자료 #10 센터 이전 관련 주민 의견(시청 홈페이지 발췌)

첨부자료 #7

정○○
(동성면)

농업기술센터가 시내에서 동성면 금구리로 이전된다고 하니 기대가 큽니다. 그런데 지난 2017년에 이전을 결정해 놓고도 아직까지 지지부진한 이유를 모르겠습니다. 들리는 소문에는 농업기술센터 입주 부서 간에 이견이 있어 추진이 잘 안 되고 있다고 하는데, 공무원들의 밥그릇 싸움이 아닌지 모르겠군요. 빨리 추진해 주세요!

손○○
(남천면)

우리 시의 숙원사업이던 농업기술센터 확장 이전이 왜 이렇게 지지부진한가요? 제가 오늘 시내에 있는 현 농업기술센터를 방문했는데, 주차할 곳이 없더라고요! 도대체 우리 시의 공무원들은 일을 하는 겁니까 안 하는 겁니까?

김○○
(진북면)

농업기술센터 이전 계획에 로컬푸드 직판점 신설이 포함된 것은 참 잘된 일입니다. 사실 그간 지역 특산 농작물을 잘 재배하고도, 판로가 쉽지 않아 농민 입장에서 많이 힘들었거든요. 새로 설치되는 로컬푸드 직판점이 제 역할을 잘 할 수 있도록 시에서 각별히 신경 써 주시기 바랍니다.

박○○
(백천면)

백천면은 시의 외곽에 위치해 이래저래 혜택을 못 보고 있습니다. 우리는 시민이 아닙니까? 동성면으로 이사라도 가야 할까요? 시장님, 대책을 세워 주세요!

이○○
(장산면)

농민들 입장에서 고가의 농기계를 구입해서 농사짓는 것은 현실적으로 불가능합니다. 결국 그때그때 필요한 농업기계를 임대해야 하는데, 시청 공무원들 농업기계 한번 임대해 보셨나요? 농업기계 임대하는 것이 하늘에 별 따기보다 어렵습니다. 그 많은 농업예산 어디에 다 쓰는 겁니까? 정작 농민들이 필요로 하는 농기계 임대사업의 경우 그냥 시에서 생색만 내고 있는 것 같습니다. 이번에 농업기술센터를 이전하는 계기에 농업기계 임대 문제가 대폭 개선될 수 있도록 해 주세요

윤○○
(행촌동)

우리 시의 농업인 교육에 대해 의견을 올리지 않을 수 없습니다. 제가 지난달 농업기술센터에서 농업IT 과정 교육에 참여하였는데, 교육 시설이나 장비가 너무 낙후되어 있더군요. 이래서는 선진 농업이 헛구호에 지나지 않을지 심히 염려됩니다. 우리 청운시 농업의 미래를 위해 농업인 교육훈련에 더 많은 투자를 해야 합니다.

권○○
(신평동)

우리 시에는 현재 신평동에 있는 농산물 도매시장을 비롯해서 6개의 재래시장, 농협이 운영하는 대형 마트 3개소 등이 이미 있습니다. 이런 상황에서 로컬푸드 직판장을 농업기술센터 내에 설치한다고 하는데 과연 효과가 있을까요? 있는 매장이나 잘 운영되도록 지원하는 것이 현실적이라 봅니다.

자료 #11 역할 부여 및 지침(농촌지도과 정기태 과장)

귀하는 청운시 농업기술센터 농촌지도과장(정기태 과장)으로서 청운시 행정지원국장이 주재하는 3월 25일 회의에 참석하여 농업진흥과장, 기술지원과장과 토론에 임해야 합니다. 동 토론에서 청운시 농업기술센터 이전과 관련하여 귀하 소관인 농업인 교육관의 입지 면적을 최대한 확보하여야 하며, 센터 부지 내 교육관의 위치에 대해서도 사업 수행에 가장 유리한 곳을 주장하고 이를 관철하여야 합니다.

과제 수행을 위해서는 귀하 소관 사항에 대한 이해뿐만 아니라, 타과 소관 사항에 대해서도 충분히 숙지하고, 토론에 임해야 합니다. 또한 농업기술센터의 역할과 기능 등에 대한 지역민들의 요구를 파악하고, 토론 과정에서 청운시 농업기술센터의 농업인 교육 사업의 비전과 기대효과 등도 제시하면서 논리를 전개하시기 바랍니다.

단, 이전할 농업기술센터 총 면적 범위 내에서 다른 참석자인 농업진흥과장과 기술지원과장과의 토론을 통해 적정 합의점을 찾아야 합니다.

만약, 회의에서 적정한 합의점이 도출되지 않을 경우 당초 농업기술센터 이전 계획을 참조하여 행정지원국장의 판단하에 시설 면적 및 위치를 정할 수밖에 없으며, 이로 인해 귀하의 사업에 지장이 초래될 경우, 이를 업무 성과 평가에 반영하여 추후 인사에서 불이익이 있을 수도 있습니다.

* 역할 수행 관련 참고자료 :
  - 농업인교육관 2019년도 업무추진 방향
  - 2019년도 교육계획

자료 #12 농업인 교육관 2019년도 주요 업무추진 방향(농촌지도과장 소관)

기본 방향	• 청운시 농업인 교육을 활성화하여 전문 농업인 육성 및 농가소득 증대에 기여하고, 농업과 농촌에 대한 이해와 자긍심을 고취함으로써 살기 좋은 청운시 건설에 선도적 역할을 담당
주요 추진 업무	• 신설과정 확대 - 농업인 아카데미에 농업경영 컨설팅 과정을 신규 개설하여, 농산물 재배-판매 등에 선진경영기법 전수 - 전통식품제조 과정을 5개 신설하여 건강한 먹거리 문화 조성 및 농가소득 증대에도 기여 - 하우스 시설관리 자격증 과정을 신설하여 시설 작물 재배가 증가하는 추세에 부응 • 교육인원 대폭 증가 - 2018년 13개 과정 2,390명 교육 → 2019년 20개 과정 3,800명 교육 (농업 시책 교육 1,000명 증가, 신설과정 410명 증가 등) • 관내 농업인의 교육 수요 부응 - 농기계 수리 과정 교육인원 확대(2017년 50명 → 2018년 100명) - 특수 작물 재배 교육인원 확대(2017년 50명 → 2018년 100명) 등

자료 #13 청운시 농업기술센터 2019년 교육 계획(농촌지도과장 소관)

과정		교육 일정	교육 인원(명)	비고
농업인 아카데미	- 귀농 귀촌 과정	2019년 2월 ~ 11월	60	연중 2회
	- 농업 경영 컨설팅	2019년 3월 ~ 8월	60	연중 1회
	- 특수 작물 재배	2019년 2월 ~ 10월	100	연중 1회
교양강좌	- 생활 공예(양재, 규방, 풀짚 등 5개 과정)	2019년 2월 ~ 12월	300	연중 2회
	- 전통 식품 제조(쌀빵, 떡, 막걸리 등 5개 과정)	2019년 2월 ~ 12월	300	연중 2회
	- 요리 교실	2019년 2월 ~ 12월	300	연중 2회
정보화 지원	- 농업 IT	2019년 4월 ~ 6월	250	연중 1회
	- 농작물 출하관리 프로그램	2019년 7월 ~ 9월	250	연중 1회
자격증 과정	- 한식 조리사	2019년 1월 ~ 3월	30	연중 1회
	- 농기계 수리	2019년 2월 ~ 10월	100	연중 2회
	- 하우스 시설 관리	2019년 9월 ~ 10월	50	연중 1회
농업 시책 교육	- 2017년 농업 시책	2019년 1월 중	2,000	연초 1회
합계			3,800	

자료 #14 역할 부여 및 지침(농업진흥과 김진원 과장)

귀하는 청운시 농업기술센터 농업진흥과장(김진원 과장)으로서 청운시 행정지원국장이 주재하는 1월 25일 회의에 참석하여 농촌지도과장, 기술지원과장과 토론에 임해야 합니다. 동 토론에서 청운시 농업기술센터 이전과 관련하여 귀하 소관인 로컬푸드 직판장의 입지 면적을 최대한 확보하여야 하며, 센터 부지 내 직판장의 위치에 대해서도 사업 수행에 가장 유리한 곳을 주장하고 이를 관철하여야 합니다.

과제 수행을 위해서는 귀하 소관 사항에 대한 이해뿐만 아니라, 타과 소관 사항에 대해서도 충분히 숙지하고, 토론에 임해야 합니다. 또한 농업기술센터의 역할과 기능 등에 대한 지역민들의 요구를 파악하고, 토론 과정에서 청운시 농업기술센터의 로컬푸드 직판장 사업의 비전과 기대효과 등도 제시하면서 논리를 전개하시기 바랍니다.

단, 이전할 농업기술센터 총 면적 범위 내에서 다른 참석자인 농업진흥과장과 기술지원과장과의 토론을 통해 적정 합의점을 찾아야 합니다.

만약, 회의에서 적정한 합의점이 도출되지 않을 경우 당초 농업기술센터 이전 계획을 참조하여 행정지원국장의 판단하에 시설 면적 및 위치를 정할 수밖에 없으며, 이로 인해 귀하의 사업에 지장이 초래될 경우, 이를 업무 성과 평가에 반영하여 추후 인사에서 불이익이 있을 수도 있습니다.

* 역할 수행 관련 참고자료 :

- 로컬푸드 직판장 설치 운영 방향
- 타 지역 로컬푸드 직판장 설치운영사례

자료 #15 로컬푸드 직판장 설치 운영 방향(농업진흥과장 소관)

설치 배경

- 친환경 농산물 생산자와 소비자 간 직거래를 통해 소비자 식탁에 건강하고 안전한 먹거리 제공
- 안정적인 농산물 판로를 확보하여 생산농가의 안정적인 소득 창출과 유통과정 축소로 가격 거품을 제거해 저렴한 값으로 소비자가 구매할 수 있도록 함으로써 지역경제 활성화에 기여

지역 농산물 판매 현황과 문제점

- 시내의 농산물 도매시장(신평동 소재)이 현재 운영 중이나, 타 시군 지역에 비해 규모도 작고, 개별 소비자의 이용도 낮은 실정이며, 재래시장의 경우 생산자인 농민과 소비자가 직접 매매할 수 있으나, 그 수가 제한적이고 영세함
- 농협이 운영하는 대형 마트의 경우 대부분 '숍인숍' 형태로 지역 농작물의 직판이 이루어지고 있어 다수 농민이 참여할 수가 없음
- 농업기술센터 내에 로컬푸드 직판장을 새로 개설할 경우 기존 농산물 도매시장 상인 등의 반발도 예상됨

로컬푸드 직판장 설치 운영 방향

- 청운시 인근 대동시와 경천시 등의 소비자들을 주요 고객으로 설정하고, 이들 도시로부터 접근성이 상대적으로 양호한 동성면 금구리로 확장 이전하는 농업기술센터 내에 직판장 입지
- 지역 농가 300가구 이상, 총 250여 개 품목을 취급(운영 상황을 보아 가며 점진적으로 확대 검토)
- 직판장은 2층으로 1층은 지역 내에서 생산된 신선 채소, 과일, 잡곡 등을 판매하고, 2층에는 된장 등 가공식품과, 계란, 육류 직판장과 사무실, 쉼터 등 입지

자료 #16 타 지역 로컬푸드 직판장 설치 운영 사례(농업진흥과장 소관)

C시 : 우리 농산물 직거래 장터	H군 : 로컬푸드 직판장	K시 : 농협 하나로마트 직거래 코너
- 설립 시기 : 2015년 - 설치비 : 12억 원 - 입지 : 시내 독립 부지 사용 (기존 농산물 도매시장 재개발 사용) - 규모 : 부지 1,200㎡, 건물 연면적 800㎡ - 참여농가, 품목 : 220개 농가, 260개 품목 - 직판장 구성 · A동 : 신선채소, 과일, 잡곡 등 · B동 : 육류, 계란, 가공식품, 사무실 등 - 연간 매출액(2017년 기준) : 52억 원	- 설립 시기 : 2016년 - 설치비 : 14억 원 - 입지 : 독립 부지 사용(군청 인근 소재) - 규모 : 부지 520㎡, 건물 연면적 600㎡ - 참여농가, 품목 : 220개 농가, 260개 품목 - 직판장 구성 · 1층 : 농산물 매장(농축산, 가공식품) · 2층 : 농가 레스토랑, 사무실 등 - 연간 매출액(2017년 기준) : 28억 원	- 설립 시기 : 2012년 - 설치비 : 3억 원 - 입지 : 시내 농협 대형 마트 내 숍인숍 형태 (농협 마트 내 숍인숍 형태로 총 3개소 운영) - 규모 : 농협 마트 내 180㎡ 사용 - 참여농가, 품목 : 120개 농가, 200여 개 품목 - 직판장 구성 · 순수 지역 농축산물, 가공식품 (기타 사무실 등은 농협 마트와 공동 사용) - 연간 매출액(2017년 기준) : 약 12억 원

자료 #17 역할 부여 및 지침 (농업기술지원과 장동우 과장)

귀하는 청운시 농업기술센터 농업기술지원과장(장동우 과장)으로서 청운시 행정지원국장이 주재하는 1월 25일 회의에 참석하여 농촌지도과장, 농업진흥과장과 토론에 임해야 합니다.
동 토론에서 청운시 농업기술센터 이전과 관련하여 귀하 소관인 농기계 임대·수리사업소의 입지 면적을 최대한 확보하여야 하며, 센터 부지 내 사업소의 위치에 대해서도 사업 수행에 가장 유리한 곳을 주장하고 이를 관철하여야 합니다.

과제 수행을 위해서는 귀하 소관 사항에 대한 이해뿐만 아니라, 타과 소관 사항에 대해서도 충분히 숙지하고, 토론에 임해야 합니다. 또한 농업기술센터의 역할과 기능 등에 대한 지역민들의 요구를 파악하고, 토론 과정에서 청운시 농업기술센터 농기계 임대·수리사업소의 비전과 기대효과 등도 제시하면서 논리를 전개하시기 바랍니다.

단, 이전할 농업기술센터 총 면적 범위 내에서 다른 참석자인 농촌지도과장과 농업진흥과장과 기술지원과장과의 토론을 통해 적정 합의점을 찾아야 합니다.
만약, 회의에서 적정한 합의점이 도출되지 않을 경우 당초 농업기술센터 이전 계획을 참조하여 행정지원국장의 판단하에 시설 면적 및 위치를 정할 수밖에 없으며, 이로 인해 귀하의 사업에 지장이 초래될 경우, 이를 업무 성과 평가에 반영하여 추후 인사에서 불이익이 있을 수도 있습니다.

* 역할 수행 관련 참고자료 :
  - 농기계 임대·수리사업소 운영 방향
  - 사업소에 대한 주민의견 및 타 시·군과의 비교

자료 #18 농기계 임대·수리사업소 운영 방향(농업기술지원과장 소관)

설치 배경

- 지역농가가 값비싼 농기계를 사지 않아도 언제든 필요할 때마다 저렴한 비용으로 필요한 농기계를 빌려 쓸 수 있게 돼 농기계 구매와 수리 부담을 덜 수 있어 생산성 향상 및 지역 농업 활성화 기여

현 농기계 임대·수리사업소 운영 현황과 문제점

〈운영 현황〉

- 보유 농기계 : 농업용 소형굴삭기와 논두렁 조성기, 각종 작물파종기 등 총 30종 781대의 농기계를 보유
- 이용 농민 현황(2018년 기준) : 3,900여 농가(2015년 2,000여 농가 → 2017년 3,500여 농가)
  * 농기계 임대수요가 해마다 지속적으로 증가하는 추세
- 현재의 농업기술센터 본 사업소 외에 청운시 서부·남부·북부 등 권역별로 4개소의 출장소 설치 운영 중임

〈문제점〉

- 현재 보유하고 있는 농기계로는 급증하는 농기계 임대수요에 효과적으로 대응하는 데 한계
- 현재 시내에 소재하고 있어 농기계 입·출고 시 교통혼잡, 농기계 수리 소음 발생 등으로 인근 주민 민원

향후 역점 추진 방향

- 지역 농업인의 임대수요에 맞게 성능 좋은 최신 농업기계 확보 노력 강화
- 농번기 휴일 근무제, 농기계 입출고 퀵 서비스 활성화, 문제발생시 현장 출동 강화 등 추진
- 농업기계에 대한 농업인의 이해제고를 위한 교육 내실화 등

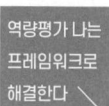

자료 #19 농기계 임대·수리 관련 설문조사 및 타지역과 비교(농업기술지원과장 소관)

조사 주체 : 농업기술지원과(농기계 임대·수리사업소)
조사 일시 : 2018년 11월
조사 방법 : 관내 농기계 임대 경험이 있는 농업인 2,000명 대상 설문조사

<농기계 임대 사업 관련 가장 아쉬웠던 점(복수 응답)>
- 원하는 시기에 농기계 임대가 어려웠음 : 1,275명(64%)
- 농기계가 타 시군에 비해 다소 구식임 : 531명(27%)
- 농기계가 고장 난 경우 제때 수리 서비스가 잘 이루어지지 않음 : 397명(20%)
- 농기계 관련 기초 지식에 대해 체계적이고 용이한 교육이 아쉬움 : 345명(17%)
- 농기계 임대사업소(출장소 4개소 포함)가 제한적으로 설치되어 있어 접근에 어려움 : 315명(16%)
- 영세 농가(경지 면적 3,000m² 이하, 귀농인, 70세 이상 고령자 등) 이용 소외 : 265명(13%)

농업인구, 면적 등이 비슷한 타 시군 농기계 임대·수리사업소와 비교(2018년 기준)

청운시	동안시	명주군
- 면적 : 420㎢(6개 동, 5개 면) - 인구 : 257천 명 (농업인구는 약 60%인 154천 명) - 농기계 임대사업소 : 4개소 - 보유 농기계 : 30종 781대 보유 - 농업인 이용자 : 3,900여 농가	- 면적 : 395㎢(5개 동, 4개 면) - 인구 : 285천 명 (농업인구는 약 52%인 149천 명) - 농기계 임대사업소 : 3개소 - 보유 농기계 : 43종 670대 보유 - 농업인 이용자 : 2,300여 농가	- 면적 : 470㎢(2개 읍, 6개 면) - 인구 : 231천 명 (농업인구는 약 71%인 164천 명) - 농기계 임대사업소 : 4개소 - 보유 농기계 : 50종 850대 보유 - 농업인 이용자 : 4,500여 농가

실전연습문제

대구시의 젠트리피케이션 대응 방안

구두발표(PT)

과제 수행 지침

- 오늘은 2019년 3월 27일이며, 귀하는 대구시 도시재생정책팀장의 역할을 수행하여야 합니다.
- 귀하는 3월 29일 개최되는 "대구시 도시재생 포럼"에서 '젠트리피케이션 해법을 찾아서' 라는 주제로 발표를 할 계획입니다.
- 이하에 제시된 정보를 토대로 도시재생사업 과정에서 초래될 수 있는 젠트리피케이션 문제의 극복 방안을 작성하고 발표해야 합니다.

과제 수행시간은 50분입니다.(정보파악 및 발표 자료 작성 30분, 발표 5분, 질의응답 15분)

제시 자료 목록

1 문제 제기

2 젠트리피케이션에 대한 기본적 이해

3 도시재생사업으로 인한 젠트리피케이션 발생 사례
(국토연구원, "도심의 상업적 젠트리피케이션 대응방안 연구", 2016)

4 젠트리피케이션, 부정적이기만 한가?

5 전문가 의견(기사 발췌)

6 젠트리피케이션 대응 관련 주요 정책수단
(국토연구원, "도심의 상업적 젠트리피케이션 대응방안 연구", 2016)

7 중앙정부 및 지자체의 젠트리피케이션 대책

8 서울시 젠트리피케이션 종합대책(2015)

9 해외의 젠트리피케이션 극복 사례

자료 #1 문제 제기[22]

대구의 '김광석 다시 그리기 길(김광석 길)'은 한 해에 100만여 명이 다녀갈 정도로 늘 관광객들로 붐빈다. 이 길은 김광석의 고향인 대구시 중구 대봉동 방천시장 부근에 벽화를 중심으로 꾸민 350m 테마 로드다. 대구 중구는 2010년부터 10억여 원을 들여 이곳에 벽화 외에도 야외 공연장, 골목방송 스튜디오 등을 조성했다.

그런데 이 지역은 젠트리피케이션 현상을 얘기할 때 대구에서 첫손에 꼽히는 곳이다. 방천시장은 한마디로 죽어 가던 전통시장이었다. 방천시장을 살리기 위해 중구청과 시장 상인, 예술가가 공동 프로젝트 '별의별 시장' 사업을 펼치면서 일대는 변환점을 맞았다. 예술가들은 시장 가까이에 볼품없이 있던 옹벽을 무엇으로 채울지 고민하다 김광석을 테마로 벽화를 그려 넣었고 이를 계기로 김광석 길이 생겨난 것이다.

그 뒤 김광석 길이 점차 알려져 명소가 되자 점차 주변 땅값과 임대료가 상승했고 전통시장을 살려낸 예술가들은 높은 임대료를 감당하지 못해 쫓겨났다. 그들이 떠난 자리에는 음식점이나 카페, 순수 예술보다는 상업 예술을 위한 공간 등으로 채워졌다. 방천시장 내 영세상인들 역시 오래 버티지 못했다. 방천시장 점포 60여 곳 가운데 영세상인이 운영하던 절반 정도가 지금은 새 주인을 맞았다. 중구가 지난해 조사한 결과 방천시장 안 점포를 뺀 주변 업소 90여 곳 가운데 60여 곳이 식당, 카페 등 서비스업을 한다.

대구 지역 젠트리피케이션은 김광석 길뿐 아니라 중구 현대백화점 대구점 뒤 약령시 한방 특구인 약전골목도 훑고 지나갔다. 2011년 현대백화점이 문을 열자 인근 약전골목에는 음식점, 카페, 미용실 등이 들어서 임대료가 3~4배 뛰었다.

최근에는 중구 북성로 일대에도 젠트리피케이션 우려가 나온다. 낡고 오랜 공구 골목이던 지역이 구청 주도의 재생사업으로 공구박물관과 문화공간 등이 들어선 뒤 임대료가 급등했다. 3~4년

22 "대구 김광석길 예술가도 밀려났다"(대구=연합뉴스, 2017년 7월 29일) 및 "대구지역내 젠트리피케이션 발생현황과 특성에 관한 연구" (장리브가 외, 『대한건축학회 학술발표대회 논문집』, 2017)

전 3.3㎡당 300만 원대의 땅값이 현재는 800만 원선으로 급상승하고 있다.

시민 이○○(39·회사원)씨는 "낙후지역에 콘텐츠를 불어넣어 새로 개발했다고는 하지만 그 자리에 대체로 프랜차이즈 카페나 식당이 빠지지 않고 들어가니 몰개성적인 느낌을 준다"며 "개발 전후와 비교해 어느 쪽이 나은지는 솔직히 잘 모르겠다"고 말했다.

이러한 현상은 거의 전국 대다수의 도시에서 나타나고 있다. 서울, 부산, 인천, 광주 등 지방 원도심에서 환경 개선사업이나 도시재생사업 등 공공주도의 사업이 결정, 시행되면 이것이 호재로 작용하여 투기자본가, 기획부동산 등이 개입하고, 집값 및 임대료가 급등하는 데 이어 젠트리피케이션(Gentrification) 현상이 거의 예외 없이 발생한다.

또한 최근에 소위 '뜨는 상권'을 일컫는 명칭인 'ㅇ리단길'이 서울을 넘어 지방으로까지 퍼지고 있다. 대한상공회의소에 따르면 서울지역(망원동 '망리단길', 연남동 '연리단길', 방이동 '송리단길' 등)뿐만 아니라 부산 해운대의 '해리단길', 대구 대봉동 '봉리단길', 경주 '황리단길', 광주 동명동 '동리단길', 전북 전주 '객리단길' 등 전국적으로 'ㅇ리단길'이라는 명칭의 상권이 약 20개에 달하는 것으로 조사됐다.

그러나 'ㅇ리단길'의 전국적인 확대는 명과 암을 동시에 갖고 있다. 상권에 젊은이들이 붐비며 활력이 넘치는 것은 밝은 면이지만, 기존 상인들이 임대료 상승으로 떠밀려 나가고 새로 들어온 상인들도 큰 재미를 보지 못하는 어두운 면이 공존하는 것이다.

'ㅇ리단길'의 원조는 서울 이태원 '경리단길'이다. 옛 육군중앙경리단(현 국군재정관리단) 건물부터 회나무로를 따라 특색 있는 카페·옷가게·레스토랑 등이 들어서며 '핫 플레이스'로 인기를 끌었다. 이를 모방해 'ㅇ리단길'이라는 이름짓기가 유행한 것이다. 압구정 가로수길에서 따온 서울대입구역 '샤로수길'도 같은 맥락이다.

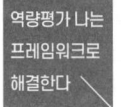

자료 #2 젠트리피케이션에 대한 기본적 이해

젠트리피케이션이란?

도시 환경이 변하면서 중·상류층이 도심의 낙후된 지역으로 유입되고 이로 인해 지가, 임대료 등이 상승하면서 비싼 월세 등을 감당할 수 없는 원주민 등이 다른 곳으로 밀려나는 현상(주거공간, 상업공간 모두에서 발생)

※ 1964년 영국의 사회학자 루스 글래스(R.Glass)가 노동자들의 거주지에 중산층이 이주해 오면서 지역 전체의 구성과 성격이 변하는 것을 설명하면서 처음 사용

일반적인 젠트리피케이션의 진행과정

① 쇠퇴한 도심지에 공공기관의 개발 사업이 시행·완료되고 신교통망 개통

② 사람들 사이에서 소위 '뜨는 지역'으로 입소문

③ 전입자, 방문형 유동객이 급증

④ 프랜차이즈를 비롯하여 대규모 투기성 투자가 확대되고 주거비 및 임대료, 땅값 등이 급등

⑤ 임대료를 감당할 수 없게 된 초기 개발지에 진입했던 임대인, 원주민 등은 강제적 이주를 선택

⑥ 기존 상권 및 근린시설들이 수익성 좋은 특정 업종으로 전치되며 기존 지역사회 고유성이 상실

• 젠트리피케이션 과정

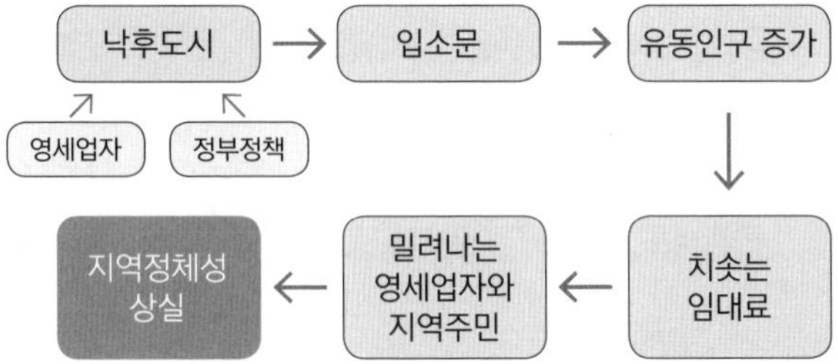

☑ 젠트리피케이션 발생원인(서울시 성동구청, '젠트리피케이션 방지와 지속가능한 도시재생' 포럼 발제문)

① 사회문화적 접근(수요 측면)

중·상류층의 사회문화적 특성, 소비성향에 주목한다. 후기산업사회로 접어들면서 제조업이 쇠퇴하고 고부가가치 첨단산업, 서비스업이 부상하면서 도시의 주류 구성원이 산업 노동자에서 고소득 전문직종에 종사하는 화이트칼라로 교체되고 이들 신흥 중산층은 소비생활의 편리함과 문화적 다양성을 갖춘 생활을 선호하여 도심으로 회귀하면서 발생한 현상으로 본다.(David ley)

② 경제적 접근(공급 측면)

젠트리피케이션의 원인을 특정 집단의 사회적 특성이나 문화적 취향에서보다 부동산 시장의 본질적 속성과 자본의 이동에서 찾는다. 젠트리피케이션은 부동산 가격의 현재 가치와 미래 가치의 차이에서 유발된다는 것이다. 도심 개발이 포화상태에 이르면 부동산의 현재 가치가 미래 가치보다 낮은 교외로 자본이 이동했다가 정반대 방향으로 자본의 논리가 작동해 발생한 것이 구도심 재개발과 그로 인한 젠트리피케이션이다.

구도심은 여전히 많은 입지적 이점을 가지고 있다. 구도심의 낙후함은 부동산의 현재 가치를 낮춰놓았고, 유리한 입지는 미래 가치를 높게 형성시켜 놓은 상태이다. 따라서 이런 지역은 낡은 건물을 고치거나 지구 단위의 재개발 사업 등 투자가 이뤄지면 건물주와 개발업자, 부동산 중개업자들이 높은 시세차익을 거둘 수 있게 되어 있다. 즉, 이들 공급자가 높은 수익률을 거두기 위해 벌이는 일련의 활동과 상호작용에서 젠트리피케이션이 유발된다는 입장이다.(Neil Smith '지대격차이론')

③ 공공정책적 접근(공급 측면)

공공 부문의 도시재개발을 위한 재정지원 정책을 젠트리피케이션 유발 주요 원인으로 본다. 즉 중앙정부나 지방정부의 정책당국자들이 도시의 조세기반을 확충하고 성장잠재력을 끌어올리며 도심의 활력을 높이기 위해 중·상류층의 진입을 촉진하는 방향에서 도시를 개발하고 있다고 지적하기도 한다.(J. Hackworth, Maureen Kennedy, Paul Leonard 등)

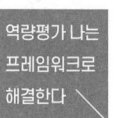

우리나라 젠트리피케이션의 유형

> 젠트리피케이션에 관한 논의는 주거분야의 젠트리피케이션(residential gentrificaion)이 대부분을 차지했으나, 최근 들어 상업지역 젠트리피케이션(commercial gentrification)으로 확장. 상업지역의 젠트리피케이션은 방문객들에 의해 명소화를 동반하면서 관광 젠트리피케이션(tourism gentrification)의 성격이 가미되기도 함

① 주거 젠트리피케이션

주택 재개발정책 추진 과정에서 빈번히 발생한다. 기존 불량주거 밀집지역에 대해 높은 용적률을 제공하며 민간 건설사에게는 사업성을 확보하도록 한 합동재개발사업이 대표적이다. 기존의 노후주거지역은 공동주택으로 변모하고 새로운 거주민이 유입된다. 기존의 원주민은 거주비용의 부담으로 다시 새로운 불량촌으로 이전하는 등 결국 비자발적 이주로 이어지는 것이다.

② 상업지역 젠트리피케이션

주거 젠트리피케이션에서 기존 원주민이 중산층의 유입에 따라 비자발적 이주가 발생한 것과 유사한 맥락이다. 즉 상대적으로 낮은 임대료 분포를 보이던 지역이 다양한 콘텐츠를 통해 사람들의 관심을 유발하여 명소화 과정을 거치게 되면 대형 프랜차이즈 등 민간 상업자본의 유입으로 임대료가 급등한다. 이로 인해 해당 지역을 소위 '뜨는 상권'으로 만든 주도자인 기존의 소규모 상인, 예술가들은 비자발적 이전을 할 수밖에 없는 현실을 주로 비판하고 있다.

③ 관광 젠트리피케이션

상업지역 젠트리피케이션 및 주거 젠트리피케이션과 연관되어 있는 개념이다. 상업지역의 활성화 또는 기존의 주거지역 재생 과정에서 문화·예술적 콘텐츠가 강화되면서 신규 방문자의 증가가 이루어지게 된다. 이렇게 문화·예술적 코드가 집중된 지역은 상업지역과 구별되고 세분화되면서 관광 젠트리피케이션의 속성을 강화하게 된다.

자료 #3 도시재생사업으로 인한 젠트리피케이션 발생 사례

(국토연구원, '도심의 상업적 젠트리피케이션 대응방안 연구', 2016)

지역	주요 내용
천안시 원도심	① 중앙·문성동 일원(19만 6천㎡) 총 사업비 127억 원, 2017년까지 복합문화특화공간을 조성하는 원도심 재생사업 추진 ② 도시재생사업이 본격화되면서 사업구역 내 부동산 가격, 임대료가 오르는 등 젠트리피케이션 문제가 대두됨 ③ 시는 지역상인회, 토지·건물주들과 상생협약을 맺는 등 영세상인들의 이탈 방지를 위한 대안 모색
부산시 감천마을	① 2010년부터 부산시 감천마을 등 마을을 대상으로 도시재생사업이 추진 ② 감천마을은 도시재생사업 이후 상가 임대료가 10배 폭증하였으며 상가는 10배 이상 증가, 관광객은 연간 130만 명으로 약 400배 이상 증가, 인구는 18.5% 감소 ③ 시에서는 조례 제정, 젠트리피케이션 방지 종합대책 수립 계획 등 대응 방안 마련 모색
전주시 한옥마을	① 전주시는 2002년 도심활성화사업 일환으로 한옥마을 조성을 추진 ② 2008년과 2014년 사이 주민은 2,339명에서 1,322명으로 43%가량 줄어든 반면, 식음료 업소는 81개에서 142개로 75% 늘었고 숙박업소도 81개에서 133개로 64% 증가 ③ 한옥마을의 정체성을 훼손하는 업종을 막는 등 다양한 대안 모색
서울 서촌	① 서울시는 2012년 이곳을 먹을거리를 테마로 한 '세종마을 음식문화거리'로 지정, 2015년 골목형시장 육성사업 명목으로 5억 2,000만 원을 지원 ② 지가와 임대료가 오르고 상가도 2배 증가 ③ 종로구는 구청장과 상인회장, 지주회장 등 3자가 모여 '임대인·임차인 상생협약식'을 맺음. 지구단위계획 재정비

자료 #4 젠트리피케이션, 부정적이기만 한가?

긍정적인 측면		부정적인 측면	
• 집주인들의 집값 상승 • 장기거주자들의 정착 • 범죄 감소 • 쇠퇴지역의 안정화 • 지역상권 소비구매력 증가 • 공실률 감소 • 지방재정 증대	• 장래발전 전망 • 지역인프라 활용도 제고, 서비스 부담 완화 • 교외화 감소 • 사회적 혼거(mix) 증대 • 정부 지원이 있든 없든 부동산가치의 자활	• 임차상점주들의 임대료 상승 • 초기 진입 청년문화예술인의 구축 • 유출에 따른 이차심리 비용 • 공동체 갈등 • 일시적인 투기자산의 증가 • 집 구하기 어려움 • 로비 등의 지역지출 감수	• 상업적인 유출 • 지역서비스 비용 증가 • 주변 서민지역 주택수요 압력증가 • 사회적 다양성 감소 • 독점화된 해당 지역의 인구 감소

<젠트리피케이션이 관련 주체에 미치는 영향>

과정	임대인	임차인	주민
긍정적	• 공실률 감소 • 부동산가치 상승 • 공공의 세금 감면, 인센티브 등 지원	• 단기간 매출액 증가	• (집주인) 집값 상승 • 인프라 개선, 공실률 감소로 안전 확대, 범죄 감소
부정적	• 임차인, 공동체 간 갈등	• 지속적 영업활동 어려움 • 급격한 임대료 상승에 따른 전치 및 영업기반 상실 • 이주비용, 영업보상, 정신적 고통 등 추가 비용 발생	• 주민편의시설 감소 • 혼잡, 소음, 사생활 노출 • 지불 가능한 주택 감소 • 인구 감소

자료 #5 전문가 의견(기사 발췌)

구○○ 생활경제연구소 소장

(STARTUP 4 2018년 12월 10일)

도시재생에 명암(明暗)이 있습니다. 그중에서 '암' 중 가장 대표적인 것이 '젠트리피케이션(gentrification)'이라는 '원주민 내쫓김 현상'입니다.(중략)

현재 정부는 도시재생에 의한 젠트리피케이션에 대응하기 위해 2가지 사업에 힘을 쏟고 있습니다. '상생협약 체결'과 '공공임대상가 조성' 사업이 그것입니다. 둘 다 상업 젠트리피케이션에 관련된 대응책입니다. 두 사업 모두 실효성이 거의 없습니다. 상생협약에 상가 임대료 인상을 자제하자는 내용이 들어가지만 법적 구속력이 없습니다. 공공임대상가는 정부가 직접 상가를 매입하여 세를 놓는 사업인데, 정부가 모든 상권의 모든 상가를 매입할 수 없을뿐더러, 심사를 통해 선발된 몇몇 사업장만 특정 건물에 입주하는 형태이므로, 사업의 수혜자가 극히 적다는 문제가 있습니다.

사람은 위험한 일을 하기 전에 반드시 안전장치부터 착용해야 합니다. 그런데 정부는 젠트리피케이션에 제대로 된 안전장치도 설계하지 않는 채로 도시재생사업을 급하게 시행하고 있습니다. 현지 주민에게 도움이 되는 충분한 안전장치를 마련하고 도시재생사업을 실시하는 것이 좋을 것입니다.

조○○ 교수 단국대학교 도시계획부동산학부

(부동산포커스 2016 July Vol.98)

젠트리피케이션이란 영어 말이 어렵다보니 일부 지자체는 '둥지 내몰림'으로 사용하고 국립국어원도 이의 공식화를 제안하고 있다. 하지만 '젠트리피케이션=둥지 내몰림'으로 규정하고 또한 그렇게 이해하고 설명하는 게 반드시 옳거나 정확한 것은 아니다.

물론 같은 도심재활성화라 하더라도 젠트리피케이션으로 그려질 때는 고급화와 양극화, 원거주민 교체 등의 부정성을 더 많이 함의하지만, 그렇다고 긍정성이 모두 부인되는 그러한 획일적인 개념은 결코 아니다. 탈산업화 시대 혹은 지구화 시대 도심의 한 구조적 변화로서 젠트리피케이션이란 현상은 그 단어가 기원하거나 연상시키는 것 이상의 복잡한 국면을 가지고 있다.

우리나라에서 현재 거의 합의된 듯한 '둥지 내몰림'은 젠트리피케이션의 부정적인 한 측면에 불과한 것이다. 낙후된 도심의 재활성화로 바라볼 때 젠트리피케이션이란 현상 자체는 긍정과 부정을 동시에 갖고 있고, 논란이 되더라도 찬반의 입장이 나뉘어질 수밖에 없다. 이것이 젠트리피케이션을 둘러 싼 논의의 실제 지형이기도 하다.

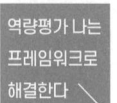

자료 #6 젠트리피케이션 대응 관련 주요 정책수단

(국토연구원, '도심의 상업적 젠트리피케이션 대응방안 연구', 2016)

임대료 규제 및 임차인 보호	- 임대료 인상폭 규제 - 임차인 보호를 위한 임대차 계약갱신요구권 기간 확대, 권리금 회수 기간 확대 등 - 소상공인에 대한 지원(자금, 교육·컨설팅, 정보제공 등) 및 골목상권 보호 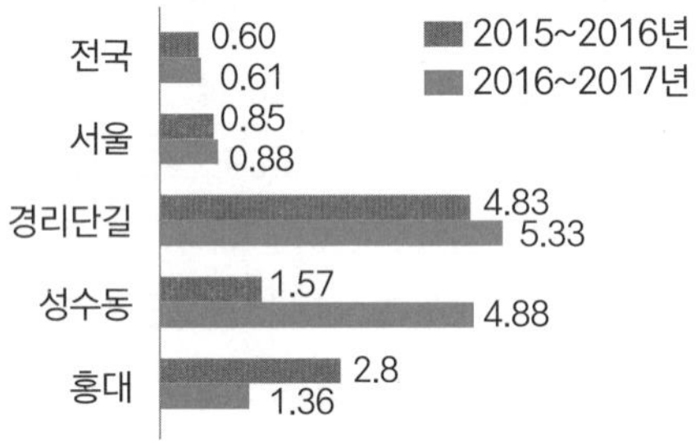
입지행위 등 규제	- 지구단위계획을 통해 지역 고유의 특성을 확보하고, 프랜차이즈 업종의 입지 제한 - 대규모 상업시설 입지 억제 및 소규모 상권 보호(합필, 필지의 최대개발규모 제한 등) - 문화지구 지정을 통해 문화자원과 문화적 특성을 보존하고, 동 지역 내에서의 용도 및 건축행위 등 제한을 지구단위계획에 반영
상생협약 체결	- 조례 제정으로 지역상권의 안정적 발전과 상생협약 체결 유도 * 서울시 성동구의 「성동구 지역공동체 상호협력 및 지속가능 발전구역 지정에 관한 조례」 최초 제정(2015) - 상생협력을 통한 임대료 안정화 및 상권의 지속가능성 유지

자료 #7 중앙정부 및 지자체의 젠트리피케이션 대책

상가임대차보호법령 정비(국토부)

- 임대료 인상률 상한 종전 9% → 5% 축소(상가임대차보호법 시행령 개정으로 2018년 1월부터 시행)
- 임차인 보호를 위해 임차인의 계약 갱신 요구권 확대, 권리금 회수 기간 확대 등 제도 정비 (2018년 9월 20일 개정법 국회 통과 후 2018년 10월 16일 시행)

	종전	개정	비고
임차인의 계약 갱신 요구권	최초 계약일 이후 5년간	최초 계약일 이후 10년간	법개정 이후 신규 계약과 갱신계약에 한해 적용
권리금 회수 기간	임대차 기간 만료 3개월 전부터	임대차 기간 만료 6개월 전부터	기존 계약 건에도 소급 적용가능
전통시장 권리금 적용	제외(대규모 상점으로 분류되어 권리금 미보호)	적용	
상가임대차 분쟁조정위원회	없음	신설	

소상공인 골목상권 보호 및 상가 임대료 상승 억제를 위한 자율상권법 제정 추진(중소기업부)

입지행위 등 규제(지자체)

- 지구단위계획에 프랜차이즈 입지 제한(예 : 전주 한옥마을, 서울 종로구 서촌 지역 등)
- 문화지구 내 프랜차이즈 음식점 입점을 금지하고 소규모 영업시설 보호(예 : 서울 인사동 문화지구)

상생협약 체결(지자체, 임대인, 임차인, 기타 이해관계자)

- 서울시 성동구에 이어 다른 지차체들도 관련 조례 제정
  * 서울시 '상가임차인 보호를 위한 조례(2016년 1월 7일)', 서울시 중구 '지역상권 상생협력에 관한 조례(2016년 5월 11일)', 대구시 '서민경제 특별진흥지구지정 및 운영 조례(2015년 10월 30일)', 대구시 중구 '지역상권 상생협력에 관한 조례(2018년 3월 30일)'
- 상생협약을 통한 임대료 안정화 및 상권의 지속가능성 유지(2018년 현재 전국 46개 지자체에서 상생협약 체결)

<상생협약 사례>

지역	협약주체	주요 협약 내용
서울시 성동구	건물주 임차인 성동구	• 임대인 : 임대료, 권리금의 적정 수준 유지를 위한 상생협약 체결 • 임차인 : 쾌적한 영업환경과 거리환경 조성 등 상권의 지속적인 성장과 활성화 노력 • 지자체 : 지역경제의 상생발전을 도모하기 위해 공공기반시설 및 환경개선사업 등을 적극 추진
서울시 종로구	건물주 상인회 종로구	(서촌 세종마을음식문화거리) • 건물주 : 상가건물 임대차보호법령 규정 준수, 임대료 안정 및 거리환경 개선 • 임차인 : 바가지상술 등 상권 저해행위 하지 않고 건물주와 함께 거리환경 개선 • 종로구 : 도로포장, 소방도로 확보 등 상권 활성화 사업 적극 지원
광주시 광산구	건물주 상인회 광산구	(송정역시장) • 건물주 : 임대기간 보장과 적정 수준 임대료 유지 • 청년상인들 : 상권 성장에 대한 노력과 쾌적한 환경 조성 약속 • 광산구 : 기반 시설을 확충하고 환경을 개선하는 사업 추진
천안시 동남구	천안시 건물주 상인회	(도시재생사업 예정지) • 2020년까지 향후 5년 동안 임대료를 현재 수준으로 동결하는 내용의 사업 추진 동의서 체결 • 천안시 : 앞으로 리모델링에 들어가는 건물을 대상으로 상생협약을 확대 계획
부산시 중구	건물주 예술인 문화재단	• 부산시는 문화창작공간 '또따또가' 등이 임대료 상승에 따라 예술가들이 떠나는 현상을 방지 • 민관협의체 구성 및 원도심 문화거리 조성 협약 체결

자료 #8 서울시 젠트리피케이션 종합대책(2015년 12월)

- **총괄 대책**

① 거버넌스를 통한 젠트리피케이션 공론화
② 지역별 민관협의체 구성 및 상생협약 체결 유도
③ 상가임차인 보호 조례 제정 및 지원 강화
④ 젠트리피케이션 전담 법률지원단 지원
⑤ 지역정체성 보존을 위한 앵커시설 확보·운영
⑥ 서울형 장기안심상가 운영
⑦ 장기저리융자 지원을 통한 자산화 전략

- **지역별 대응 방안 :**
  총괄대책을 지역별 특성에 맞게 재구성

① 대학로
② 인사동
③ 신·홍·합 지역
④ 성미산 마을 등 마을공동체
⑤ 도시재생지역(해방촌, 성수동 등)
⑥ 북촌 및 서촌

- **도시계획적 수단을 통한 관리**

① 재생 등 도시계획사업계획 수립 시, 예방대책 수립
② 젠트리피케이션 관련 지구단위계획 가이드라인 마련

- **법령 등 제도 개선**

① 「상가건물임대차보호법」 개정 건의
② 젠트리피케이션 특별법 제정 건의 및 조례 제정 추진

자료 #9 해외의 젠트리피케이션 극복 사례

영국 런던	런던 북부 해크니(Hackney)구의 쇼디치(Shoreditch)는 도심 접근성이 좋은데다 싼 임대료로 1980년대 후반부터 젊은 예술가와 디자이너들이 많이 활동. 하지만 1990년대부터 이 일대에 도시재생사업이 활성화되면서 임대료가 비싸졌고, 예술가들은 다른 곳으로 밀려날 처지에 놓임. 이러한 상황에서 지역 공동체 사업을 통해 발생한 이익을 환원하는 방식으로 젠트리피케이션을 막아냄 **해크니 협동조합(Hackney Cooperative Development)** 방치된 건물을 은행 융자를 얻어 매입한 후 리모델링을 거쳐 영세 영업자나 예술가에게 시세의 70%에 임대 **쇼디치개발신탁(Shoreditch Development Trust)** 직접 운영하는 식당은 지역민을 고용하고 식당 수입금은 쇼디치 지역공동체 사업에 재투자하는 방식으로 지역경제 활성화에 기여
프랑스 파리	1970년대까지 도심에 대형 상업시설이 입점하면서 소규모 음식점과 전통 식당 등이 급격히 줄고 골목상권이 타격을 받음 파리시는 실태조사를 벌여 구역별로 업종 분포와 현황을 파악한 뒤 2006년 도시계획에 '보호 상업 가로(街路)'를 지정(파리 전체 도로의 16%, 3만여 개 상업시설이 해당) **'보호 상업 가로'**로 지정되면 건물 1층에 입점한 기존 소매 상업과 수공업 공간을 다른 용도로 바꿀 수 없고, 보호 상업 가로에 비어 있거나 매물로 나온 건물을 사들여 수리한 후 소형 서점이나 식료품점, 세탁소 등을 운영하는 지역 소상공인과 수공업자에게 싼 가격에 임대

캐나다 몬트리올	몬트리올시의 라신운하 주변은 운하기능이 약화되면서 도심공동화 현상에 직면. 이후 예술가들이 창작촌을 형성했고, 몬트리올시와 퀘벡 정부는 멀티미디어 시티 조성을 위한 도시재생에 박차를 가하였음. 이로 인해 젠트리피케이션이 발생하자 예술가들은 주택협동조합을 결성해 대응 **서클카레 주택협동조합** 2010년 퀘벡 주택협회와 퀘벡 재개발 프로그램으로 받은 공적 기금으로 멀티미디어 시티에 49개의 주거와 작업실이 결합된 공간을 장기계약으로 제공 **레자르 주택협동조합** 멀티미디어 시티에 33개의 주거 공간과 17개의 공동 공간을 구입한 시각예술가와 미디어 아티스트들의 조합 공용작업실을 제공하고 회원 예술가들의 작품전시회와 교류프로젝트 개발을 위한 프로그램도 운영
독일 쾰른	독일 라인강변 인구 100만의 쾰른시 서부에 위치한 에렌펠트는 1970년대까지 슬럼화된 지역으로 노동자 계층의 주거지였으나, 2009년 도시재정비 사업이 완료되면서 젊은 계층들이 선호하는 커뮤니티로 변화. 그러나 지역의 환경개선에 따라 주택임대료가 급등하였고 주거지역의 상업화 양상도 발생. 지역주민들은 공동체 운동으로 극복 **에렌펠트 공동체 정원(Gartenbahnh of Ehrenfeld)** 이동 가능한 상자에 공동으로 재배할 수 있는 식물을 심어 지역주민 간의 공유경제를 실천 **레이첼(RACHEL) 건축 프로젝트** 25,000유로에 25㎡ 규모의 주택모듈로 에너지 자립이 가능한 공동주거단지를 지향

〈보고서와 보도자료 작성〉

일부 부처(기관)에서는 보고서 작성 또는 보도자료 작성을 역량평가 기법으로 활용하고 있다.
따라서 역량평가 상황에서 필요한 보고서, 보도자료 작성 방법을 간단히 서술하고자 한다.

1) 보고서 작성

우리가 일반적으로 '보고서'라고 부르는 서류는 여러 유형이 있다. 정책검토, 계획수립 등과 같이 비교적 분량이 많은 보고서를 비롯해 상황보고, 결과정리 등 상대적으로 분량이 적은 보고서가 있다. 또한 꼭 '보고서'의 형식은 아니지만, 대외업무 협의자료, 정책이나 제도에 대한 설명자료 등도 작성자의 입장에서는 '보고서'의 범주에 포함될 수 있을 것이다. 요컨대 본인이 아닌 다른 사람에게 어떤 정보나 메시지를 전달하기 위해 작성하는 서류들을 '보고서'로 이해할 수도 있겠다. 이렇게 본다면 보고서의 생명은 그 안에 담긴 내용을 상대방에게 잘 전달하고, 그 결과로 보고서 작성자와 상대방이 보고서 작성의 목적을 공유하는 데 있는 것이다.

직장인에게 있어서 보고서 작성은 일상다반사이다. 특히 일선 현장이 아닌 사무실에서 일하는 사람들에겐 일의 처음이자 끝이 보고서라고 해도 과언이 아니다. 잘 만들어진 보고서는 완성도, 실행 가능성, 당면한 상황에 대한 대응의 적절성 등이 모두 충족되는 보고서이고, 작성자의 역량이 보고서에 오롯이 담기게 된다.

필자는 현직에 있을 때 동료 직원들에게 우스갯소리로 '보고서는 종합예술이다'라는 말을 자주 했다. 훌륭한 예술 작품을 대할 때 느끼는 감동과 전율을 좋은 보고서를 접할 때도 느낀다. 좋은 그림과 좋은 음악을 탄생시키기 위해 얼마나 많은 습작의 과정, 절차탁마(切磋琢磨)의 과정을 거치는가? 좋은 보고서도 마찬가지이다. 좋은 보고서는 치밀하면서도 아름답다!

보고서는 작성자의 역량 수준에 따라 질이 결정된다. 이러한 맥락에서 보고서 작성과 관련된 역량들이 역량평가의 주요 대상이며, 1:1 역할 연기나 발표(PT) 등의 기법을 통해 이를 측정하고 있는 것이다. 그런데 이 책의 목적이 보고서 작성을 잘할 수 있는 일반적 방법을 찾는 데 있는 것은 아니므로 여기서는 역량평가와 관련된 부분에 국한해서 다루고자 한다. 그리고 앞서 1:1 역할 연기나 발표(PT) 등의 과제에서 보고서의 기본체계를 다루었기 때문에 이 부분은 생략하기로 하겠다.

알다시피 실전에서 역량평가는 시간과의 싸움이다. 자료 검토와 함께 발표(보고)할 사항들을 같이 작성하여야 한다. 이런 상황에서 가장 중요한 것이 상황 분석과 대안 제시, 추진계획 등을 간결명료하게 정리하는 것이다. 우리가 흔히 생각하는 어느 정도의 분량이 있는 보고서를 생각하면 안 된다. 거듭 강조하지만, 역량평가에서의 보고 내용 또는 발표 내용은 1~2페이지로 표현될 수 있어야 한다. 그 안에 과제에서 요구하는 핵심적인 내용이 모두 담겨야 한다. 물론 쉬운 일은 아니다. 그래서 평소에 체계적인 준비와 훈련이 정말 필요하다.

이와 관련해서 눈여겨볼 만한 내용이 있어 소개한다. 『종이 한 장으로 요약하는 기술』을 쓴 아사다 스구루에 따르면 일본 토요타의 경우 회사의 모든 보고서(서류)가 기본적으로 A4 또는 A3 한 장으로 만들어지고 회의와 결재도 한 장짜리 자료로 이루어진다고 한다. 이렇게 한 장으로 만든 서류는 다음과 같은 특징을 갖는다.[23]

① 한눈에 보고 내용 전체를 볼 수 있다.(일람 용이화)
② 틀로 이루어져 있다.(구조화)
③ 틀마다 제목이 붙어 있다.(주제의 명확화)

저자는 잘 정리된 한 장짜리 서류는 '읽고 이해하는' 것이 아니라 '보고 이해하는' 것이 되어야 한다고 강조한다. 이런 서류야말로 스스로 '살아 움직이는' 보고서가 된다는 것이다. 역량평가를 준비하는 사람들에게 이것은 중요한 시사점을 준다. 평가에서 측정하고자 하는 것이 바로 핵심 메시지를 찾아내고, 이를 간결명료하게 전달하는 역량이기 때문이다.
토요타가 이렇게 하는 이유는 글로벌 기업으로서 방대한 조직과 수많은 의사결정 과정을 갖고 있으므로 의사결정권자의 시간절약과 요점파악을 위한 고육책이라고 볼 수도 있다. 그러나 그 한 장의 자료 안에 핵심 메시지가 담겨 있고 간결명료하게 전달될 수 있다면 보고를 받거나 정보를 전달받는 사람의 입장에서는 전혀 나쁠 이유가 없는 것이다. 오히려 여러 가지 정보를 장황하게 담은 보고서보다는

23 아사다 스구루, 서경원 역, 『종이 한 장으로 요약하는 기술 1page』, 시사일본어사, 2016, p.28

임팩트 있는 한 장짜리 보고서가 더욱 빛날 수 있다. 당신이라면 어느 것을 선호하겠는가?

한편, 저자는 토요타의 한 장짜리 보고서(서류)의 공통 항목으로 다음 다섯 가지를 들고 있다.[24]

① 목적(서류를 왜 작성하였는지)
② 현재 상태(무엇인 문제이고 왜 그러한 문제가 발생하였는지)
③ 과제(현재의 상황을 개선하기 위해 무엇을 해야 하는지)
④ 대책(구체적으로 어떤 대안을 제시할 수 있는지)
⑤ 스케줄(앞으로 어떤 시간계획으로 대책을 추진할 것인지)

이것은 우리가 앞서 살펴본 문제 해결의 프레임워크와 그 맥락이 같다. 결국 토요타의 사례에서도 확인할 수 있는 것처럼 생각을 일목요연하게 정리하여 상대방이 이해하기 쉽게 전달하는 유용한 수단이 프레임워크인 것이다.

24 아사다 스구루, 같은 책, p.52

✔Tip ‘엘리베이터 스피치’

한 장짜리 보고서와 관련하여 ‘엘리베이터 스피치’라는 것도 알아 두면 좋을 것 같다. 젊고 패기 있는 기업가가 기술 박람회가 열리는 건물의 엘리베이터에서 투자자를 우연히 만났다고 하자. 이때 기업가는 투자자를 상대로 30초 안에 투자에 대한 관심을 이끌어 내도록 자신의 사업을 압축적이고 임팩트 있게 설명해야 하는 상황이다.

기업가 : 저희 회사에서 신제품을 개발하게 되었습니다. 제품 개발에 적용된 기술은 혁신적입니다. 저희들이 그간 피땀 흘려 노력한 결과입니다. 따라서 저희 회사 신제품에 투자하신다면 충분한 수익을 거둘 수 있다는 말씀을 드립니다.
투자자 : ???

자, 이 정도로 해서 투자를 선뜻 결정할 사람은 거의 없을 것이다. 다음 장면을 보자.

기업가 : 뵙게 되어 영광입니다. 저희 회사에서 신제품을 개발하게 되었습니다. 기존의 생산원가를 25% 이상 낮출 수 있는 기술 혁신으로 시장에서의 경쟁력을 확보할 수 있게 되었습니다. 지금 생산설비 증설을 추진하고 있으며, 저희와 함께할 투자자를 찾고 있습니다. 투자를 하신다면 투자금 대비 연 30%의 수익을 보장해 드리겠습니다. 시간이 있으시면 좀 더 말씀을 드리고 싶습니다.
투자자 : 오호! 참 흥미로운 제안이군요. 생각해 보고 연락 드리겠습니다.

이쯤 되어야 투자자도 관심이 동하지 않을까? 거래와 협상은 여기서부터 시작되는 것이다. 이 사례에서처럼 짧은 시간에 관심을 끌기 위해서는 첫째, 목적이 명확하여야 하고 둘째, 핵심 메시지가 투자자인 상대방의 관심을 끌 수 있는 테마여야 하며 셋째, 정보의 전달이 간결해야 한다.[25] 역량평가에서의 답변이나 브리핑도 크게 다르지 않다. 물론 말처럼 쉽지는 않을 것이다. 그러나 평소에 꾸준히 이러한 상황을 상정하고 이미지 트레이닝을 하면 많은 도움이 될 것이다.

25 박경수, 『보고서의 신』, 더난출판사, 2015, p.216

2) 보도자료 작성[26]

보도자료는 매스컴을 상대로 한 홍보활동의 기본이 되는 문서자료로서 일반적으로 정부의 각 부처, 기관, 기업 등이 작성하여 언론사에 배포한다. 신문기사 형태로 작성되며, 기자에게 내용을 전달하고 이해시키는 것을 목적으로 한다. 새롭게 시행하는 사업이나 제도, 특정 이슈에 대한 입장, 의미 있다고 판단되는 정책성과 등이 단골 메뉴라고 할 수 있다.

이처럼 보도자료는 배포하는 기관의 정책 홍보를 위한 매우 효과적인 수단이기도 하지만, 사회적 파급효과가 크고 서민생활에 직접 관련된 내용을 주로 다룬다는 점에서 다음 사항을 항상 유념하면서 작성하여야 한다.

- 목적은 무엇인가?
- 핵심, 홍보 내용은 무엇인가?
- 내용(콘텐츠), 필요한 사실, 논리, 통계, 사례는 무엇인가?
- 예상되는 질문과 대답은?

보도자료는 크게 제목, 전문, 본문 3부분으로 구성된다.

(제목, Head line) 흥미와 관심을 유발할 수 있어야 하고, 기사 전체 분위기와 내용을 짐작케 할 수 있어야 한다. 즉 첫 문장을 읽고, 더 읽어 보고 싶은 마음이 들게끔 유도해야 한다. 이를 위해 주제목 아래에 부제목을 달기도 한다. 제목이 중요한 만큼 제목을 표현하는 방식도 다양하다.

- 나열형 : 떨어지는 집값, 고삐 죄는 정부. 하락폭 더 커질 듯
- 카피형 : 외인·기관 쌍끌이... '연말 랠리' 기대감 쑥

26 국가공무원인재개발원 연구개발센터, 『정책기획실습』(2018) 참고

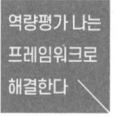

- 의문형 : 효과적인 연말정산은 어떻게?
- 인용형 : 김○○ “주택 공급이 가장 중요한 집값 안정 수단”

제목은 밋밋한 제목보다는 강렬한 인상을 줄 수 있는 것이어야 한다. 예를 들어 “편의점, 브랜드 달라도 개점 제한”이라고 제목을 다는 것보다 “편의점, 브랜드 달라도 100m 이내 개점 못한다”가 더욱 강하게 어필할 수 있을 것이다.

(전문, Lead) 기사가 시작되는 부분으로 핵심*이 되는 내용이 앞에 배치되도록 하는 것이 중요하다. 전문에는 육하원칙을 담는 것이 일반적이다.(누가, 언제, 어디서, 왜, 무엇을, 어떻게) 이 중에서 ‘왜’ 했는지가 명확히 담기는 것이 중요하다.
* 통상 기사의 핵심 또는 강조점에 ‘야마’라는 표현을 쓰기도 한다.

(본문, Body) 전문에서 언급된 핵심 내용을 구체적인 사실, 논리적 근거와 함께 나열하는 부분이다. 통계, 전문가 의견, 국제적 사례 등을 포함하여 나열하면 리드(전문)의 내용을 뒷받침해 주는 역할을 한다. 본문 서술의 바람직한 방법은 다음과 같다.

- 중요한 것부터 나열한다.
- 한 문장에 한 개 주제를 담는다.
- 숫자, 통계, 그림, 표, 그래프 등을 활용하여 시각효과와 신뢰도를 높인다.
- 구체적인 표현을 사용한다.
- 그리고, 그런데, 그러므로 등의 접속사 사용은 가급적 자제한다.
- 않을 수 없다, 없지 않았다 등의 이중부정은 가급적 자제한다.
- 자료의 신빙성과 현장감을 높이기 위해 관계자 발언을 직접 인용하는 쿼트(Quote)를 적절히 활용한다.

역량평가의 일환으로 보도자료를 작성하는 경우에도 역시 주어진 자료를 참고하여 2페이지 정도의 분량으로 작성하는 것이 바람직하다. 특히, 핵심 내용과 관련한 키워드가 무엇인지를 파악하고 이를 최대한 부각시켜야 한다.

제4부

면접을 통한 역량평가

01

입사 면접에 대한 기본적 이해

1) 면접이 바뀌고 있다!

채용면접은 기본적으로 조직(회사)이 요구하는 인재상에 지원자가 부합하는지, 장래 업무를 잘 수행할 수 있는 능력과 자질을 갖추었는지를 파악하는 것이다. 인재선발은 서류전형, 필기시험, 면접 등의 절차를 거치게 되는데 면접이 보통 최종적인 관문이 된다. 경우에 따라서는 서류전형, 필기시험 등에서 다소 미흡하더라도 면접에서 높은 평가를 받으면 합격하는 경우도 많으며, 그 반대의 경우도 충분히 있을 수 있다. 그만큼 면접이 중요하다는 의미이다.

그런데 최근의 면접 방식은 종래의 전통적인 면접과는 판이하게 다르다는 점을 유념하여야 한다. 전통적인 면접의 경우 여러 가지 이유로 인재선발의 신뢰성과 변별력에 한계를 가지고 있었다.

전통적 면접 방식이 직무역량 측정에서 갖는 한계

전통적 면접에서는 추상적 질문을 하는 경우가 많은데 지원자의 답변만으로는 누가 우수한지 판단하기 어렵다.

- 추상적 질문(예시)
  - 이 직위에 적합한 사람은 어떤 사람이라고 생각하는가?
  - 팀원들의 단합을 위해 중요한 것이 무엇이라 생각하는가?
  - 훌륭한 리더란 어떤 사람이라고 생각하는가?
  - 당신은 회사 발전에 어떻게 기여할 것인가?

지원자의 겉모습(인상), 언변에 현혹되기 쉽다. 직무역량 유무나 강도보다는 '말 잘하는' 지원자를 뽑을 가능성이 크다. 통상 면접 시작 3~4분 이내에 면접자는 지원자의 성향, 능력 등을 어느 정도 파악하고 성급하게 결론을 내리는 경향이 있다고 한다.[27]

면접 시의 질문내용, 주로 확인하여야 할 사항 등이 면접자의 자율적 판단에 맡겨져 있다. 따라서 면접자의 태도와 성향 등 개인적 차이에 따른 평가의 오류 가능성이 상존한다.

* 면접자가 각각의 지원자에게 다른 질문을 하거나, 지원자들의 대동소이한 응답을 다르게 평가할 가능성

27 황규대, 『고용면접의 구조와 과정』, 오래, 2010, p.75

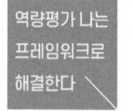

2) 다양한 면접 방식들

최근의 면접은 전통적 면접 방식에 비해 면접의 종류도 다양할 뿐만 아니라, 지원자를 압박하는 여러 가지 기법들을 총동원하여 회사가 요구하는 인재를 선발하고 있다. 즉 최근 면접의 경향은 면접의 전반적 과정이 매우 구조화되어 있다는 점, 지원자에 대한 압박 질문을 통해 역량을 파악한다는 점 등의 특징을 가진다. 이러한 면접 방식을 '역량면접'이라고 한다.

많이 채택되고 있는 역량면접 기법은 크게 2가지로 나뉠 수 있다. 먼저, 집단토론(GT)이나 발표(PT)처럼 특정 시나리오를 부여하고 이를 어떻게 처리하고 대응하는지를 보는 방식이 있다. 또 하나는 장래의 역량 유무, 강도, 빈도 등을 파악하기 위해 과거의 행동 경험을 질문하거나, 상식적으로는 답변이 곤란한 질문들(추산형, 재치형 질문 등)을 이용하기도 한다.

토론면접	프리젠테이션(PT) 면접	질문을 통한 역량면접
여러 명의 지원자에게 주제를 주고(주제를 특정하지 않는 경우도 있다) 토론을 하게 하여 역량을 평가	직무 관련 가상 상황을 제시하고, 지원자가 이를 어떻게 처리할 것인지를 발표하게 하여 역량을 평가	행동 경험 질문(BEI), 추산형 질문, 재치형 질문, 인성 파악 질문, 상황 설정형 질문 등으로 역량을 평가

한편, 이러한 방식 외에도 면접의 전 과정을 영어로 진행하는 경우도 있으며, 회사의 특성 등을 반영하여 이색적인 술자리 면접, 체력(등산, 마라톤) 면접, 노래방 면접, 사우나 면접 등도 있다. 이처럼 다양하고 심층적인 면접 방식이 채택되고 있다는 것은 기업들이 그만큼 면접을 중요하게 본다는 의미이다. 그리고 그 핵심은 면접이 지원자의 직무역량의 유무, 강도, 빈도를 파악하는 유력한 수단이라는 것이다.

지원자의 입장에서 볼 때 역량면접 방식이 매우 부담스럽고 준비할 것도 훨씬 많아진다. 그러나 역량면접이 인재채용의 핵심 트랜드로 자리 잡은 이상, 치밀하게 준비하는 것 외에는 답이 없다.

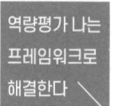

역량면접을 준비하는 데 가장 효과적인 방법은 이 책의 전반부에서 강조했듯이 결국 프레임워크를 이용하는 것이다. 역량면접이 종래 전통적인 면접에 비해 심층적인 방식이라 하더라도 면접시간은 그리 길지 않다. 짧은 시간 동안 사안을 구조적으로 정리하여 임팩트 있게 보여 주어야만 면접관의 마음을 사로잡을 수 있는 것이다.

3) 면접에 임하는 기본 자세 : 지원하는 회사와 자신에 대해 정확히 정리해 두어야!

면접 준비를 하면서 지원하는 회사와 자신에 대한 정보를 철저히 파악하는 것은 기본이다. 이런 기본적인 사항들이 정리되지 않은 상태에서 면접에 임한다면 결과는 불을 보듯 뻔하다. "지피지기 백전불태(知彼知己 百戰不殆)!" 자신과 상대방의 상황에 대하여 잘 알고 있으면 백번 싸워도 위태로울 것이 없다는 뜻인데, 입사를 위한 면접에서 이처럼 적절한 표현이 또 있을까?

먼저 지원하는 회사에 대해서는 아래와 같은 기본적인 사항을 파악해 두어야 한다.

일반 현황	경영 관련 정보
• 회사 연혁 • 사훈, 경영이념, 창업정신, 인재상 • 회사의 조직과 인력(생산공장, 해외지사 등도 포함) • 회사 오너 관련 정보(이름, 출신, 전공 등)	• 매출, 손익 현황 • 주력 상품(타사 제품과의 차별성, 경쟁력, 시장에서의 평가, 개선이 필요한 사항 등) • 회사의 주가, 상장 주식 수 • 신상품 개발 또는 미래 먹거리 사업에 관한 정보 • 회사의 광고 내용 등

특히, 회사의 경영 분석에 있어서는 앞서 설명한 프레임워크를 적절히 활용한다. 예를 들면 회사 주력 상품의 시장 평가에 대해서는 3C 모델이나 4P 모델 등을 활용할 수 있을 것이다. 그리고 신상품 개발, 미래 전략 등과 관련하여서는 SWOT 모델, STP 모델 As is – To be 모델을 활용한다. 그리고 조금 더 깊이 있는 분석을 위해서는 마이클 포터의 '다섯 가지 힘(5 Forces)' 모델을 적용하기도 하는데 '5 Forces' 모델의 의미와 실제 분석 사례에 대해서는 뒤에서 별도로 살펴보기로 하자.

한편, 취업을 위해 관련 분야 공부나 스터디도 중요하지만 자신의 핵심 가치, 목표, 비전 등을 냉철하고 명확하게 정리해 두는 것도 이에 못지않게 중요하다. 예를 들어 다음과 같은 사항들이다.

Tip

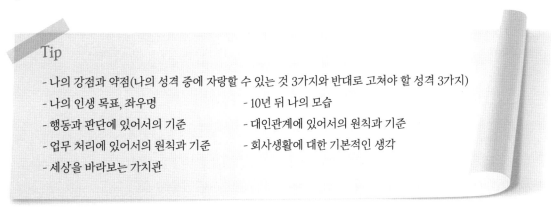

- 나의 강점과 약점(나의 성격 중에 자랑할 수 있는 것 3가지와 반대로 고쳐야 할 성격 3가지)
- 나의 인생 목표, 좌우명
- 10년 뒤 나의 모습
- 행동과 판단에 있어서의 기준
- 대인관계에 있어서의 원칙과 기준
- 업무 처리에 있어서의 원칙과 기준
- 회사생활에 대한 기본적인 생각
- 세상을 바라보는 가치관

위의 사항들을 그냥 정리만 해 두라는 이야기가 아니다. 자신에 대한 정보를 지원하는 기업의 경영이념, 비전, 인재상과 연결시켜 설명할 수 있어야 한다. 또한 이를 바탕으로 지원동기, 희망업무, 그 업무에서의 장래 포부 등을 설명하면 그야말로 '준비된 인재'라는 강한 인상을 줄 수 있을 것이다.

또 하나 중요한 것이 입사를 위해 본인이 노력하였던 내용을 잘 정리해 두는 것이다. 이를 위해서는 가고 싶은 기업, 하고 싶은 직무를 저학년 때부터 미리 정해 두는 것이 바람직하다. 꾸준히 필요한 정보를 모으고, 면접과정에서 면접관을 감동시킬 수 있는 경험이나 이벤트를 축적하여 기록해 두어야 한다. 예를 들어 학교생활 과정의 각종 행사에서 가고 싶은 기업을 홍보하는 장면을 사진으로 남겨 두거나, 자전거 동호회 활동 과정에서 그 회사의 로고를 새긴 티셔츠를 입고, 깃발을 만드는 것 등의 방법도 가능할 것이다. 어찌되었던 면접과정에서 철저하게 준비된 인재라는 인상을 심어 주어야 하는 것이다.

면접은 '나'라는 '상품'을 기업에 세일즈 하는 과정이다. 가격이 비교적 비싸거나, 특별한 의미가 있는 물건을 살 때 우리는 요모조모 많은 고민을 한다. '정말 내가 원하는 것인가?' '하자는 없는가?' '이 상품을 남들에게 얼마나 자랑할 수 있을까?' '이 상품이 장차 어느 정도의 편익을 가져다줄까?' 등등.

물건을 살 때도 이러한데, 기업이 앞으로의 운명을 같이 짊어지고 갈 사람을 뽑을 때는 어떠할까? 여러 가지 측면을 따져 봐야 하는 것이다. 사람 됨됨이나 직무역량, 정신자세 등을 면접과정에서 철저하게 검증하는 것은 너무나 당연한 것이다. 면접은 '나'라는 상품을 시장에 내 놓으면 기업이라는 구매자가 현미경으로 들여다보듯이 상품을 검증하는 과정이라는 점을 항상 유념하여야 한다.

S금융투자 인사담당자의 말 [28]

강한 인상을 심어 준 사례가 있다. 대학 때 아르바이트를 하며 힘들게 번 돈으로 우리 회사에 투자했고, 이를 증명할 수 있는 포트폴리오 자료를 만들어 왔던 경우다. 천 마디 말보다 그 자료만으로도 열정과 실력, 애사심의 가능성을 확인할 수 있었다. 합격해서 지금도 잘 다니고 있다.
어떤 기업이든 면접 시 자기소개는 필수과정이다. 30초든 3분이든 면접관의 고개를 들게 하라. 그게 안 되면 어렵다. 지원자가 너무 많기 때문에 아이콘택트 자체가 쉽지 않다. 면접은 사람과 사람이 직접 만나는 과정이다. 첫 관문이 바로 눈빛 교환 아니겠는가? 아이콘택트를 하는 순간 받는 느낌이 확 달라진다. 퍼포먼스보다 자신감 있게 말하는 것이 훨씬 중요하다.

28 한국경제신문, 『Campus Job & Joy』, 2018년 10월호

참고자료

'5 Forces' 모델과 실제 분석 사례

앞서 이 책의 2부에서 프레임워크를 소개하면서 마이클 포터(M. E. Porter) 교수의 '5 Forces' 모델은 다루지 않았다. 기업에 대한 좀 더 심도 있는 분석을 위해 모델의 핵심 내용과 실제 분석 사례를 소개한다.

- 포터 교수에 의하면, 장기적으로 특정 산업의 수익성 및 매력도는 아래 5가지의 힘(Five Forces)으로 정의되는 산업의 구조적 특성에 의하여 영향을 받는다.

❶ 기존 경쟁사들과의 경쟁	경쟁자의 위협은 같은 산업 내에서 직접적으로 경쟁하는 경쟁자로부터의 위협을 의미한다. 특히, 다수의 비슷한 규모의 경쟁기업이 존재하는 산업, 산업성장률이 낮은 산업, 차별화의 부재 혹은 차별화가 힘든 특성을 지닌 산업의 경우 높은 경쟁자 위협이 존재할 가능성이 높다.
❷ 신규 시장진입자의 위협	진입장벽은 진입자의 위협을 감소시킨다. 규모의 경제 발생에 따른 진입장벽, 차별화에 따른 진입장벽, 규모와 무관한 원가우위에 따른 진입장벽, 정부 규제에 따른 진입장벽까지 총 4가지의 진입장벽이 존재한다.
❸ 대체제의 위협	대체재란 고객이 가진 욕구를 다른 재화로 충족시킬 때, 그 '다른 재화'를 의미한다. 따라서 대체재는 제품의 판매와 가격과 이익의 상한선을 결정하는 데 큰 영향을 준다. 예를 들어 스마트폰의 탄생은 시계, 카메라, 전화기 등 다양한 산업 이익 감소의 주요 원인이 된 경우이다.
❹ 구매자의 교섭력	기업의 제품이나 서비스를 구매하는 주체로서 기업의 수익을 낮추는 위협요인이 될 수 있다. 구매자의 위협이 높아지는 경우는 구매자가 소수일 때, 구매되는 제품들이 차별화되어 있지 않을 때, 구매되는 제품들이 구매자의 최종 원가에서 큰 부분을 차지할 때 등이다.
❺ 공급자의 교섭력	기업이 필요로 하는 원재료, 노동력, 기타 자산을 공급하는 주체로서 기업의 원가를 높이는 위협요인이 될 수 있다. 공급자 위험이 높아지는 경우는 공급자들의 산업을 소수가 주도할 때, 공급자들이 고도로 차별화된 제품을 공급할 때 등이다.

국내 화장품 산업의 5 forces 모델 분석[29]

❶ **기존 경쟁사들과의 경쟁** : 제조업체 및 제조판매업체를 합쳐 4천여 개소, 치열한 경쟁이 전개되고 있음
- 대기업(아모레퍼시픽 VS LG생활건강), OEM업체(한국콜마 VS 코스맥스), 브랜드샵(미샤 VS 더페이스샵) 등
- 국내 시장 포화상태를 극복하기 위해 해외 진출을 추진하기도 하나, 외국 유명기업의 브랜드력과 로컬 기업의 저가 방어 극복이 과제

❷ **신규 시장진입자의 위협** : 최근 기업 등이 뷰티산업 분야를 신성장 동력으로 인식 → 경쟁 격화
- 의약품 관련 기업의 진출
- 전혀 다른 업종에서의 진출(예시 : 건설회사가 화장품 자회사 설립)
- 학교기업, 지역 특화기업 육성에 따른 신규참여도 지속 증대
- 병원의 영리사업 허용으로 피부과 의사의 참여도 본격화

❸ **대체제의 위협** : 최근 미용 관련 기능성 음료가 출시되면서 이른바 '먹는 화장품'이 주목받고 있으나, 아직까지는 큰 위협으로 보기는 어려운 상황

❹ **구매자의 교섭력** : 주요 구매자인 유통판매업계(백화점, 전문점, 마트(GMS), 편의점(CVS), H&B샵(드럭스토어), 홈쇼핑, 소셜커머스 등)의 영향력이 급증하고, 일부 유통판매업자의 경우 후방수직통합 움직임도 가시화(사례 : 이마트 PB화장품 출시)
* 기업활동의 과정은 원자재 구매 - 생산 - 마케팅 - 유통 - A/S로 나눌 수 있으며,
사업활동을 왼쪽(원자재 구매)으로 확장하는 것을 후방수직통합, 오른쪽(최종소비자, A/S)으로 확장하는 것을 전방수직통합이라고 함

❺ **공급자의 교섭력** : 화장품 기업의 공급자인 원부자재업체와 OEM업체의 영향력 확대
- 화장품 시장의 확대와 산업 발전에 따라 원료, 부자재업체가 크게 성장한 곳이 많으며 OEM업체 또한 두각
(사례 : 달팽이 화장품의 시장 확산에 따른 달팽이 관련 원료업체의 독점 혹은 제한 공급)

29 김승중(편집위원), 코스메틱인사이트 '화장품칼럼'(2014년 2월 18일)에서 주요 내용 발췌

02

역량면접의 주요 질문 유형

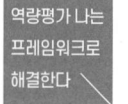

집단토론(GT)이나 발표(PT)는 앞서 본 역량평가 기법과 크게 다르지 않으므로 추가적인 설명은 생략한다. 역량면접은 기본적으로 질문과 답변의 과정이다. 즉 면접관이 여러 유형의 질문을 하고, 지원자의 답변을 통해 역량의 유무, 강도, 빈도를 파악한다. 따라서 답변이 면접의 성공 여부를 결정하므로 질문 유형에 따른 답변 전략을 잘 세워 두어야 한다. 질문의 내용별 유형은 아래와 같다.

행동사건 질문	(예시) "학창시절 동아리활동 과정에서 구성원들과의 갈등 사례와 극복과정을 설명해 보세요."
추산 질문	(예시) "서울 남산에는 소나무가 몇 그루 있습니까?"
창의성(황당) 질문	(예시) "화장실에 들어갔는데 휴지가 없다. 어떻게 할 것인가?"
인성질문	(예시) "본인의 좌우명은 무엇입니까?" 또는 "최근 1년 동안 읽은 책의 제목과 그 내용을 설명해 주세요."

한편, 형식에 따라 질문을 구분할 수도 있다.

• **선택형 질문**	**본인 판단의 우선순위 또는 선호 여부에 대한 질문** (예시) "최근 뉴스에서 가장 관심을 가진 이슈는 무엇입니까?" 또는 "삼국지 등장인물 중 가장 싫어하는 사람은?" (예시) "골 넣은 사람과 어시스트 한 사람 중에 누가 더 가치 있다고 생각합니까?"
• **상황 설정형 질문**	**가상의 상황을 지원자에게 제시하고, 그 상황에서 어떻게 할 것인지를 묻는 질문** (예시) 식당에서 옆자리 아이가 장난치다가 음식물을 쏟았다, 어떻게 할 것인가?
• **시사 이슈형 질문**	**시사 상식과 관련한 질문으로 주로 찬반의견을 묻거나, 이슈의 핵심 쟁점에 대해 파악하고 있는지를 질문** (예시) "대체복무제에 대해 찬성인가요? 반대인가요?"

이러한 질문 외에 질문 자체가 대인관계, 팀워크, 문제 해결 능력, 도전정신 등의 역량을 직접 묻는 질문도 많다. 요컨대 면접과정에서는 어떤 질문도 나올 수 있다. 질문의 내용에 따라 다르겠지만, 답변에 있어 가장 중요한 것은 질문의 의도를 파악하는 것이다. 질문의 의도를 알지 못하면 정곡을 찌르는 답변을 못하고 변죽만 울리게 된다. 그러면 면접은 망치는 것이다.
자, 이들 질문에 어떻게 재치 있고, 논리적으로 답변할 것인가?

1) 경험 질문

경험 질문은 피평가자의 과거 행동이나 경험에 대한 심층적인 질문을 통해 행동 사례와 특성을 파악하고, 이를 근거로 역량의 유무, 강도, 빈도 등을 평가한다. 경험 질문 방식의 면접을 행동사건 면접(BEI, Behavior Event Interview)[30]이라고 한다.

최근에 들어 미래의 잠재적 직무역량을 강조하는 방향으로 인사관리 패러다임이 급변하고 있다. BEI는 일부 단점(시간, 비용, 인력부담이 큼, 허위 과장에 대한 검증의 한계 등)에도 불구하고 기존의 역량평가 기법에 비해 잠재적 역량파악에 효과적이고 신뢰도가 높은 것으로 인식되고 있어 앞으로 더욱 확산될 가능성이 크다. 그럼에도 경험 질문(BEI)은 평소 대비가 되어 있지 않으면 가장 낭패를 볼 수 있는 분야이므로 각별한 준비가 필요하다.

행동사건 면접(BEI)이란?

- BEI는 면접관의 질문의 내용과 의도 등이 전통적인 면접 방식과는 많이 다르다.
  - **전통적 면접 방식** : 지원자의 자기소개서, 신상정보 등에 기반하여 면접관이 재량적 질문을 통해 능력과 태도를 파악
    * 과거 경험이나 행동 사례를 질문하더라도 그 질문이 구조화되지 않고 단발성일 때가 많음
    * 지원자 대부분이 모범적이고 듣기 좋은 답변을 하게 되는데, 이로 인해 변별력에 한계

30 과거 행동에 기반한 면접을 강조한다는 의미에서 '경험면접(PBI, Past Behavior Interview)' 이라고도 한다.(이선구, 앞의 책)

- **행동사건 면접(BEI)** : 측정하고자 하는 역량과 관련된 과거 행동 사례가 있었는지 묻고, 이어서 그와 관련된 세부적인 내용 및 지원자의 행동들을 구조화된 질문을 통해 확인
  * 구조화된 질문이란 면접자의 질문 또는 지원자의 반응에 대한 추가질문에 대한 기준과 방법을 표준화한 것을 말함

• 특히, 전통적 면접 방식의 신뢰성과 변별력 한계로 인해 BEI는 이를 대체할 매우 효과적인 면접기법으로 평가받는다. 또한 앞서 살펴본 역량평가 기법들을 보완할 수 있는 평가 도구로서 자리매김되면서 공·사 영역을 불문하고 폭넓게 활용되고 있다.
- **공공 부문** : 9급, 7급, 5급 공무원 채용면접 시 적용
- **민간 부문** : 상당수 대기업에서 적용(별첨, 역량평가 도입기업 사례)

BEI, 어떻게 진행되나?

• 일반적으로 사전준비 → 인터뷰 → 평가의 순서로 진행된다. 심층적이고 치밀한 BEI는 기본적으로 많은 시간이 소요되는 평가 기법이긴 하지만 사전준비 단계 유무, 시행주체의 진행 방식 등에 따라 탄력적으로 운용할 수 있다.

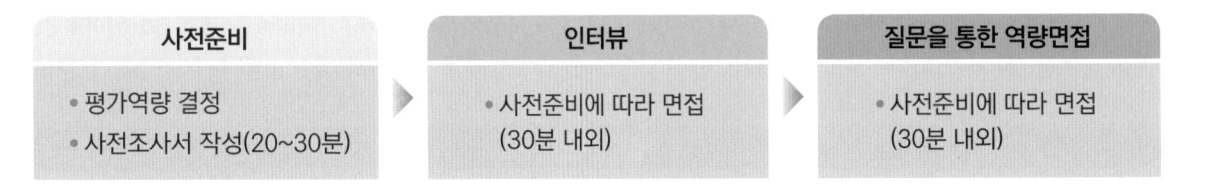

사전준비	인터뷰	질문을 통한 역량면접
• 평가역량 결정 • 사전조사서 작성(20~30분)	• 사전준비에 따라 면접 (30분 내외)	• 사전준비에 따라 면접 (30분 내외)

평가역량 및 질문 결정

- 면접 주최 측에서 평가할 역량이 무엇인지를 결정
- 각 역량에 대한 평가항목별 질문도 정해 둠(선행질문 + 꼬리질문)

사전조사서 작성

- 면접 전에 별도의 사전조사서를 작성(자기소개서로 이를 대체하기도 함)

	자기소개서	사전조사서
목적	면접의 기초자료	면접의 기초자료
내용	지원자가 살아온 이력, 본인의 강점과 약점, 지원동기, 앞으로의 포부	지원자의 과거의 행동, 경험 사례
형식	특별한 형식 없이 포괄적 서술	특정 사례 중심으로 구체적 기술
분량	3~5페이지	1~25페이지

- 사전조사서 작성 지시문에는 평가대상 역량이 제시되는 경우와 그렇지 않은 경우로 구분

- **평가역량을 특정하지 않은 지시문**
  (예시) "이제까지 자신에게 가장 큰 도전이 있었다면 그 경험을 구체적으로 작성해 주십시오."

- **평가역량을 특정한 지시문**
  (예시) "이해관계 충돌로 곤란을 겪고 이를 조정해 본 경험이 있으면 구체적으로 작성해 주십시오."

인터뷰

- 인터뷰는 사전조사서(또는 자기소개서)의 내용에 기반하여 질의응답 형식으로 진행
- 보통 면접관이 먼저 질문(선행질문)을 하고, 이에 대해 지원자가 답변하면 면접관이 추가로 질문(꼬리질문)하는 형식으로 진행

행동사건 면접(BEI)의 사전조사서 작성 전략

① '사전조사서'의 중요성을 잘 인식한다.

- 사전조사서는 면접 직전에 행동사건 면접의 기초자료로 삼기 위해 지원자로 하여금 과거 행동(성공 또는 실패 등) 경험을 작성토록 한 것이다. 즉 면접 시에는 사전조사서상의 정보를 토대로 질의/응답이 이루어지므로 평가자(면접자)나 지원자 모두에게 유용하고, 특히 제한된 시간 내에 생산적인 면접을 가능하게 해 준다.

사전조사서가 중요한 이유	
	• 지원자가 평가자(면접관)에게 주는 첫인상이다. • 본 게임이라 할 면접에서 평가자의 질문 토대가 된다. • 지원자 입장에서는 사전조사서를 깔끔히 정리할수록 질문에 대한 예측 가능성이 크다.

- 이는 바꾸어 말하면, 지원자에게 있어 사전조사서는 면접관에게 보여주는 첫인상으로서의 의미뿐만 아니라, 면접관이 알고자 하는 과거 행동 경험이 체계적이고 논리적으로 정리되어 있을 경우 좋은 평가를 받는 일차적 관문인 것이다. 따라서 지원자는 심혈을 기울여 사전조사서를 작성하여야 한다.

② 사전조사서에서 중점적으로 서술할 역량이 무엇인지를 파악한다.

- BEI에서는 보통 평가할 역량을 결정한 후 이를 파악할 수 있는 내용으로 사전조사서를 작성하도록 요구한다.
  - **문제 인식/해결** : 최근에 관련 정보를 수집하여 분석하고 성공적으로 문제를 해결한 사례를 작성해 주십시오.
  - **설득/협상** : 협상을 통해서 원하는 결과를 얻었거나 필요한 자원을 이끌어 내고 상호 윈윈(win-win)할 수 있는 타협점을 이끌어 낸 경험이 있다면 작성해 주십시오.
  - **변화관리/주도** : 최근에 능동적으로 변화를 관리하고 주도했던 사례가 있다면 작성해 주십시오.
  - **팀워크** : 팀워크를 통해 업무를 추진하다가 소기의 성과를 거두지 못하고 실패한 사례를 작성해 주십시오.

- 한편, 역량을 특정하지 않는 포괄적 행동 경험 사례를 요구하는 지시문도 있다.
  - 학창시절 노력을 통해 성취했던 사례가 있다면 그중 하나를 서술해 주십시오.
  - 최근 어려운 사람을 도와준 경험이 있다면 구체적으로 서술해 주십시오.
  - 이제까지 살아오면서 자신에게 가장 큰 도전이 있었다면 무엇인지 서술해 주십시오.
  - 최근에 남을 감동시킨 사례가 있다면 가장 인상적이라 생각하는 하나를 서술해 주십시오.
  - 살아오면서 가장 힘들었던 순간은 어떤 때였는지, 그리고 어떻게 극복했는지 서술해 주십시오.

- 사전조사서를 작성할 때에는 지시의 의도 특히, 그 지시가 어떤 역량을 파악하기 위한 것인지를 고민하여야 한다. 아울러 지원자가 작성한 내용과 관련하여 추가로 질문할 내용은 무엇인지도 미리 예측해 두어야 한다.

③ 프레임워크를 활용하여 사실 중심으로 간결명료하게 작성한다.

- 거듭 강조하지만, BEI에 있어 사전조사서(또는 자기소개서)는 면접의 성패를 좌우할 만큼 중요하다. 따라서 사전조사서는 거짓과 과장이 없이 담백하게 당시 있었던 사실과 본인의 판단 중심으로 서술하여야 한다. 다만, 과거의 성공한 또는 실패한 행동, 경험을 갑자기 짧은 시간 내에 기억해 내고 작성하는 것이 쉬운 일은 아니다.

- 이에 대한 대비책으로 다음 2가지를 염두에 두기를 권한다.
  ① 사전조사서 작성의 기본 프레임워크(예시 : STAR 모형)를 갖고 있을 것
  ② 본인의 중요한 행동, 경험 사례를 미리 정리해서 준비해 둘 것

사전조사서를 작성할 때는 STAR 모형을 적용하여 경험사례들을 정리해 두자!

행동이나 사건은 대체로 다음 4가지 요소로 기본적인 설명이 가능하다.(STAR 모형)

STAR

- ✓ 행동이나 사건의 배경 또는 상황(Situation)
- ✓ 그 상황하에서의 조직의 과업 또는 요구 과제(Task)
- ✓ 관련해서 취했던 나의 행동, 조치(Action)
- ✓ 그러한 행동으로 인해 나타난 구체적 결과(Result)

- 아무리 극적인 경험 사례가 많더라도 평소에 체계적으로 정리해 두지 않으면 짧은 시간 내에 짜임새 있게 사전조사서를 작성하기가 어렵다.

핵잠수함 노틸러스 함장 윌리엄 엔더슨 이야기[31]

1959년 핵잠수함 노틸러스함을 지휘해서 최초로 북극을 횡단한 윌리엄 엔더슨 함장이 함장 선발 면접에서 있었던 이야기다. “지난 1년간 읽은 책의 제목과 그 내용을 제시하라”는 면접관의 요구에 엔더슨은 당황한 나머지 아무 것도 말하지 못하였고 함장 면접에서 탈락할 뻔했다. 다행히 나중에 해명과 함께 읽은 책의 목록과 내용을 알려줄 기회가 있어 함장으로 선발될 수 있었다.

- 이런 상황을 대비하여 역량 유형별로 또는 지시문의 주제 등 다른 기준에 따라 본인의 ‘경험 사례 수첩’을 만들어두면 매우 요긴하게 활용할 수 있다. 물론 이때도 STAR 모형을 적용해 정리하면 된다.

BEI 준비 사례 #1[32]

저는 대학 입학 후 현재까지의 연도를 적어놓고 그해에 특별나게 기억나는 경험이 있으면 그 경험을 적고 그때의 느낌이 어떠했는지, 그 경험이 현재 어떤 도움이 되었는지, 그 경험이 회사가 원하는 것(창의성, 협동, 지식 등)과 어떤 연관이 있는지 등을 정리하고 면접을 보았습니다. 여러분도 한번 시도해 보세요. 많은 도움이 될 거예요.

31 https://namu.mirror.wiki 하이먼 제독 리코버

32 『면접상식사전』, 길벗, 2013, p.27에서 발췌

경험 사례들을 행동 사례 수첩(표)으로 정리해 두는 것도 하나의 방법이다.[33]

- 먼저, 행동사건 면접 시의 주요 주제를 5가지로 규정한다.

  ① 리더십 ② 팀워크 ③ 성공 ④ 도전 ⑤ 실수/실패

- 지원자 본인이 이제까지 조직이나 집단에서 맡았던 역할들(수행한 업무나 프로젝트 명칭도 가능)과 업무 외 활동(봉사활동, 동호회 등)을 열거하고 각 역할별로 상기 주제에 해당할 경우 이를 기입하는 방식이다.
  - 예를 들어 "회사생활 중 중대한 도전을 극복한 경험을 이야기해 주십시오"라고 할 경우 ○○회사 경영본부장 때의 경험 사례를 끄집어내 이야기한다.

구분	업무 1 (△△회사 영업부장)	업무 2 (○○회사 경영본부장)	업무 외 (봉사활동 동아리)	업무 외 (테니스 동호회)
리더십/영향력		제목, 상황, 행동, 결과		제목, 상황, 행동, 결과
팀워크	제목, 상황, 행동, 결과		제목, 상황, 행동, 결과	
성공				
도전		제목, 상황, 행동, 결과		
실수/실패	제목, 상황, 행동, 결과			

- 이렇게 기록을 관리하면 면접자의 갑작스러운 행동 경험 질문에 대해 기본적인 답변은 가능할 뿐만 아니라, 성공과 실패 등에 대한 본인의 역량을 객관적이고 체계적으로 파악하고 있으므로 자신감을 높이는 데도 효과적이다.

33 G. L. 맥도웰·J. 바바로, 배장열 역, 『PM 인터뷰의 모든 것』, p.205

BEI 준비 사례 #2	저의 경우는 개인 신상과 관련된 여러 항목들을 먼저 선정하고 각각의 항목별로 특이 사항을 정리하였습니다. 예를 들어 아르바이트, 동아리활동, 봉사활동, 자격증 취득, 전공 관련(공모전 참가, 학술대회 등), 어학연수, 배낭여행, 친구관계, 가족관계 등입니다.

경험 질문에 대한 성공적 답변 전략

① 꼬리질문에 당황하지 말고 침착하게 답변한다.

- BEI 면접에서는 지원자의 행동 특성을 면접관이 확인할 때까지 지속적이고 심층적인 질문을 한다. 특히 확인할 역량을 사전에 결정해 두었다면 해당 역량의 유무, 강도, 빈도를 파악하기 위한 추가질문을 꼬리에 꼬리를 물고 계속 하게 된다.
- 따라서 지원자가 행동 당시의 상황과 과업, 본인의 행동, 결과 등을 STAR 모형에 따라 기술하고 설명하더라도 면접관의 의도를 이해하고 요구에 부응하는 답변을 하지 못하면 좋은 평가를 기대하기는 어렵다.

- **(예시) 측정할 역량이 문제 인식/해결 역량인 경우 평가자는 다음과 같은 질문을 연달아 하게 될 것이다.**

- 당시 상황이 어땠습니까?
- 수행한 업무가 무엇이었습니까? 또는 그러한 상황에서 어떤 과제를 수행해야 했습니까?
- 왜 그러한 상황이 초래되었다고 생각하셨습니까?
- 그 상황에서 당신은 어떤 행동을 취했습니까?
- 당시 어떤 문제점을 발견하게 되었습니까?
- 문제가 발생한 원인은 무엇이었으며, 그중 가장 핵심적인 원인은 무엇이었습니까?
- 문제 해결에 당신은 어떤 역할을 수행했습니까?
- 당시 추진된 해결 방안의 결과는 어떠했습니까?
- 당신의 행동이 결과에 어떤 영향을 주었습니까?
- 추진 과정에서 장애요인은 없었습니까? 그에 대해서는 어떻게 대응했습니까?
- 그러한 결과에 대해 회사 내·외부의 평가는 어떠했습니까?

② 항상 '나'의 행동과 생각을 중심으로 답변하고 설명한다.

- 지원자의 당시 행동에 대한 답변은 일관성과 신뢰성을 가져야 한다. 그러기 위해서는 실타래에서 실이 풀리듯이 장면, 장면들이 자연스럽게 이어져야 하는 것이다.
  - 과거의 행동이나 경험 상황은 시기와 장소가 분명해야 하고, 그때 본인과 본인이 속한 조직이나 집단이 무엇을 수행하고 있었는지, 관계된 사람(부서)은 누구였는지, 당시 본인의 판단이나 느낌은 어떠했는지, 그 결과가 어떠했으며 본인이 그러한 결과에 어떤 역할을 했는지 등이 유기적 연계하에 하나의 스토리로 정리될 수 있어야 한다.

- BEI는 소속 조직이나 집단의 이야기가 아니라 그에 속해 있던 지원자의 행동을 알고자 하는 것이다. 답변 과정에서 '우리'가 '나'보다 많이 등장하면 문제가 있는 거다.
  - 조직이나 집단이 이야기의 핵심 부분을 차지하더라도 자신이 조직에 어떤 공헌을 했는지 만을 언급하면 된다. 자신이 소속된 부서가 회사의 중추적 역할을 맡았다면 자신의 어떠한 노력으로 그렇게 되었는지가 드러나야 한다. 요컨대, 지원자가 무슨 생각을 했고, 무슨 일을 했는지를 철저히 설명해야 한다.

• (예시) 잘못된 답변과 잘된 답변

- 그때 우리 부서에서는 문제 해결을 위해 ~~대안을 마련하였습니다.(×)
- 그때 저는 문제 해결 대안으로 ~~을 제안하였고, 이 중에서 ~~이 채택되었습니다.(○)

사전조사서(경험진술서) 지시 사항과 작성 사례(한국경제신문, 『Campus Job & Joy』, 2018년 10월호)

〈한국전력공사 2018 상반기 공채 #1〉

✔ 누가 시키지 않았지만 스스로 팀이나 조직, 단체 등을 위해 고민해서 수행했던 일이 있었다면 그 경험과, 스스로 찾아서 할 수밖에 없었던 이유, 노력한 만큼 만족할 만한 성과를 얻었는지에 대해 구체적으로 기술하여 주십시오.

☞ 자발적인 동기로 인한 지원자의 행동과 경험을 통해 조직에 대한 충성도와 주인의식, 사명감 등을 확인하기 위한 질문임

(작성 예)

제목 "찾아서 일한다. 내가 회사의 주인이다."

- 경험 사례의 시기, 조직(회사) 소개
- 해당 조직의 사업(역할), 목표
- 계기가 된 상황(구체적으로 어떤 문제를 갖고 있었나 서술)
- 문제 해결을 위해 스스로 할 수밖에 없었던 이유
- 그래서 본인이 취한 행동, 역할(목표의식 공감, 동료 직원 협업 유도 등)
- 본인 행동의 결과
- 결과의 시사점(주인의식과 사명감의 중요성, 입사하고자 하는 회사에 어떤 도움이 되는지 등)

〈한국전력공사 2018 상반기 공채 #2〉

✔ 본인이 세운 목표를 최단기간 내에 달성하기 위해 투입비용을 최소화하고, 비용 대비 효과를 극대화하기 위해 가능한 자원, 기술, 인력 등을 동원한 경험이 있다면 그 과정과 결과를 구체적으로 기술하여 주십시오.

☞ 효과적인 목표 달성을 위한 자원 배분 등 성과관리 역량을 확인하기 위한 질문임

(작성 예)

제목 "△△ 프로젝트 과제를 2주 만에 수행하고 학점 A+를 받다!"

• 배경 상황의 시점, 본인의 소속, 미션의 구체적 내용 등 당시 상황 서술

• 미션 수행을 위해 해야 할 일들 : 보고서의 기본 프레임 설정, 실행계획 수립 등

• 본인이 취한 행동

〈목표 설정〉 최소의 비용으로 최단기간에 질 좋은 과제 보고서를 작성

〈실행계획 : 최대한 현장의 실태가 잘 드러나도록 계획을 수립〉

- 현장조사, 전문가 의견 청취에 중점을 두고, 관련 문헌 등 자료도 참고

- 현장조사, 전문가 의견 청취는 친구 부모님, 교수님, 기타 지인 등의 인적 네트워크 최대한 활용

- 과제 수행기간은 15일을 넘기지 않는 것으로 시간계획표를 작성

- 비용은 10만 원 이내(현장조사 등 교통비, 관계자 면담, 보고서 인쇄 등)

• 결과 : 계획했던 기간 내에 프로젝트 수행을 완료하고, 평가에서 A+

• 시사점 : 비용 대비 효과 극대화("어려울 때는 마른 수건도 짜야 한다."), 인적 네트워크 활용의 중요성

〈한국소비자원 2018 상반기 공채 #1〉

✔ 동아리, 학회, 소그룹활동 등의 활동을 하면서 갈등상황 시 상대방의 니즈나 의도를 명확히 파악하고 해결하여 목표 달성에 기여했던 경험에 대해 구체적으로 기술하여 주십시오.

☞ 직무 수행 시의 의사소통, 이해관계 조정/조율 능력 등을 확인하기 위한 질문임

(작성 예)

제목 △△ 동아리, 2018년 가을 봉사활동을 성공적으로 마무리하다.

- 배경 상황의 시점, 단체 소개(본인 직책 포함) 및 매년 가을 행사 내용 서술
- 가을 행사 준비 과정에서 무엇이 문제였나?(봉사활동 대상을 두고 구성원 간의 갈등, 행사 무산 우려)
- 당시 상황에서 시급히 조치해야 했던 사항 : 당사자 입장 파악, 대화 기회 마련, 조정안 제시 등
- 본인이 취한 행동
  - 당사자 A와 B의 입장과 요구사항 파악(A : 독거노인 VS B : 결식아동)
  - 대화의 장 마련(A, B, 중립 입장인 C, 본인)
  - 본인이 제시한 조정안 중심으로 논의 진행

  (조정안 기준과 원칙 : 동호회 봉사활동 목표 달성, 구성원 의견 중시, 상대방 수용가능성 등)
- 결과 : 조정안 수용(봉사활동 봄/가을 연 2회 실시), 갈등 봉합, 봉사활동 성공적으로 실시
- 시사점 : 목표 달성에 대한 구성원 공감대 중요, 합리적이고 수용 가능한 조정안 기준의 중요성

<한국소비자원 2018 상반기 공채 #2>

✔ 인턴, 아르바이트 등의 활동을 하면서 다른 사람이 생각해 내지 못했던 문제점을 찾고 이를 해결한 경험에 대해 구체적으로 기술하여 주십시오.

☞ 직무 수행 시의 의사소통, 이해관계 조정/조율 능력 등을 확인하기 위한 질문임

(작성 예)

제목 어느 조직, 어느 사업도 완벽할 수는 없다. 문제가 있으면 답도 있다!

- 배경 상황의 시점(2017년 1월), 단체(△△학술재단), 본인 역할(외국 문헌 자료 번역)
- 숨겨진 문제점 및 그 원인
  - 번역 아르바이트 작업 중 외국 문헌의 중요 부분이 번역에서 누락(확인 시스템 작동 미흡)
- 문제 해결을 위해 조치해야 할 사항 : 최근 1년간 번역 작업 전수 조사, 해결 방안 마련
- 본인이 취한 행동(새로운 시도에 초점)
  - 숨겨진 문제를 찾으려고 했던 동기와 문제점을 발견하기까지의 경위(관심분야 서핑 중 누락 발견)
  - 해결 방안 제시(우선순위도 포함) : 확인시스템 보완, 번역작업 질 제고를 위한 적정 업무량 재검토 등
  - 해결 방안 실행 시 나타날 수 있는 장애요인과 극복 방안도 제시(업무강도 강화에 대한 불만, 적절한 인센티브 등)
- 결과 : 본인이 제시한 해결 방안 시행, 목표 달성에 기여, 2017년 여름방학 아르바이트(보상)
- 시사점 : 문제의식이 조직혁신과 성과극대화로 이어짐. 문제 해결에 대한 자신감과 긍정적 사고

참고자료

STAR 모형을 적용한 사전조사서 작성(예시)

✔ 지시문 : 최근에 능동적으로 변화를 관리/주도했던 사례

✔ 제목 : 운영지원부의 불요불급한 야근 관행 개선

- **상황 배경 :** 2018년 10월 ㈜ ○○회사 운영지원부 차장 근무 당시
  - 운영지원부 야근이 관행화(1인당 주당 초과근로시간 비교 : 운영지원부 5시간, 영업지원부 3시간, 구매부 30분, 생산부 2시간)
  - 이로 인해 하급직 직원 중심으로 불만스런 움직임이 나타나고, 장기적으로는 생산성도 저하 가능성
- 운영지원부는 회사의 총무, 인사, 예산, 기획 업무 등을 총괄하고 있으며, 나는 당시 운영지원부 기획팀장으로서 운영지원부부터 불필요한 야근 관행 개선 필요성을 부장에게 보고하고, 세부 방안을 마련(당시 수립된 주요 개선 방안 : 직원 의견 수렴 및 타 회사 사례 등도 참고함)
  - 초과근무 사전 승인제 실시
  - 슬로건 : "운영지원부 야근 0"
  - 퇴근시간 30분 경과시 PC-OFF제 실시
  - 초과근무 발생 부서장 인사고과 반영
  - 집중근무시간(15시~17시) 시범 실시 등
- **개선 방안 관련해서 본인이 했던 일**
  - 개선 방안 수립을 총괄하고, "운영지원부 야근 0" 슬로건 제안
  - 타 회사 사례를 수집/분석하였고, 집중근무시간제 시범 도입 강력 주장
  - 일부 간부들 반발, 특히 하위직 직원들과 차장급 이상 간부 직원 간 갈등이 심화 → 하위직 직원 대표와 간부 직원들을 수시 접촉하여 설득과 공감 유도하였고, 간담회도 개최(2회)
- **결과**
  - 개선 방안 시행 후 3개월 만에 직원 1인당 초과근로시간 대폭 축소(2018년 10월, 5시간 → 2019년 1월, 1시간 40분)
  - 운영지원부 직원 업무만족도가 높아지고, 생산성도 향상(부서 성과 평가 점수 : 종전보다 10점 상승)
  - 근로시간 단축 우수 사업체로 선정(고용노동부)
- **시사점** : 변화를 선도하라! 갈등 현안에 대한 설득과 공감대 형성의 중요성 인식

2) 추산 질문(어림짐작형 질문)과 창의성(황당형) 질문

페르미 추정과 역량평가

원자력 연구로 1938년 노벨물리학상을 수상한 엔리코 페르미는 수업과정에서 다소 엉뚱한 추정 문제를 학생들에게 출제하고는 했다.
"시카고에는 몇 명의 피아노 조율사가 있나?"도 그러한 문제의 하나였다.

- 시카고 인구 수 : 3,000,000명
- 1가구당 평균 인구 수 3명일 경우 가구 수 : 1,000,000가구
- 피아노가 있는 가구의 비율을 10%라고 하면 : 100,000가구에 100,000대 피아노
- 연간 가구별 피아노 조율 횟수가 1회일 경우 : 100,000회 조율
- 피아노 조율사가 1일 평균 3대를 조율하고, 총 250일을 근무한다면 총 조율 횟수 : 750회

결론 : 따라서 100,000회 ÷ 750회 ≒ 130명

우리는 어떤 일을 하기에 앞서 그 일과 관련된 여러 데이터를 필요로 한다. 그렇지만 아쉽게도 많은 것들이 미지의 영역에 있다. 정부가 새로운 정책을 시행하고자 할 때 그 대상자는 어느 정도이고, 예상되는 재정투입 규모는 얼마나 되는가? 화학회사가 전기자동차 건전지 제조 사업에 진출하려고 하는데 연간 수요량은 얼마인가? 개인이 김밥집을 하려고 할 때 하루에 김밥을 몇 줄 팔아야 손해를 안 보는가?

이 같은 데이터에 대한 의문은 우리가 일상적으로 겪는 문제들이지만, 갖고 있는 정보와 지식이 제한적이고, 상황은 불확실하기 때문에 쉽게 답을 내기가 어렵다. 그래서 전문 연구자나 컨설팅 회사에 의존하기도 한다. 그럼에도 불구하고 현장에서 당장

급하게 대체적인 추산 정도라도 필요한 경우가 의외로 자주 생긴다. 신규 채용 시의 면접과정에서 추산 질문을 통해 이러한 역량을 갖추었는지를 체크하는 것은 어쩌면 당연한 흐름이라고 볼 수 있는 것이다. 역량평가 기법의 하나로 추산 질문에 대한 선호도가 점점 커지고 있는 이유이다.

사례로 이해하는 추산 질문

다음 몇 가지 질문들은 추산 질문의 성격을 잘 보여 주고 있다. 무슨 수수께끼나 심심풀이가 아니다. 최근 우리나라 대기업의 신입사원 공채 면접에서 실제로 한 질문이다.(삼성, 롯데백화점, ABB, 효성)

- "서울에 바퀴벌레가 몇 마리 살 것 같은가?"
- "쌀 80kg 한 가마니에 있는 쌀알이 몇 개인가?"
- "서울역에 있는 김밥집이 손해를 보지 않으려면 하루 김밥을 몇 줄 팔아야 하는가?"

이와 비슷한 재미있고 기발한 질문들이 많다. 이런 질문들에 대해 누구도 정확한 답을 제시하기는 어렵다. 추산 질문은 정답을 알고자 하는 것이 아니라 결론에 이르는 접근방법, 즉 문제 해결 능력과 위기대응 능력, 순발력을 보고자 하는 것이다.
따라서 추산 질문은 얼마나 논리적이고 창의적으로 계산식을 만들 수 있느냐에 따라 성패가 갈린다. 강조하건대, 추산 질문의 경우 답을 구하기 위한 계산식이 곧 문제 해결의 첩경이라 할 수 있다. 그런데 계산식을 만들기 위해서는 몇 가지 그럴 듯한 전제가 있어야 한다. 위에서 소개한 질문을 가지고 생각해 보자. 먼저, 아주 간단하게 답을 낼 수 있는 문제이다.

"쌀 80kg 한 가마니에 있는 쌀알이 몇 개인가?"

▶ 답변 : - 쌀 1kg = 1,000g / 쌀 80kg = 80,000g
- 쌀 1g당 쌀알 30개 가정(묵은 쌀 기준)
- **따라서 한 가마니 쌀알 개수는 240만 개(30개×80,000g)**

아래는 손익분기점에 대한 기본적인 이해가 있어야 답을 낼 수 있는 조금 복잡한 문제이다.

"서울역에 있는 김밥집이 손해를 보지 않으려면 하루 김밥을 몇 줄 팔아야 하는가?"

▶ 답변

- **전제**
  - 초기 투자 비용은 제외
  - 손익분기점(월) = 총 간접비용/김밥 1줄당 수익
  - 종업원 수 2명(1인당 인건비 150만 원), 임대료 200만 원
- **1일 손익분기점 계산**
  - 김밥 1줄 가격 : 1,500원
  - 김밥 1줄당 투입비용(재료비) : 500원
    → 김밥 1줄당 순이익 : 1,000원
  - 총 간접비용 : 550만 원(2명 인건비 300만 원, 임대료 200만 원, 전기/가스/수도료 50만 원)
    → 월 손익분기점(김밥 줄 수) : 550만 원/1,000원 = 5,500줄
    → 일 손익분기점(김밥 줄 수) : 5,500/30 = 183줄

다음 문제는 고려해야 할 요소들이 많고, 전제와 계산식이 복잡해서 자칫 잘못하면 미궁에 빠질 수 있는 문제이다. 물론, 정답은 아무도 알 수 없다. 논리적인 흐름을 잘 보아야 한다.

"서울에 바퀴벌레가 몇 마리 살 것 같은가?"

▶ 답변

- **먼저 바퀴벌레의 서식지를 규정한다(MECE하게)**

  1) 가정집 2) 음식점 3) 숙박업소 4) 사무실 5) 공장 6) 실외 하수구 7) 실외 쓰레기장 8) 기타 실외 공간

- **각 서식지별 바퀴벌레 개체 수 추정**
  - 가정집 : 20마리
  - 음식점 : 40마리(먹이가 풍부하여 가정집의 2배 추정)
  - 숙박업소 : 여관 40마리(위생 문제 등으로 식당과 같은 수 추정) × 5(건물규모 감안)
    호텔 10마리(위생, 먹이 문제 등으로 가정집의 1/2 추정) × 10(건물규모 감안)
  - 사무실 : 5마리 × 5(건물규모 감안)
  - 공장 : 5마리 × 5(건물규모 감안)
  - 하수구 : 1㎡ 당 10마리
  - 쓰레기장 : 1㎡ 당 20마리
  - 기타 공간 : 1㎢ 당 10,000마리

- **계산식(가구 수, 음식점 수, 숙박업소 수, 사무실 수, 공장 수, 하수구, 쓰레기장, 기타 공간은 추정치)**
  - 가정집 : 20마리 × 300만 가구(4인 가구 180만, 4인 미만 가구 120만 / 서울시 인구 1,000만 명 전제)
  - 음식점 : 40마리 × 10만 개소
  - 숙박업소 : (여관 : 40마리 × 1,000개소 × 5) + (호텔 : 10마리 × 100개소 × 10)
  - 사무실 : 5 × 20만 개소 × 5
  - 공장 : 5 × 10만 개소 × 5
  - 하수구 : 10마리 × 50,000㎡
  - 쓰레기장 : 20마리 × 5,000㎡
  - 기타 공간 : 10,000마리 × 5㎢

- **바퀴벌레 총수 : 7,236만 마리(여름 30% 증가 1억 800만 마리/겨울 20% 감소 5,700만 마리**

창의성(황당형) 질문

추산 질문과는 다소 결이 다른 창의성(황당형) 질문도 있다. 이런 유형의 질문 역시 정답은 없으며, 기존의 상식으로는 제대로 된 답변을 하기 어렵다. 따라서 답을 제시할 때에는 스스로 어떠한 제약도 두지 않고 최대한의 상상력을 동원해야 한다. 다만, 재치형 질문에서도 답을 만들어 낼 때에는 구조화하여 접근하는 것이 마찬가지로 중요하다.

예를 들어 보자. A4용지로 글을 쓰는 것 이외에 할 수 있는 것이 무엇일까? 2가지 방법으로 접근이 가능하다. 먼저 A4용지의 형태와 속성에 따른 용도를 생각할 수 있다. 그리고 실용적 용도와 오락적 용도로도 구분할 수 있을 것이다. 이를 로직트리로 나타내면 아래와 같다.

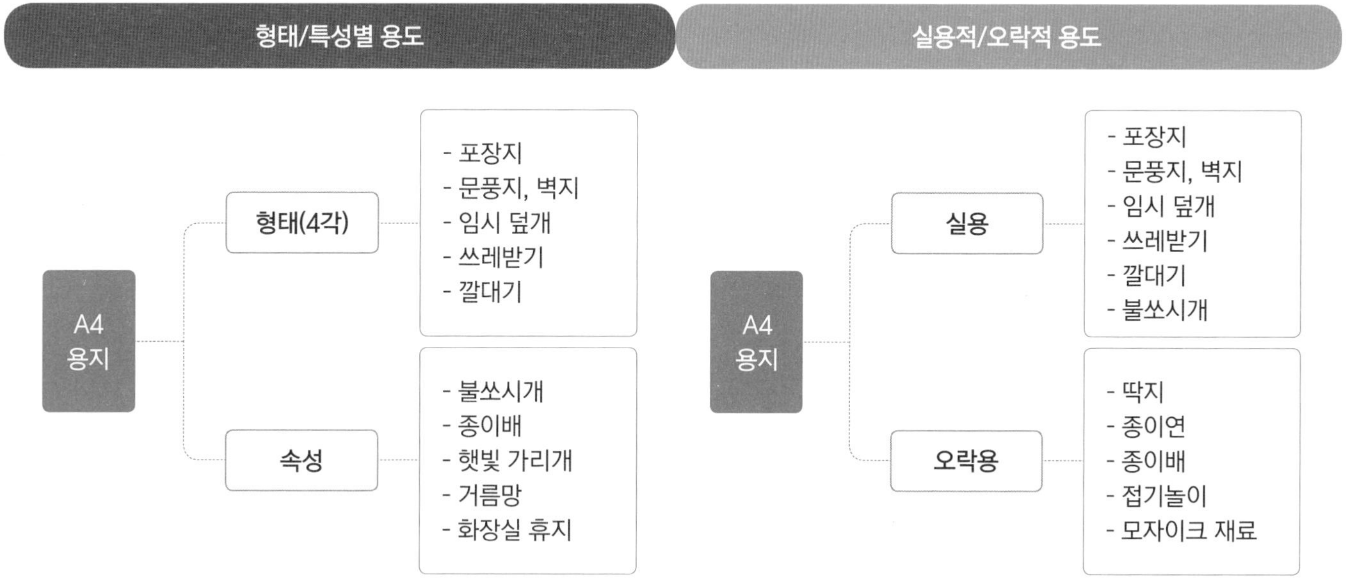

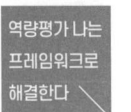

또 하나 무인도에 갇히게 되었을 때 탈출하기 위해 어떻게 할 것인가? 이 질문에 대한 답은 3가지 측면에서 접근할 수 있다.

무인도에 갇혔을 때 어떻게 할 것인가?	생존 조건 확보	탈출 시까지 생존이 가장 중요(물, 식량, 잠자리 확보)
	탈출 수단 마련	땟목 등 탈출 수단 제작, 확보
	외부 구조기회 포착	SOS 표시, 연기, 나무토막 물에 띄우기 등

이런 문제도 생각해 보자. 아프리카에서 히터를 팔 수 있는 방법은?

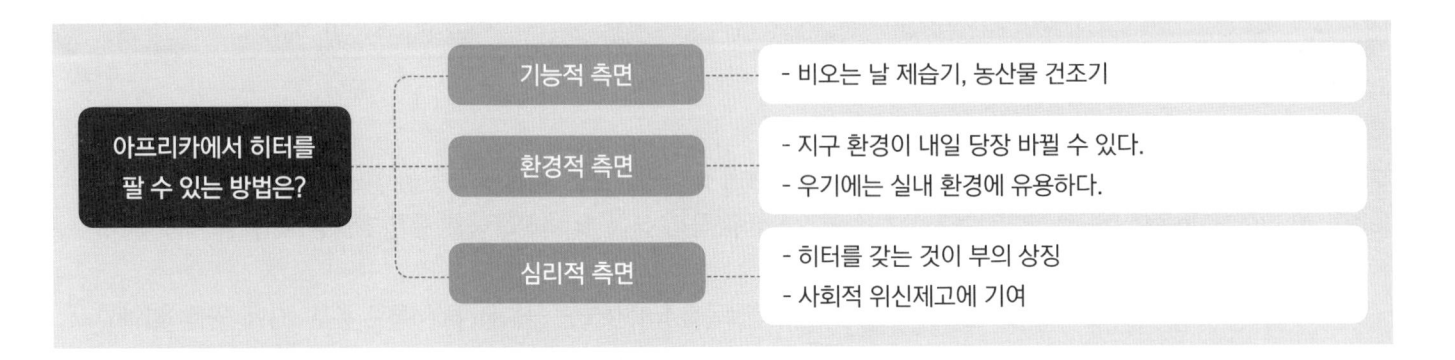

아프리카에서 히터를 팔 수 있는 방법은?	기능적 측면	- 비오는 날 제습기, 농산물 건조기
	환경적 측면	- 지구 환경이 내일 당장 바뀔 수 있다. - 우기에는 실내 환경에 유용하다.
	심리적 측면	- 히터를 갖는 것이 부의 상징 - 사회적 위신제고에 기여

이상에서 추산 문제와 창의성 문제를 유형별로 살펴보았는데, 추산 문제에 대한 답을 낼 때는 위 사례에서 알 수 있듯이 몇 가지 요령이 필요하다. 다만, 재치형 질문은 상식을 파괴하는 경우도 있으므로 이러한 요령들이 다소 적합하지 않을 수도 있음을 감안해야 한다.

① 답에 이르는 과정이 논리적이어야 한다.

논리적이어야 한다고 해서 크게 부담을 가질 일은 아니다. 우리가 잘 아는 사칙연산을 이용한 계산식에 따라 답을 도출하는 것이 보통이다.

② 가정 또는 전제는 상식과 현실에 어느 정도 부합하여야 한다.

예를 들어 '쌀 1g에 쌀알이 300개' 라는 가정은 누가 보더라도 터무니없는 것이다.

③ 답을 내리는 데 필요한 각각의 요소(segment)들은 누락과 중복이 없어야 한다.(MECE해야 한다.)

만약, 누락과 중복이 있을 경우 사칙연산의 결과가 제대로 나올 수 없다.

④ 각 수치들은 단순화하여 계산한다.

예를 들어 2018년 서울시의 인구가 981만 명인데, 계산할 때에는 1,000만 명으로 단순화하라는 것이다. 일일이 계산기를 두드릴 필요는 없다는 말이다.

⑤ 도출된 결론은 상식선에서 체크해 본다.

상식적으로 보아서 의외의 답이 나온다면 가정(전제)에서 오류가 있을 가능성이 크다.

추산 질문 사례 창의성 질문 사례

- 우리나라의 자동차 총수는?
- 전국에 공중화장실이 몇 개인가?
- 우리나라의 연간 신용카드 사용액은?
- 서울에서 부산까지 자전거를 타고 가면 몇 시간?
- 집에서 학교까지 걸어서 5분 거리인 고3 남학생의 하루 평균 걸음 수?
- 우리나라에서 하루에 전송되는 문자 메시지의 총수는?
- 신문 1면에 게재되는 사람의 이름은 몇이나 될까?
- 우리나라의 주유소는 총 몇 개일까?
- 타이어 100개를 1시간 안에 팔아야 한다면 어떤 방법으로?
- 서울시내 중국집 전체 자장면 하루 매출량은?
- 여름과 겨울에 사람이 먹는 수분 총량은?
- 우리나라에서 안경을 쓴 사람은 총 몇 명일까?
- 한 층에 300명이 근무하고 있는 15층 건물에 엘리베이터를 설치하려고 한다. 몇 대를 설치해야 할까?
- 담배 값을 1만 원으로 인상한다면 담배 구매량은 얼마나 줄어들까?
- 볼펜 한 자루로 '대한민국'을 몇 번 쓸 수 있을까?

추산 질문 사례 **창의성 질문 사례**

- 사막 여행에 필요한 물건 2가지는?
- 무인도에 홀로 남겨지면 가지고 갈 물건 5가지는?
- 숭례문과 에펠탑의 공통점과 차이점 3가지
- 네모 책상과 둥근 책상의 장단점 각각 3가지
- 휴대전화로 할 수 있는 일 5가지(전화, 문자, 인터넷 제외)
- 알래스카에서 냉장고를 파는 사원과 아프리카에서 신발을 파는 사원 중 누가 더 유능한가?
- 종이컵으로 할 수 있는 일을 5가지 이상 말하라.
- 먹는 것을 제외하고 바나나로 할 수 있는 것 5가지를 말하라.
- 맹인에게 초록색을 설명해 보라.
- 가을에 떨어지는 것은?
- 무인도에 갇히게 되었을 때 탈출하기 위해 어떻게 할 것인가?
- 아프리카에서 난방에 쓰이는 기름을 팔아 오라고 하면 어떻게 할 것인가?
- 맨홀 뚜껑은 왜 원형인가?
- 찜질방과 목욕탕의 차이는?
- 인간이 미래에 퇴화될 부분 2가지는?
- 아버지를 다른 하나의 단어 혹은 두 개의 단어를 활용해서 뜻이 통하게 5개를 제시하라.
- 어떤 마을에 냉장고가 있는 집과 없는 집이 있다. 냉장고가 있는 집을 쉽게 찾을 수 있는 방법은?
- 지금 이 순간 생각나는 단어 3가지는?
- 1분 동안 면접관을 웃겨 보시오.
- 인류가 이룩한 문화유산 중 가장 위대한 것 2가지를 꼽으라면 어떤 것인가?

3) 기타 질문들

인성 질문

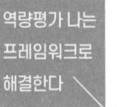

직무역량 못지않게 인성도 중요하다. 직무역량이 우수하더라도 그 사람의 인격이나 성품, 즉 됨됨이가 좋지 않다면 어느 회사든 선뜻 그 사람을 채용하기는 어려울 것이다. 공공 부문이든 기업이든 인성에 대해서는 반드시 체크를 한다.

공무원 신규 채용 시 5대 평정요소 (공무원임용령에 규정)	① 공무원으로서의 정신자세 ② 전문지식과 응용능력 ③ 의사발표의 정확성과 논리성 ④ 용모, 예의, 품행 및 성실성 ⑤ 창의력, 의지력, 기타 발전 가능성 ☞ 이 중 ①, ④, ⑤가 인성에 관련된 것이다.
기업(공기업 포함)	인성 전반에 대해 체크. 보통 1, 2차로 면접을 나누어 하게 됨 • 1차 면접은 실무자들이 중심이 되어 직무역량을 주로 봄 • 2차 면접은 회사의 최고 경영진들이 지원자의 인성을 집중적으로 체크

인성면접에서는 지원자의 성실성, 정직함, 긍정적 태도, 책임감 등 개인적 성품은 물론이고 회사에 대한 충성도, 주인의식, 타 구성원과의 소통과 협력 태도 등을 두루 체크한다.

인성면접은 질문 자체가 정형화되어 있고, 지원자가 미리 써 낸 자기소개서의 내용에 기초하여 진행되는 경우가 많다. 따라서 앞서 본 추산 질문 등에 비해서는 지원자가 답변을 상대적으로 쉽게 할 수 있을 것으로 본다. 그러나 한번 생각해 보자. 면접관은 짧은 시간에 모든 지원자들에게 비슷한 질문을 하게 되는데 가장 눈에 들어오는 지원자는 누굴까?

남들 하는 수준만큼의 밋밋한 내용으로는 면접관의 눈길을 끌 수가 없다. 남들과 확연히 차별화되는 '나'만의 스토리를 가지고 있어야 한다. 아래 질문들을 참고하여 인성면접에 대비한 답변 sheet(보통 1페이지 이내)를 만들어 두는 것도 좋은 방법이다.

인성 질문 사례

- 여가시간에 주로 무엇을 하는가?
- 스트레스는 어떻게 푸는가?
- 즉석에서 부를 수 있는 노래는 몇 곡인가?
- 가장 좋아하는 인간형과 싫어하는 인간형은?
- 좋아하는 사자성어는?
- 본인의 좌우명은 무엇인가?
- 자신 스스로에게 가격을 매겨 본다면?
- 로비나 뒷거래가 있을 때 어떻게 할 것인가?
- 퇴근시간 이후에도 상사가 일을 시킨다면?
- 몇 번째 면접인가? 왜 떨어졌다고 생각하는가?
- 최근 1년 동안 읽은 책의 제목과 내용을 말해 보시오.
- 10년 후 당신의 미래에 대해 말해 보시오.
- 어떻게 하는 것이 후회 없이 사는 거라 생각합니까?
- 휴대폰 연락처에 몇 명이 입력되어 있는가?
- 시간을 과거로 되돌릴 수 있다면 다시 하고 싶은 일 3가지는?
- 일요일 오후 4시를 각각 10대, 20대, 40대, 60대의 입장에서 그 의미를 정리해 보시오.
- 무인도에 갈 때 꼭 가지고 가고 싶은 것 3가지는?

선택형 질문

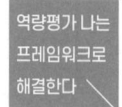

'가장 좋아하는 것(반대로 가장 싫어하는 것)은 무엇인가?' '가장 중요하게 생각하는 것은 무엇인가?' 등 최선(또는 최악)을 묻는 질문이나 특정 상황에서 양자택일을 한다면 어떻게 할 것인지를 묻는 질문도 있다. 이러한 질문 역시 미리 어느 정도 준비가 되어 있지 않으면 실제 면접에서 당황하기 쉽다.

이러한 질문들에 대한 답을 할 때에는 가장 중요한 것이 '이유' 또는 '근거'를 제시하는 것이다. 예를 들어 삼국지 등장인물 중에서 가장 호감이 가는 사람으로 '조조'라고 답하면서 그 이유를 '조조는 일부 간악한 측면도 있지만, 탁월한 통솔력과 과감한 결단력, 그리고 창조적인 발상과 능력 위주의 인재등용과 적재적소 활용 등으로 난세를 돌파했다는 점에서 현대적 리더십에 가장 어울린다고 생각했기 때문입니다.'라는 식으로 말이다.

양자택일형 질문의 경우도 마찬가지이다. 다만, 양자택일형 질문은 이상과 현실, 원칙과 예외 중 어느 것을 우선할 것인지를 묻는 경우가 많다. 예를 들면 다음과 같은 질문들이다.

- 유능한 상사와 성실한 상사 가운데 누구를 본받고 싶습니까?
- 골을 넣은 사람과 어시스트한 사람 중 누가 더 가치가 있습니까?
- 부모와 애인 둘 다 위급한 상황에서 어디를 먼저 가겠습니까?
- 흥부가 좋습니까? 놀부가 좋습니까?
- 당신은 건설공사 현장 책임자입니다. 사장이 안전규정을 준수하지 않고 현장을 다닙니다. 어떻게 하겠습니까?

이런 유형의 질문에 대해서는 '영리한' 전략이 필요하다. 여기서 영리한 전략이란 이상과 원칙의 입장을 기본으로 하되, 이상과 원칙만을 강조할 경우 나타날 수 있는 부작용을 언급하면서 이에 대한 보완 방안에 대해서도 언급하는 것이다. 예를 들어 '당연히 유능한 상사를 본받고 싶습니다. 다만, 성실함은 직장인으로서의 기본이라 생각합니다.'라고 답변하는 것은 어떨까?

상황 설정형 질문

지원자에게 가상의 상황을 제시하고 어떻게 할 것인지를 묻는 질문도 자주 등장한다. 상황 설정형 질문 역시 정답이 있는 것은 아니다. 그러나 원칙과 상식에 근거하여 논리적으로 자신의 의견을 피력하는 것이 중요하다. 질문 유형별로 예를 들어 정리하면 아래와 같다.

〈지원자의 인성 파악을 위한 상황형 질문〉

- 식당에서 옆자리 아이가 장난치다가 음식물을 쏟았다. 어떻게 할 것인가?
- 한밤중에 운전 중인데 신호등은 빨간색이다. 횡단보도에는 건너려는 사람이 없다. 어떻게 할 것인가?
- 당신의 도움으로 인센티브를 받은 동료가 입을 싹 닫고 있다. 어떻게 할 것인가?

〈업무와 관련하여 임기응변과 순발력을 평가하기 위한 상황형 질문〉

- 지금 우리 회사 영업사원이라 생각하고, 이 물건을 팔아 보시오.
- 오늘 오전 10시에 당신은 중요한 바이어들을 만나 회사의 신제품에 대해 프리젠테이션을 하도록 되어 있다. 미팅 장소로 가는 도중 사고로 도저히 시간을 맞출 수 없는 상황이다. 여기서 면접관들이 바이어라고 생각하고 설득해 보라.
- 당신은 회사의 사활이 걸린 신제품 개발과 관련하여 디자인팀을 이끌고 있는 팀장이다. 그런데 디자인팀의 전략회의를 할 때마다 부팀장 격인 A씨가 사사건건 반대의견을 개진하여 회의 분위기가 썰렁해지는 것은 물론, 결론을 도출하지 못할 때가 많다. 어떻게 할 것인가?
- 당신을 우리 회사 화장품을 판매하는 로드숍 책임자라고 가정합시다. 인근 50m 이내에 경쟁 회사의 로드숍 2군데가 있습니다. 최근 들어 매장 방문객 수도 줄어들고, 판매 실적도 하향세를 보이고 있습니다. 어떻게 대응하면 좋을까요?

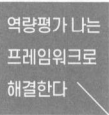

〈스토리 형식으로 특정 상황에서의 대응 또는 선택의 우선순위를 결정하는 질문〉

- 요즘은 부서 회식도 종전처럼 음식점에서가 아니라 영화관이나 경기장 등을 찾을 때가 많습니다. 부서에서는 프로야구 경기를 보는 것으로 정하고 응원할 팀도 K팀으로 하기로 하였습니다. 그런데 부하 직원 중에 한 사람은 열렬한 E팀의 팬입니다. 하필이면 회식 날 관전할 경기가 K팀과 E팀의 경기이고 금년도 포스트시즌 진출에 매우 중요한 경기입니다. 부하 직원은 K팀의 응원이 마음에 들지 않은 눈치입니다. 당신은 그 부하 직원에게 어떻게 하시겠습니까?

- 외딴 지역에서 사고로 아홉 명이 심하게 다쳤다. 모두 경각을 다투는 상황이다. 가장 먼저 도착한 앰뷸런스로 이 중 3명을 먼저 후송해야 한다. 누구를 먼저 앰뷸런스에 태워야 하는가?

  - 인근 사찰에서 수행 중인 스님
  - 가정의 생계를 책임지고 있는 두 자녀의 어머니
  - 미혼의 학교 여교사
  - 암으로 고생하다가 최근 상태가 호전되고 있다는 이야기를 들은 60대 남자
  - 출소한 지 한 달이 되지 않은 40대 남자
  - 인근 지역에서 사회복지 상담을 하는 40대 여성 상담사
  - 사업 부도로 마음을 달래려고 여행 중인 50대 남자
  - 지역의 자연 풍경을 찍으려고 왔던 30대 남자 사진 작가
  - 장을 보고 집으로 돌아가려던 70대 할머니

- 결혼 후 3년 동안 남편의 무관심으로 싫증난 젊은 부인이 평소 행실이 바르지 못한 친구의 꾐에 넘어가 대학시절 자기를 좋아했던 남자 K와 외도를 하게 되었음. 이 장면을 목격한 남편의 친구는 이 사실을 남편에게 이야기 했고, 이 부부는 이혼을 하게 됨. 이 상황에서 부부가 이혼을 하게 된 가장 큰 책임이 있는 사람의 순위를 이야기 해 보시오.(남편, 아내, 아내의 친구, 남자 K, 남편의 친구)

☑ 시사 이슈형 질문

시사 문제 및 최근 정치, 경제, 사회, 문화적으로 이슈가 되고 있는 사안들 역시 면접의 단골 질문 메뉴이다. 각각의 이슈에 대한 지원자의 견해나 가치관 등을 묻는 경우가 일반적이다. 예를 들어 2018년의 주요 시사 이슈는 소득주도 성장, 탈원전과 대체에너지, 최저임금, 근로시간, 비트코인과 가상화폐, 미투 운동과 페미니즘, 미세먼지, 군 대체복무, 갑질문화, 남북관계, 미중 무역전쟁 등이다. 이들 시사 이슈에 대해서는 기본적인 지식이 있어야 한다. 평소 뉴스 등을 접하면서 각 이슈별로 핵심 논점 등을 정리하는 습관이 중요하다. '시사 이슈노트'를 만들어 보는 것은 어떨까?

이와 함께 지식정보화의 급속한 진전 등에 따른 사회 경제 시스템의 변화양상을 키워드 중심으로 정리해 두었다가 상황에 맞게 요긴하게 활용할 수 있다. 예를 들면 아래 표와 같이 정리할 수 있을 것이다.[34]

산업사회에서 지식정보사회로의 패러다임 전환

부문	산업사회	지식정보사회
정치, 경제, 사회, 문화 부문	- 중앙집중, 소수의 엘리트 중심 - 하드웨어, 아날로그형 기술 중심 - 기계, 에너지 중심의 제조업이 성장을 견인(대량생산) - 위계적, 기계적 사회구조 - 정형적 고용구조(근무장소, 형태 등) - 소유의 시대	- 지방분권, 다수의 참여와 협력 강조(거버넌스) - 소프트웨어, 디지털형 기술 중심 - 정보, 네트워크, 알고리즘의 힘 강조(다품종 소량생산) - 수평적 네트워크사회, 신뢰와 협력의 관계, 소통 강조 - 비정형적 고용구조 - 접속, 융합의 시대 : 플랫폼 구축
인식 부문	- 이성의 시대(효율 중시) - 개인주의적 가치 강조	- 감성의 시대(웰빙 중시) - 커뮤니티 가치의 강조

34 과학기술정보통신부 공식블로그
(https://blog.naver.com/with_msip/220 976861292) "4차 산업혁명과 지능정소사회의 도래(2017년 4월 6일)" 등 참고

부록

1. 공무원 직급별 역량 구분

※ 인사혁신처 홈페이지에서 발췌

5급

사고	정책 기획자
리더십	팀원 촉진자
업무/관계	업무 실행자
	업무 조정자

과장급(4급)

사고	정책 판단자
리더십	조직 관리자
업무/관계	업무 관리자
	이해관계 조정자

고위공무원

사고	국정 목표 구현자
리더십	변화혁신 주도자
	부하 육성자
	비전 창출자
업무/관계	성과 책임자
	공익 대변자

2. 공무원 직급별로 요구되는 역량 정의

※ 인사혁신처 홈페이지에서 발췌

➔ 고위공무원

구분	역량 명칭	역량 정의	하위 요소	하위 요소 정의 → (행동 지표)
사고 영역	문제 인식	정보의 파악 및 분석을 통해 문제를 적시에 감지/확인하고 문제와 관련된 다양한 사안을 분석하여 문제의 핵심을 규명함	정보의 구조화	제시된 정보를 구분/선택하고, 분류/분석하여 다양한 결과를 예측해 냄
			문제 파악	사안의 핵심을 파악하고, 문제를 명확히 구분해 내며, 해결의 우선순위를 설정함
			원인 규명	문제의 근본원인을 파악하고, 전개양상을 예측하며, 결과에 영향을 미칠 수 있는 다른 요인들을 탐색함
	전략적 사고	장기적인 비전과 목표를 설정하고 이를 실행하기 위한 대안의 우선순위를 명확히 하여 추진 방안을 확정함	환경 분석	관련된 내/외부 환경을 파악하고, 향후 예상되는 환경의 변화를 예측하며, 환경 변화가 미칠 영향을 분석해 냄
			대안 수립	정책방향 및 목표를 설정하고, 다양한 대안을 제시하며, 대안들의 예상효과를 파악할 수 있는 기준을 제시함
			효과적 의사결정	대안들의 장단점과 파급효과를 고려하여 실행우선순위를 정하고, 추진을 위한 인적/물적 자원을 선정함
업무 영역	성과 지향	주어진 업무의 성과를 극대화하기 위한 다양한 방안을 강구하고, 목표 달성 과정에서도 효과성과 효율성을 추구함	실행 방안 제시	구체적인 계획이나 업무 프로세스를 명확히 이해하고, 성공을 위한 핵심적 요인을 파악하여 실행 방안을 제시하고 타당성을 검토함
			실행력 확보	기대효과를 명확히 하고, 필요자원을 확보하며, 예상되는 장애요인에 대한 대응 방안을 수립함
			실행 지원	업무 프로세스 및 형식을 개선하고, 주기적인 모니터링을 실시하며, 업무수행에 필요한 자원과 정보를 제공함

구분	역량 명칭	역량 정의	하위 요소	하위 요소 정의 → (행동 지표)
업무 영역	변화 관리	환경 변화의 방향/흐름을 이해하고, 개인 및 조직이 변화 상황에 적절하게 적응/대응하도록 조치함	변화 수용	변화의 필요성을 인식하고, 변화의 방향과 내용, 파급효과를 파악함
			변화 주도	변화의 필요성을 알리고, 참여를 유도하며, 구체적인 방안을 제시함
			저항 극복	변화에 대한 저항 및 장애요인을 예측해 대처 방안을 제시하고, 극복해 나감
관계 영역	고객 만족	업무와 관련된 상대방을 고객으로 인식하고 고객이 원하는 바를 이해하고 그들의 요구를 충족시키려 노력함	적극적 경청	상대방이 이야기하는 핵심과 의도, 정서와 감정을 파악하고, 적극적인 언어적/비언어적 반응을 보임
			효과적 의사전달	자신의 생각을 적절한 언어적/비언어적 행동을 사용하여, 논리정연하고 일관성 있게, 확신 있는 태도로 전달함
			정책수혜자 지향	이해관계자의 요구를 수용하거나, 이해를 확보하기 위해 노력하며, 상호 수용 가능한 최선의 방안을 제시함
	조정/ 통합	이해 당사자들의 이해관계 및 갈등 상황을 파악하고 균형적 시각에서 판단하여 합리적 해결책을 제시함	이해관계 파악	이해 당사자들 간의 이해관계와 갈등 요소, 의견과 입장을 파악함
			협력적 분위기 조성	상호 공통의 목표와 존중하는 분위기를 강조하고, 당사자 간 발언의 균형을 유지함
			조정/통합 노력	조정/통합을 위한 다양한 대안과 상호 공통의 평가 기준을 제시하고, 적당한 대안을 수용하도록 유도함

➔ 과장급

구분	역량 명칭	역량 정의	하위 요소	하위 요소 정의 → (행동 지표)
사고 영역	정책 기획	분석을 통한 현안 파악 및 개발하고자 하는 정책의 타당성 검토를 통해 정책 실행을 위한 최적의 대안을 모색하여 제시하는 역량	현안 파악	제시된 정보를 구분/선택하고, 분류/분석하여 다양한 결과를 예측해 냄
				사안의 핵심을 파악하고, 문제를 명확히 구분해 내며, 해결의 우선순위를 설정함
			정책의 타당성 검토	문제의 근본원인을 파악하고, 전개양상을 예측하며, 결과에 영향을 미칠 수 있는 다른 요인들을 탐색함
				내/외부 환경을 파악하고, 예상되는 환경 변화를 예측하며, 환경 변화의 영향을 분석해 냄
			대안 제시	정책방향 및 목표를 설정하고, 다양한 대안을 제시하며, 대안들의 예상효과를 파악할 수 있는 기준을 제시함
				대안들의 실행우선순위를 정하고, 추진을 위한 인적/물적 자원을 선정함
업무 영역	조직 관리	전체 조직구조 및 각 조직 간의 상관관계를 고려하여 업무 달성을 위한 계획 및 자원을 확보하고 최대의 성과를 발휘하도록 조직화하는 역량	내·외부환경 이해	업무와 관련된 내외부 조직 관계와 그 특성을 통합적으로 고려함
			자원 확보	성공적인 업무수행을 위해 필요한 물적, 인적 자원을 파악하고 확보함
			자원의 조직화	업무가 효율적, 효과적으로 진행될 수 있도록 인적, 물적 자원을 파악하고 확보함
	성과 관리	행정서비스의 질을 극대화하기 위한 목표를 수립하고 실제 업무 수행과정에서도 목표와 과업을 완수하기 위해 지속적으로 관리/공유하는 역량	목표 수립 및 공유	행정서비스를 극대화할 수 있도록 업무의 방향과 목표를 수립하고 공유함
			업무방향 제시	업무목표에 부합하는 성과를 위해 구체적인 업무의 추진 단계 및 방향을 제시함
			실행모니터링	추진 중인 업무의 진행 상황을 점검하여 문제가 있을 만한 부분은 미리 예방함

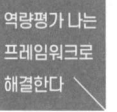

구분	역량 명칭	역량 정의	하위 요소	하위 요소 정의 → (행동 지표)
관계 영역	의사 소통	상대방의 의견을 경청하여 그 의사를 정확히 이해하고 자신의 생각과 의견을 명확하고 효과적으로 전달하는 역량	적극적 경청	상대방의 말과 태도에 집중하여 상대의 감정, 의도 및 상황을 정확히 이해함
			효과적인 전달	상대방이 이해할 수 있도록 논리적이고 일관성 있게 내용을 전달함
	동기 부여	부하 직원들이 자발적인 노력과 적극적인 자세로 업무를 잘 수행할 수 있도록 격려하고 힘을 북돋아주는 역량	부하 특성 파악	구성원 개개인의 특성 및 장단점을 파악함
			업무에 대한 피드백	부하의 업무수행 방법과 결과에 대해 피드백을 제공함
			관심과 격려	구성원에 대한 관심과 격려를 통해 성과 향상과 역량 발휘를 위한 기회를 제공함
	이해 관계 조정	공동의 목적을 위해 다양한 이해관계자들 간의 갈등을 해결하고 협력적인 업무관계를 구축·유지하는 역량	이해관계자 파악	현 상황과 관련된 각 이해관계자들의 입장을 정확하게 이해함
			협력관계 구축	감정적, 공격적인 대응 대신 우호적인 태도로 문제를 해결하고 협력을 확보함
			갈등상황 해결	공동의 목적을 고려하여 문제 해결을 위한 대안과 논리적인 근거를 제시하며 적극적으로 협의함

➔ 5급 공무원

구분	역량 명칭	역량 정의	하위 요소	하위 요소 정의 → (행동 지표)
사고 영역	기획력	다양한 요인을 고려하여 조직의 목표, 미션, 비전과 부합하는 대안을 제시하고 구체적인 실행 방안을 수립함	창의적 정책(업무) 개발	주요 이슈 및 환경을 반영하여 행정효율을 높이거나 업무/정책에 반영할 수 있는 새로운 정책안 또는 아이디어를 도출해 냄
			업무계획 수립	과제의 중요성 및 시급성, 각 대안의 파급효과를 고려하여 실행 가능한 전체적인 추진계획과 세부 단계별 추진계획을 수립함
			효과적 보고서 작성	전달하고자 하는 핵심 내용을 효과적으로 전달할 수 있는 전문적/구체적인 보고서를 만들어 냄
	논리적 사고	현재의 상황 또는 문제점들을 세부 요인별로 분석하여 각 요인들의 관계를 파악하고, 각 요인들의 특성을 비교분석하여 대안을 마련함	정보 수집	다양한 출처를 통해 필요한 정보를 지속적으로 수집하고 이를 활용 가능한 형태로 관리함
			정보 분석/활용	관련 사안에 대한 정보들을 분석하여 사실을 파악하고 및 현상을 진단함
			문제분석 및 해결안 발굴	복잡한 문제를 체계적으로 분석하고, 해결책의 도출을 위하여 다양한 방안을 사용함
업무 영역	상황 인식, 판단력	발생된 문제를 둘러싼 다양한 요소들을 고려하여 해결 방안을 제시하며, 사전 예방책도 고려함	문제 발굴/예측	정책수립 및 업무추진 시, 전체 과정을 면밀히 검토/체크하여 문제를 발굴 및 발생 가능성을 사전에 인지하고 대응 방안을 마련함
			업무진행 상황 점검	추진 중인 정책이나 업무를 수시로 점검/관리하여 피드백을 제공하거나 상사에게 보고함
			효과적 문제 대응	정책이나 업무추진 과정에서 문제 발생 시, 신속하게 발생 문제의 해결 방안을 제시하거나 직접 해결/처리함
관계 영역	의사 소통 능력	소속 조직의 정책방향을 명확히 이해하고, 이와 연계하여 업무의 목표와 방향을 상사, 부하, 동료에게 효과적으로 전달, 지도함	팀워크 촉진	소속 조직 내 구성원들 간의 업무상 이견과 갈등의 소지를 파악하여 조정함
			이견 조율	업무 관련 이해관계자들과의 적극적 협의를 통해 이견을 조율하고 협력을 확보함
	조정 능력	계획된 과제를 원활하게 수행하기 위해 특정 문제에 대해 관계 있는 사람들(이해관계자)과 협의(조율 및 설득)해서 조화와 협력을 유지해 가는 것	네트워크 구축	관련 분야의 담당자 및 이해관계자들과 유대관계를 지속적으로 유지함
			상하매개	소속 조직 내 구성원들과 과장과의 사이에서 상호 입장을 전달하고 조율함
			효과적 의사전달	자신의 기획안 및 의견을 상사나 관계부처에 효과적으로 전달하여 이해시킴

3. 역량과 행동 지표[35]

과장급

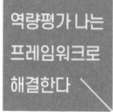

역량명	하위 요소	행동 지표
정책기획	문제 규명	• 문제가 되는 현안들을 다양한 시각으로 분석한다. • 문제의 핵심사항을 파악하여 구조화한다. • 문제 원인 파악 및 도출 결과에 대한 타당한 근거를 제시한다. • 현 상황 유지 시 발생 가능한 상황을 예측한다.
	대안에 대한 의사결정	• 정책목표에 부합하는 구체적이고 다양한 대안을 제시한다. • 최적의 대안선정 및 의사결정을 위한 기준을 설정한다. • 정책이 가져올 파급효과나 장애요인 등을 고려하여 실행 가능성을 높인다. • 외부 기대와 위험요소, 사업의 강·약점을 고려하여 정책추진 가능성 여부를 판단한다.
성과관리	목표 수립	• 조직의 미션과 전략에 부합하는 목표를 수립한다. • 도전적이고 새로운 목표를 수립한다. • 타당성 있는 근거 제시를 통해 실현 가능하고 구체적인 목표를 수립한다. • 목표 달성의 취지나 기대효과를 명확히 한다.
	실행관리 및 점검	• 구체적인 업무점검, 평가, 확인 등의 성과관리 계획을 수립한다. • 업무집행 및 성과에 대한 정보를 다각적으로 수집, 분석하고 공유한다. • 업무집행의 효과성 및 성과 향상을 위한 구체적인 방안을 제시한다. • 목표 달성도를 점검 및 평가할 수 있는 체계와 방법을 제시한다.

35 인사혁신처, 『직급별 역량체계화 및 모델링 최종보고서』(2017)에서 발췌

역량명	하위 요소	행동 지표
조직관리	계획 및 자원 확보	• 정책을 효율적으로 집행하기 위한 필요한 자원을 확인하고, 이를 활용한다. • 조직목표 달성을 위한 효과적인 업무수행의 방법과 계획을 제시한다. • 성공적인 업무수행에 필요한 인적·물적 자원을 확보한다. • 필요한 자원의 규모와 자원 확보를 위한 논리를 제시한다.
	업무배분 및 조직화	• 구성원들에게 명확한 역할, 기대, 목표를 제시한다. • 목표 달성을 위한 효과적인 인적·물적 자원 활용계획을 수립한다. • 발생 가능한 변수를 고려하여 업무추진의 일정과 절차를 구체화한다. • 직원 간의 능력, 경력 등 차이에 의한 업무 성과 차이를 인정하여 기회를 적절히 분배한다.
의사소통	적극적 경청	• 개방적이고 존중하는 태도로 상대방이 편하게 이야기할 수 있는 분위기를 조성한다. • 상대방의 이야기에 경청하는 태도(메모, 응시, 반응, 자세 등)를 보인다. • 상대방 발언의 내용과 의도를 정확히 이해하기 위해 노력한다. • 상대방의 의견에 대해 재언급이나 적시의 질문을 통해 진의를 확인한다.
	명확한 의사전달	• 전달하고자 하는 메시지가 논리적이고 체계적으로 구성되어 있다. • 말하고자 하는 내용의 핵심을 간결하고 명확하게 전달한다. • 자신의 입장을 일관성 있게 전달한다.
이해관계 조정	이해관계자 요구파악	• 이해관계자들의 이해 또는 갈등관계를 명료화한다. • 사안과 관련된 다양한 이해관계자들을 파악하고 고려한다. • 이해관계자들의 요구를 파악하기 위해 노력한다. • 이해관계의 핵심 쟁점을 명료화한다.
	조정과 설득	• 이해당사자간 조정을 위한 협조적인 분위기와 여건을 조성한다. • 상호 공감할 수 있는 기준이나 절충안을 제시한다. • 이해관계자들의 주장과 논리를 정확히 파악하여 설득과 양보를 이끌어 낸다. • 원활한 조정·통합을 위해 회의 진행의 절차 등에 적극적으로 참여한다.

역량명	하위 요소	행동 지표
동기부여	팀의식 고취	• 조직성과를 위해 팀워크 발휘(협조, 공유, 리더십 등)의 중요성을 강조한다. • 구성원들 간 관계 증진을 위한 다양한 방법들을 제시한다. • 구성원들 간 원활한 업무수행 및 협조를 위한 업무환경(사무분장, 고충해결 등)을 조성한다.
	사기진작 및 육성	• 부하 직원의 사기진작을 위해 다양한 방법(역할 중요성 인정, 긍정적 기대 표출 등)으로 노력한다. • 업무 성과에 대한 부하 직원들의 기여도를 인정하고 칭찬·격려한다. • 부하 직원의 육성을 위해 다양한 방법(객관적 피드백, 자기개발의 기회제공, 경력경로 제시 등)을 활용한다.

5급

역량명	정의	하위 요소	행동 지표
상황 인식	발생된 문제를 둘러싼 다양한 요소들을 고려하여 해결 방안을 제시하며, 사전 예방책도 고려함	문제 인식	• 문제가 되는 현안들을 다양한 시각으로 분석한다. • 현재의 상황과 환경을 체계적으로 분석하여 현상의 핵심을 파악한다. • 전체 과정을 면밀히 검토/체크하여 문제가 될 소지를 찾아낸다.
		문제 구조화	• 문제가 발생하게 된 근본원인을 파악한다. • 해결해야 할 문제 및 쟁점을 명확히 규명한다. • 문제를 해결하는 데 고려해야 할 사항(예 : 장애요인, 파급력 등)들을 파악한다.
업무 기획	다양한 요인을 고려하여 조직의 목표, 미션, 비전과 부합하는 대안을 제시하고 구체적인 실행 방안을 수립함	정보수집 및 원인 분석	• 주어진 정보와 자료를 종합적으로(핵심 이슈 파악, 상호 연계성 고려) 분석한다. • 정보를 분류하여 체계적으로 구조화한다. • 정보의 세부적인 측면들과 정보들 간 연계성을 파악하여 활용한다.
		실행 방안 수립	• 정책을 추진하기 위한 구체적이고 실행 가능한 방안들을 제시한다. • 우선순위에 따라 목표의 실행계획을 수립하고 추진 방안을 마련한다. • 과제의 중요성과 시급성, 각 대안의 파급효과를 고려한다.

역량명	정의	하위 요소	행동 지표
팀워크조성	조직 구성원들 사이에 신뢰와 소통의 분위기를 조성하고, 원활한 협조가 이루어질 수 있도록 함	협력적 관계형성	• 원활한 정책추진을 위해 협력해야 할 대상과 영역을 명확히 알고 있다. • 관련 분야의 담당자 및 이해관계자들과 유대관계를 지속적으로 유지하기 위한 방안을 제시한다. • 이해관계자들로부터 적극적 협력과 지지를 끌어내기 위한 다양한 방법을 제시한다.
		정보공유	• 공동의 목표 달성을 위한 상호 소통과 정보공유의 중요성을 강조한다. • 본인이 추진하고 있는 정책과 사업 내용에 대해 동료 및 상사와 수시로 소통한다. • 부서의 목표와 정책추진 방향에 대해 구성원들이 이해하고 공유할 수 있는 장을 마련한다.
의사소통	소속 조직의 정책방향을 명확히 이해하고, 이와 연계하여 업무의 목표와 방향을 상사, 부하, 동료에게 효과적으로 전달, 지도함	적극적 경청	• 개방적이고 존중하는 태도로 상대방이 편하게 이야기할 수 있는 분위기를 조성한다. • 상대방의 이야기에 경청하는 태도(메모, 응시, 반응, 자세 등)를 보인다. • 상대방 발언의 내용과 의도를 정확히 이해하기 위해 노력한다.
		효과적 의사전달	• 전달하고자 하는 메시지가 논리적이고 체계적으로 구성되어 있다. • 말하고자 하는 내용의 핵심을 간결하고 명확하게 전달한다. • 자신이 의사를 객관적인 자료를 토대로 논리적으로 전달한다. (예 : 업무적 상황이나 근거, 구체적인 수치 등)
협의조정	이해관계자들의 입장을 파악하고, 조정이 필요한 쟁점을 규명하여 합의점을 도출함	이해관계자 입장 파악	• 사안과 관련된 다양한 이해관계자들을 파악하고 고려한다. • 이해관계자들의 입장과 요구사항을 정확하게 파악하고 있다. • 이해관계의 핵심 쟁점을 명료화한다.
		설득과 조율	• 이해관계자들의 주장과 논리를 정확히 파악하여 설득과 양보를 이끌어 낸다. • 사안의 조정, 양보를 통해 적절한 합의점을 도출하여 상대방의 동의, 협력을 획득한다. • 협조를 얻어야 할 부서와 충분한 커뮤니케이션을 통해 효과적인 지원을 이끌어 낸다.

4. 5급 사무관 역량평가 실시부처 현황[36]

기관명	평가 기법	소요 시간	측정 역량	참고 사항
고용노동부	발표+서류함기법	80분(과제검토 60분/발표 5분/질의응답 15분)	① 기획력 ② 문제 해결 ③ 의사소통(조정, 통합) ④ 리더십	• 종전 4개 과제 수행에서 2018년부터 2개 과제(기법은 3개)로 변경 시행
	역할 연기(1:2)	60분(과제검토 40분/역할 수행 20분)		
국세청	보고서 작성(논술식)	120분	① 문제 해결 ② 기획력 ③ 의사소통	• 외부기관 위탁 운영. 평가역량 및 기법은 외부기관에서 주기적으로 교체
국가보훈처	발표	50분(과제검토 30분/발표 및 Q&A 20분)	① 효과적 피드백 ② 의사결정 ③ 업무관리 및 조정 ④ 정책문제 인식 및 해결 ⑤ 창의적 업무수행 ⑥ 의사소통	• 평가 결과는 Pass/Fail 결정으로만 활용 • 역량평가 탈락율 20~30% • 과장급과 유사하게 운영
	역할 연기	50분(과제검토 30분/역할 수행 20분)		
	서류함기법	70분(과제검토 50분/인터뷰 20분)		
관세청	발표	50분(과제검토 30분/발표 및 Q&A 20분)	① 고객지향 ② 창조성 ③ 문제 해결 ④ 전략적 사고 ⑤ 이해관계 조정 ⑥ 결과지향	• 탈락자가 차년도 특별승진대상자에 선정되면 역량평가 재응시 가능 • 업무실적 40%, 역량평가 40%, 다면평가 10%, 전문자격 취득 및 수상내역 10%를 합산 승진 결정
	역할 연기	50분(과제검토 30분/역할 수행 20분)		
	서류함기법	70분(과제검토 50분/인터뷰 20분)		
	집단토론	70분(과제검토 40분/토론 30분)		

36 인사혁신처, 『직급별 역량체계화 및 모델링 최종보고서』, 2017

기관명	평가 기법	소요 시간	측정 역량	참고 사항
기상청	발표	50분(과제검토 30분/발표 5분/Q&A 15분)	① 이해관계자 조정 ② 문제 해결 ③ 팀워크 ④ 의사소통 ⑤ 업무추진력	• 연속 3회 이상 미통과 시, 다음 역량평가 1회 응시 불가
	역할 수행	50분(과제검토 30분/역할 수행 20분)		
	서류함기법	60분(과제검토 40분/인터뷰 20분)		
	집단토론	70분(과제검토 40분/토론 30분)		
국민권익 위원회	보고서 작성	보고서 작성 및 평가 3시간	① 문제 파악 및 정보 분석력 ② 논리적 구성력 ③ 풍부성 및 창의성 ④ 해결 방안의 실현 가능성	• 미통과자는 승진대상자에서 배제 • 승진심사 시 참고자료로 활용 • 평가 기준 : 100점 만점으로 4개 평가등급(탁월, 우수, 보통, 미흡) 부여
농림축산 식품부	발표, 서류함기법 역할 수행, 집단토론		① 기획력 ② 논리적 사고 ③ 문제 해결 능력 ④ 조정 능력 ⑤ 의사소통 능력 ⑥ 고객지향	• 발표와 서류함기법은 전산실에서 작성함 • 정확성 확보를 위해 평가장면 비디오 녹화 • 연 6차수 운영
농촌진흥청	서류함기법	보고서 작성 3시간(pc 이용)	① 의사소통 ② 갈등관리 ③ 전략적 사고 ④ 고객지향	• 2008년 도입 • 역량평가/다면평가 하위 30%는 승진 불가
산림청	서류함기법 집단토론	운영업체가 시간표 자체 구성	① 상황 인식 ② 기획력 ③ 의사소통 ④ 분석력 ⑤ 조정 능력	• 2016년 도입 • 역량평가 통과자에 한해 승진심사 실시 • 5점 만점 중 평균 2.5점 이상 (절대평가)

기관명	평가 기법	소요 시간	측정 역량	참고 사항
식품의약품 안전처	보고서 및 보도자료 작성	5시간	① 정책기획 ② 정책홍보	• 미통과자는 승진대상자에서 배제 • 평가점수는 승진심사 시 참고자료로 활용
산업통상 자원부	발표	50분(과제검토 30분/발표 5분/Q&A 15분)	① 정책기획 ② 정책실행 ③ 업무혁신 ④ 갈등 및 이해관계 조정 ⑤ 커뮤니케이션	• 2010년 도입 • 사무관 특별승진 대상자 역량평가 통과 의무화 • 참가자에게 인센티브(승진가점)를 부여(Positive 방식) : 통과자(0.2점) 및 상위 10% 성적우수자(0.4점)
	역할 연기	50분(과제검토 30분/역할 수행 20분)		
	서류함기법	50분(과제검토 30분/인터뷰 20분)		
	집단토론	60분(과제검토 30분/토론 30분)		
문화재청	보고서 작성	180분	① 기획력 ② 법령 숙지(업무 파악)	• PASS제로 육성에 관점
	객관식 시험(2가지)	40분		
병무청	보고서 작성	120분	① 기획력 ② 문제 해결력 ③ 상황 대처능력 (예 : 직원 간 갈등조정)	
	면접	PT와 면접질문에 대한 응답		
방위사업청	발표	60분(과제검토 40분/발표 5분/Q&A 15분)	① 기획력 ② 계획관리 ③ 조정, 통합 ④ 팀워크	• 4개 기법 → 3개 기법으로 변경 • 역할 수행은 1:2 방식
	서류함기법	120분(과제검토 120분/인터뷰 미실시)		
	역할 수행	60분(과제검토 40분/역할 수행 20분)		
보건복지부	발표	70분(과제검토 50분/발표 10분/Q&A 10분)	① 문제 인식 ② 정책기획 및 실행 ③ 성과관리 ④ 협의 및 조정 ⑤ 협력 및 팀워크 ⑥ 의사소통	• 역량평가 통과 시 승진 대상자 명단 포함 • 행정직, 간호직에 한해 집단토론 실시
	역할 연기	50분(과제검토 30분/역할 수행 20분)		
	서류함기법	75분(과제검토 60분/인터뷰 15분)		
	집단토론	90분(과제검토 50분/토론 40분)		

기관명	평가 기법	소요 시간	측정 역량	참고 사항
중앙선거 관리위원회	발표	60분(과제검토 40분/발표 5분/Q&A 15분)	① 문제 인식 및 해결 ② 고객지향 ③ 전략적 사고	
	서류함기법	60분(과제검토 40분/인터뷰 20분)		
특허청	발표	60분(과제검토 40분/인터뷰 20분)	① 목표 설정/관리 ② 계획수립, 업무조직화 ③ 구두 의사소통 ④ 문서 의사소통 ⑤ 서비스 지향 ⑥ 분석적 사고 ⑦ 팀워크/협동	• 피평가자가 직접 피드백장소로 방문하는 경우 구두 피드백 제공 (유선 가능) • 1회 평가운영 기간 2~3일, 연 2회 운영
	역할 연기	60분(과제검토 30분/인터뷰 30분)		
	서류함기법	50분(과제검토 30분/인터뷰 20분)		
	집단토론	100분(과제검토 30분/집단토론 70분)		
해양수산부	발표	70분(과제검토 50분/인터뷰 20분)	① 업무기법 ② 현안대응 ③ 고객지향 ④ 팀워크지향 ⑤ 갈등관리	• 표면상 삼진 아웃제 실시(실제로 무제한 평가 실시) • 탈락 후 1회 평가 Skip 패널티 적용 • 2017년 1월 도입, 2020년 1월 이전 승진자에 대해서는 평가 없이 역량 교육만 실시
	역할 수행	60분(과제검토 40분/역할 수행 20분)		
	서류함기법	80분(과제검토 60분/인터뷰 15분)		
	집단토론	70분(과제검토 40분/토론 30분)		
환경부	발표, 역할 연기, 서류함기법, 집단토론	과제검토 40~50분/인터뷰 15~20분	① 문제 인식 및 해결 ② 조정통합 ③ 의사소통 ④ 전략적 사고 ⑤ 고객지향 ⑥ 성과관리	• 2012년 도입 • 기존 승진시험 기법 : 보고서 작성/보도자료 작성 → 평가의 실효성에 대한 문제 제기로 역량평가 도입 • 미통과자 반복 재응시 가능

5. 국내 공기업/민간기업의 역량평가 사례[37]

공기업

한국전력공사

- 최고직급인 1(갑)직급자를 대상으로 하는 경영진 후보자 역량평가 과정과 1(을) → (갑) 승진후보자를 대상으로 하는 1직급 역량평가 과정을 설계하고 운영함

• **운영**	차수당 최대 12명, 경영진 후보자 연 11차수, 1(갑) 후보자 연 10차수 운영
• **특징**	- 직급별로 역량평가 결과 적용 : (경영진 후보자) 보직임용, (1직급) 승진심사 - DC 과정(2일, 동영상 기반) + AC 과정(1일) 진행 - 직급별 역할에 따른 요구역량 체계를 확보하고, 이를 토대로 1직급 평가역량을 별도로 도출 (고공단 역량과 산업부 상임이사 역량모델 반영)
• **평가 기법**	1:1 역할 연기, 구두발표, 집단토론, 서류함기법 4개 기법을 사용함

37 인사혁신처, 『직급별 역량체계화 및 모델링 최종보고서』, 2017

한국수력원자력

• 운영	- 1(을)직급 승진후보자를 대상으로 기본과정(1일) 및 모의실습과정(1일), 역량평가(1일)로 구성된 총 2박 3일의 교육과정을 개설함 - 2017년부터 2급까지 확대 적용하였으며 매월 1~2회씩 역량평가 실행
• 목적	1(을)직급/2직급에 대한 핵심직위에서 요구하는 역량을 분석하고, 핵심직위 후보자에 대한 역량진단 및 역량평가를 통해 부족한 역량개발의 기회 제공
• 특징	- 주요 보직 후보자들의 승진 및 보직 임명 시 역량평가 결과를 활용하여 인사의 공정성과 투명성을 강화 - 내부 승진절차에는 혁신처와 유사한 역량평가를 실시하며, 외부 임원 채용 시에는 온라인 역량진단과 Behavior Event Interview(면접위원 3인이 1명의 후보자 평가)를 실시함 - 측정역량 : 비전제시, 신뢰형성, 합리적 의사결정, 직원육성 등 4개 역량을 측정함
• 평가 기법	1:1 역할 연기, 발표, 집단토론, 서류함기법 4개 기법을 사용함

한국국토정보공사

• 목적	3급 보직자(관리자 보직 후보자)가 갖추어야 할 리더십 역량을 측정
• 운영	관리자 보직 후보자, 승진 후보자를 대상으로 2일 일정의 피평가자 사전교육을 실시하고 3일 일정의 역량평가를 실시함
• 특징	- 교육 수요자의 니즈를 파악하고, 공사의 특성에 맞는 핵심 가치 및 리더십역량 함양 교육 실시 - 부서장급을 대상으로 내부 평가자 양성과정 실시 - 측정 역량 : 관리자(지사장) 보직 후보자의 필요 역량을 별도로 설계하여 역량평가에 활용
• 평가 기법	1:1 역할 연기, 발표, 서류함기법, 집단토론 4개 기법을 활용함

국민건강보험공단

- **운영** 3급 이상 승진을 위한 역량평가(1급/2급 승진) 및 심화면접(1급/2급 승진 및 3급 심사승진)이 공정하게 운영될 수 있도록 평가대상자 사전교육, 평가위원 관리, 평가 진행 등 운영

- **목적** 1급/2급/3직급별 평가 대상자에게 직급별 역량모델을 바탕으로 객관성, 타당성 및 변별력을 갖춘 역량평가 과제를 개발하여 체계적이고 안정적인 역량평가 운영

- **특징**
  - 각 직급별로 다른 필요 역량을 측정(직급별로 별도의 역량모델 구성)
    - · 1급 : 조직문화 구축, 비전제시 및 공유, 전략적 사고, 성과 창출, 네트워크 구축 및 활용
    - · 2급 : 구성원 관리 및 육성, 갈등관리, 성과관리, 고객만족, 소통
    - · 3급 : 팀워크 구축 및 관리, 구성원 육성(동기부여), 업무 전문성, 성과관리
  - 2017년 역량평가 방법 추가(집단토론)에 따른 사이버교육과정 교안 개발
  - 교육과정을 활용하여 집단토론에 대비할 수 있도록 과정 설계함

- **평가 기법**
  - 1급, 2급 : 역량평가(서류함기법, 집단토론) 및 심화면접
  - 3급 : 심화면접(심사 승진에 적용)
  - 집단토론은 별도 과제 개발 없이 서류함기법 과제 1개를 활용

국민연금공단

• **목적**	- 1급/2급/3직급별 상위직 리더 후보자에 대하여 객관성 및 타당성을 갖춘 역량평가 실시를 통한 역량검증 및 능력 중심의 조직문화 조성
• **운영**	- 2014년까지 1급/2급에 대한 역량평가를 진행하였으나 2015년부터 3급까지 확대 시행하였음 - 역량평가 실시 1~2주 전 승진 후보자를 대상으로 오리엔테이션 및 사전교육 실시 (오리엔테이션) 역량평가 진행 방식, 주의사항, 동선 안내 등 (사전교육) 역량평가 기법에 대한 실습 위주의 교육 실시 * 직급별 1일 8시간 실시하되, 사전교육을 6시간 이상으로 하고 퍼실리테이터 1명당 30명을 초과하지 않도록 운영
• **특징**	- 평가결과 종합 분석을 통해 평가 운영 및 역량개발을 위한 개선안 제시 - 직급별로 별도의 역량모델 구성 · 1급 : 전략적 사고력, 비전제시 능력, 성과 창출 능력, 조정-통합 능력, 조직 리더십 · 2급 : 전략적 변화관리 능력, 성과관리 능력, 부하육성 능력, 팀 리더십 · 3급 : 변화실행 능력, 실행관리 능력, 팀워크 촉진 능력, 부하지도 능력, 동기부여 능력
• **평가 기법**	- (1~2급) 발표, 서류함기법, 집단토론 3개 기법 - (3급) 서류함기법 1개 기법

코레일

- **목적** 철도공사의 1급·2급 승진심사
- **운영** 1급/2급 승진 후보자를 대상으로 2일 일정의 피평가자 사전교육을 실시하고 3일 일정의 역량평가를 실시함

역량교육	- 교육 시간 : 2일(1일 8시간) - 교육 내용 : 핵심 역량 이해 및 역량평가 기법별 모의 실습
역량평가	- 피평가자를 나누어 3일에 걸쳐 평가 실시

- **특징**
  - 1급 및 2급 핵심관리자로서 갖추어야 할 역량을 직급별로 평가할 수 있는 철도 특성 및 범용성을 혼합한 과제 개발 및 선정
  - 측정역량 : 문제 인식과 분석, 전략적 사고, 의사결정, 문제 해결, 기획력, 창의력, 조직역량 강화, 대인 능력 등을 측정
- **평가 기법** 1:1 역할 연기, 발표, 서류함기법 3개 기법을 사용함

민간기업

LG 인화원

• **목적**	추후 임원 선발 또는 핵심인재 Pool-In의 참고자료로 활용
• **운영**	- LG그룹 예비경영자교육(9박 10일) 중 DC(2일)와 AC(1일)가 결합된 형태로 운영 - LG 사업역량 모델링, 내부 평가자 육성 및 개발방법론 노하우 공유 등을 교육하고, 현재 신임팀장 과정으로 확대 운영 중임
• **대상**	예비경영자(임원 후보자)
• **특징**	- 역량평가보다는 역량개발 목적의 DC 과정에 대한 선호도가 훨씬 강함 → 평가의 공정성보다는 모의상황에서의 행동발현을 통한 자기인식(self-awareness) 기능에 초점 - 내부 평가위원 양성 및 계열사 사례 위주로 과제 개발 - DC/AC 종료 후 1:1 개인별 피드백 실시, 평가결과(피드백 보고서)는 각 사 CHO(Chief Humanresource Officer)에게 보고됨
• **평가 기법**	발표, 역할 연기, 서류함기법, 집단토론

현대해상

- **대상** 팀장/센터장 및 해당 직책에 상응하는 부서장 후보자를 대상으로 AC 운영
- **선발시기** 연 1회
- **특징**
  - 역량평가는 2일간 총 18시간 동안 진행
  - 현대해상 사례에 맞는 신규 과제 개발을 위해 사전인터뷰, 과제 개발, 과제 타당화의 단계를 거침
  - Target 직급자를 대상으로 인터뷰를 실시하고, 이를 토대로 실행과제를 개발함
  - 現과장급·고공단 역량평가 방식과 유사함(측정역량 내용과 수, 평가 기법 유형과 수 등)
- **평가 기법** 서류함기법, 1:1 역할 연기, 발표

BASF Korea

- **목적** 한국바스프의 글로벌 인재 역량개발을 위한 과정으로, 글로벌 표준에 의거 내/외부 평가자를 활용하여 핵심인재들의 강점 및 개발 필요 사항을 확인하고 피드백과 코칭서비스 제공
- **대상** 핵심인재
- **운영** 1일차 : 참가자, 관찰자 모두 역량에 대한 이해 중심 교육 및 그룹별 연습 실시
  2일차 : - 발표(PT), 행동 경험 면접(BEI), 브레인스토밍 등 실시
  - (관찰자) 평가자회의, 보고서 작성 (참가자) 자기개발계획 수립

- **특징**
  - 개인별로 강점과 약점을 분석한 보고서 제공(Feedback Point 도출에 초점)
  - 평가 후 상사를 통한 역량개발을 지원하고, 자기개발계획 수립과 연계
  - 개별 기법의 과제들은 내용적으로 상호 연계되어 있음 → 가상의 조직을 설명하는 별도의 배경자료가 배포되는 등 검토 자료의 양이 국내 기업이나 정부에 비해 많음
  - 평가위원(관찰자)으로 내부 구성원을 활용함 → 고위직 임원들의 행동관찰 역량을 향상시킨다는 점에서 활용
- **평가 기법** 서류함기법, 역할 연기, 발표, 집단토론, 역량기반 인터뷰 등

(주)농심

- **목적** 리더십 역량을 사고(Thinking), 업무(Working), 관계(Relating) 영역으로 분류하고, 농심의 경영자와 임원의 역량 중 유사성이 높은 역량을 통합하여 평가할 수 있도록 매칭함
- **특징**
  - 온라인 역량진단 결과와 다면진단, 개인별 성과기록서 및 과거 성과행동 탐색(BEI 방식)을 종합해서 개인별 피드백 보고서 작성
  - 상위직급 선발목적이 아닌 재직임원 대상의 역량평가로서 임원 평가에 참고자료로 활용
  - 영역(사고, 업무, 관계)별, 직위(경영자, 임원)별로 필요 역량을 규정
    - · (사고 영역) 전략적 의사결정, 변화주도, 비전과 조직문화 주도
    - · (업무 영역) 시장가치 창출, 사업성과 창출
    - · (관계 영역) 대외협력, 핵심인재 육성

참고문헌

단행본, 잡지, 기관 발표자료 등

- 경기도교육연구원, "CCTV설치 관련 설문조사 결과", 2017년 8월.
- 교육부 보도자료, 2016년 3월 24일.
- 교육부, "유치원 내 영상정보처리기기 설치·운영 가이드라인", 2017년 6월.
- 국가공무원인재개발원 연구개발센터, 『정책기획실습』, 2018년 3월.
- 국토연구원, "도심의 상업적 젠트리피케이션 대응 방안 연구", 2016년 11월.
- 김종명, 『설득의 비밀』.
- 노구치 데츠노리, 허강 역, 『숫자의 법칙 - 생각의 틀을 바꾸는 수의 힘』, 어바웃어북, 2015.
- 문용갑, 『갈등조정의 심리학』, 학지사, 2011.
- 문화체육관광부, "코리아 세일 페스타(KSF)에 대한 인식 및 개선방안 조사결과 보고서", 2018년 6월.
- 박경수, 『보고서의 신』, 더난출판사, 2015.
- 보건복지부, "어린이집 영상정보 처리 가이드라인 주요 내용", 2015.
- 서울시교육청, "교육위원회 행정사무감사 자료"(뉴시스 기사, 2018년 11월 7일).
- 아사다 스구루, 서경원 역, 『종이 한 장으로 요약하는 기술 1Page』, 시사일본어사, 2016.
- 에드워드 프리먼 외, 김상영 역, 『이해관계자를 위한 경영』, 재승출판, 2009.
- 요시자와 준토쿠, 김정환 역, 『생각정리 프레임워크 50』, 스펙트럼북스, 2012.
- 유세환, 『결론부터 써라 - 당신의 메시지 전달력을 극대화하는 논리적 글쓰기의 힘』, 미래의창, 2015.
- 육아정책연구소, "아동인권 보호를 위한 CCTV의 설치 및 운영방안", 2015.
- 이선구, 『역량평가 역량면접 - 역량평가에 대한 올바른 이해와 대응』, 리드리드출판, 2015.
- 인사혁신처, "직급별 역량체계화 및 모델링 최종보고서", 2017년 11월.
- 장리브가 외, "대구지역내 젠트리피케이션 발생현황과 특성에 관한 연구", 『대한건축학회 학술발표대회 논문집』, 2017년 4월.
- 최인철, 『프레임 - 나를 바꾸는 심리학의 지혜』, 21세기북스, 2016.
- 취업뽀개기 편집위원회, 『면접 상식사전 - 인성 역량 토론 PT 영어면접까지 성공면접 매뉴얼 총정리』, 길벗, 2013.
- 하병학, 『토론과 설득을 위한 우리들의 논리』, 철학과현실사, 2000.
- 한국경제신문, 『Campus Job & Joy』, 2018년 10월호.
- 행정안전부, "과학적 인사관리를 위한 역량평가", 2008.
- 헌법재판소 2017년 12월 28일 선고, 2015헌마994 결정.
- 호리 기미토시, 오시연 역, 『비즈니스 프레임워크 69』, 위키미디어, 2015.
- 황규대, 『고용면접의 구조와 과정』, 오래, 2010.
- G. L. 맥도웰·J. 바바로, 배장열 역, 『PM 인터뷰의 모든 것』, 제이펍, 2015.

인터넷

- 담덕의 경영학노트(http://mbanote2.tistory.com/57)
- 마케팅과 일상이야기(http://fineanswer7.tistory.com/66)
- 박천웅(대표), 『(월간)리크루트』 칼럼, 2016년 9월 26일(http://www.hkrecruit.co.kr/news/articleView.html?idxno=14312)
- 인사혁신처 홈페이지(http://www.mpm.go.kr/mpm)

- 조달청 홈페이지, “정보화 미래 비전 및 발전전략” 완료보고서(www.prism.go.kr)
- 코리아세일페스타(KSF) 홈페이지(www.koreasalefesta.kr)

언론 기사

- 구본기(생활경제연구소 소장), “[도시재생의 두 얼굴]도시재생과 젠트리피케이션”, 『STARTUP 4』, 2018년 12월 10일.
- 국민일보, “코리아세일페스타, 소문난 잔치에 먹을 것 없었다”, 2018년 10월 9일.
- 김승중(편집위원), 코스메틱인사이트, ‘화장품칼럼’, 2014년 2월 18일.
- 대구=뉴시스, 2018년 10월 4일.
- 대구=연합뉴스, “[지방도 젠트리피케이션] ① 대구 김광석길 예술가도 밀려났다”, 2017년 7월 29일.
- 매경이코노미 제1980호, “‘하나로미니’로 편의점 시장 뛰어든 농협 농산물 특화…한국의 ‘세이코마트’ 노린다”, 2018년 10월 23일.
- 문화일보, 2018년 10월 5일.
- 서울경제신문, “코칭경영원이 전문가(학계, 산업계 171명) 패널 조사”, 2017년 12월 14일.
- 아시아투데이, 2018년 10월 9일.
- 연합뉴스 동북아센터, “코리아 세일 페스타 계속 해야 하나”, 『월간 마이더스』 2018년 11월호.
- 이데일리, 2018년 10월 10일.
- 조명래(단국대학교 도시계획부동산학부), “젠트리피케이션의 올바른 이해와 접근”, 『부동산포커스』 2016 July Vol.98.
- 파이낸셜뉴스, 2018년 9월 27일.
- 한겨레, “짧아진 코리아세일페스타, 킬러아이템 20개…흥행 불붙일까”, 2018년 9월 28일.
- 한국일보, “유통사들 정부에 떠밀려 참가… ‘한국 블프’ 초라한 성적”, 2017년 11월 27일.
- 헤럴드경제, 2018년 9월 16일.
- CBS노컷뉴스, 2018년 9월 28일.
- MBC, 2018년 10월 12일.
- MBN, 2018년 7월 20일.
- SBS 뉴스, 2017년 9월 15일.
- TBC, 2018년 10월 19일.
- Weekly CNB JOURNAL, “한국판 ‘블프’ 코리아 세일 페스타, 올해는 실속 찾을까”, 2018년 10월 8일.